U1069196

高职高专工学结合课程改革规划教材

交通职业教育教学指导委员会
交通运输管理专业指导委员会　组织编写

Wuliao Caigou yu Gongying Guanli

物料采购与供应管理

（第二版）

（物流管理专业用）

严石林　主　编
任　翔
李泽强　副主编
祁洪祥　主　审

人民交通出版社

内 容 提 要

本书是高职高专工学结合课程改革规划教材，是在各高等职业院校积极践行和创新先进职业教育思想和理念，深入推进"校企合作、工学结合"人才培养模式的大背景下，由交通职业教育教学指导委员会交通运输管理专业指导委员会根据新的教学标准和课程标准组织编写而成。

本书遵循学生职业能力培养的基本规律，始终坚持把培养职业型人才放在首位，以采购管理岗位任务为载体，紧密结合当前采购管理领域的实践，根据采购活动的基本过程和规律进行编写，重点讲述了供应商的选择和管理、采购谈判、采购合同拟定与管理、物料验收与不合格品处理、采购项目绩效管理等内容。

本书体现了高职高专教育的特点，突出实用性与操作性，注重实际技能的培养，既可作为高职高专相关专业的教学用书，也可作为物流采购与供应管理工作人员培训的教材与参考用书。

图书在版编目（CIP）数据

物料采购与供应管理/严石林主编．—2版．—北京：人民交通出版社，2012.6

高职高专工学结合课程改革规划教材

ISBN 978-7-114-09838-3

Ⅰ．①物… Ⅱ．①严… Ⅲ．①物流—采购管理—高等职业教育—教材 Ⅳ．①F253.2

中国版本图书馆 CIP 数据核字（2012）第 120905 号

高职高专工学结合课程改革规划教材

书　　名：物料采购与供应管理（第二版）
著 作 者：严石林
责任编辑：任雪莲
出版发行：人民交通出版社
地　　址：（100011）北京市朝阳区安定门外外馆斜街3号
网　　址：http：//www.ccpress.com.cn
销售电话：（010）59757969，59757973
总 经 销：人民交通出版社发行部
经　　销：各地新华书店
印　　刷：北京交通印务实业公司
开　　本：787 × 1092　1/16
印　　张：12.25
字　　数：280千
版　　次：2007年7月　第1版
　　　　　2012年6月　第2版
印　　次：2012年6月　第2版　第1次印刷　总第3次印刷
书　　号：ISBN 978-7-114-09838-3
印　　数：5001-8000册
定　　价：33.00元

高职高专工学结合课程改革规划教材

编审委员会

序

为了适应我国高职高专教育发展及其对教育改革和教材建设的需要，在全国交通职业教育教学指导委员会的指导下，根据2011年颁布的交通运输类主干专业《物流管理专业教学标准与课程标准》(适应于高等职业教育)，我们组织从事高职高专教学第一线的优秀教师和企业专家合作编写物流管理专业系列教材(第二版)，其中部分作者来自国家级示范性职业院校。

为了做好此项工作，2011年8月5~8日在青海省西宁市召开了全国交通教育交通运输管理专业指导委员会工作扩大会议，启动了新一轮规划教材的建设工作，邀请物流企业的专家共同参与教材建设(原则上要求副主编由企业专家担任)，采取主编负责制。为了保证本套教材的出版质量，我们在全国范围内选聘成立"高职高专工学结合课程改革规划教材编审委员会"，确定了编写5门核心课程和12门专门化方向课程的教材主编、副主编和参编。2011年9月23~25日在北京召开了由全国交通教育交通运输管理专业指导委员会主办、人民交通出版社承办的高职物流管理专业教材编写大纲审定会议，编审委员会审议通过了17种教材的编写大纲以及具体编写进度要求。2012年3月23日、5月4日、5月5日在上海分三批对17种教材进行了审稿、定稿。本套教材按照"任务引领、项目驱动、能力为本"的原则编写，突出应用性、针对性和实践性的特点，并重组系列教材结构，力求反映高职高专课程和教学内容体系改革方向，反映当前物流企业的新理念、新技术、新工艺和新方法，注重理论知识的应用和实践技能的培养，在兼顾理论和实践内容的同时，避免片面强调理论知识的系统性，理论知识以应用为目的，以必需、够用为尺度，尽量体现科学性、先进性和广泛性，以利于学生综合素质的形成和科学思维方式与创新能力的培养。

本套教材包括:《物流信息技术应用》、《运输管理实务》、《仓储管理实务》、《物流市场营销技术》、《供应链管理实务》5门专业核心课程教材，《集装箱运输实务》、《货物配送实务》、《国际货运代理》、《物料采购与供应管理》等12门专门化方向课程教材。突出以就业为导向、以企业工作需求为出发点的职业教育特色。在内容上，注重与岗位实际要求紧密结合，与职业资格标准紧密结合;在形式上，配套提供多媒体教学课件，作为教材的配套资料挂到人民交通出版社网站供读者下载。既满足物流管理专业人才培养的需要，也可供物流企业管理和技术人员阅读，还可作为在职人员的培训教材。

交通职业教育教学指导委员会
交通运输管理专业指导委员会
2012年5月

第二版前言 PREFACE

采购是一种常见的经济活动，从日常生活到企业运作，从民间组织到政府机关，都离不开采购。随着全球经济技术的发展，消费者的需求呈现多样化的趋势，产品寿命周期越来越短，企业面临的市场竞争愈来愈激烈。对于企业而言，最大限度地获取和利用全球优质资源，是在竞争中取胜的重要砝码。采购作为获取资源的最主要手段，是企业竞争优势的重要来源。如何进行有效的采购管理，最大限度地获取企业需要的物料和服务，是每个企业都必须解决的问题。

本书是高职高专工学结合、课程改革规划教材，是在各高等职业院校积极践行和创新先进职业教育思想和理念，深入推进"校企合作、工学结合"人才培养模式的大背景下，由交通职业教育教学指导委员会交通运输管理专业指导委员会根据新的教学标准和课程标准组织编写而成。

本书的第一版名为《采购管理》，此版更名为《物料采购与供应管理》。

本书全面系统阐述了采购管理的基本任务、管理内容，重点阐述了采购管理作业过程，并详细讲述了作为一名采购管理人员所必须掌握的知识与技能，包括采购计划管理、供应商的选择和管理、采购谈判、采购合同拟定与管理、物料验收与不合格品处理、采购项目绩效管理、采购作业模式和现代化采购管理方法等内容。本教材在内容的选取和体系结构的设置上，突破了以往按章节来编写内容的模式，针对高职学生特点、学生职业岗位迁移和可持续发展能力的需求，遵循以采购业务流程为工作过程的逻辑主线，以采购岗位任务为载体确定学习任务和学习项目，在理论知识学习与实训项目之间实现了无缝连接，实现了教、学、做三者的结合，实现了理论与实践的一体化，优化了教学方法。

本书由湖北交通职业技术学院严石林担任主编，湖北交通职业技术学院任翔、东风集团神龙汽车有限公司采购部李泽强担任副主编，南京交通职业技术学院祁洪祥担任主审。参加本书编写的有：严石林（任务一）、任翔（任务二、任务八的项目一和项目二）、湖北交通职业技术学院唐云山（任务三）、湖北交通职业技术学院汪玉卉（任务四）、陕西交通职业技术学院王华（任务五）、河南交通职业技术学院胡荣博（任务六）、云南交通职业技术学院周雯（任务七）、东风集团神龙汽车有限公司采购部李泽强（任务八的项目三和项目四）。严石林负责制定全书的总体策划、结构设计和定稿，任翔负责统稿，东风集团神龙汽车有限公司采购部李泽强和肖敏对本书中实训和案例的实用性进行了审核，并从行业的角度提出了许多宝贵的意见。

本书在编写过程中借鉴、引用了大量的国内外文献，在此对作者表示真诚的感谢。由于编者水平有限，加之编写时间仓促，书中难免存在疏漏和不足之处，恳请广大同行和读者批评指正，以便修订时日臻完善。

编　者

2012 年 4 月

第一版前言 PREFACE

进入21世纪，随着经济全球化的发展，物流业作为国民经济的动脉和基础产业起着越来越重要的作用。各级政府和企业都把发展物流业作为提高竞争能力和提高企业核心竞争力的重要手段。现代物流理念、先进的物流技术逐步引入到经济建设和企业经营管理之中。物流业作为一个独立的产业迅速崛起，同时也促进了物流教育的发展。为提高物流运作和管理水平，解决人才制约物流产业发展的瓶颈，加强国际物流、物流管理、仓储配送、物流运输、企业运输、物流营销、物流信息处理等技能型人才的培养，已是推动物流行业发展的关键。

为了实现人才培养目标，适应物流行业的发展要求，贯彻《国务院关于大力发展职业教育的决定》精神，培养面向生产、建设、服务和管理第一线需要的物流行业的高技能人才，推动课程建设与改革，加强教材建设，交通职业教育教学指导委员会交通运输管理专业指导委员会根据物流管理专业人才培养要求，组织全国交通职业技术院校的教师编写了物流管理专业规划教材，供高等职业院校物流管理及其相关专业教学使用。

本套教材全面、系统、科学地阐述了现代物流学的相关理论、方法和应用技术，突出以就业为导向，以能力为本位，以企业工作需求为出发点的职业教育特色，在内容上注重与岗位实际要求紧密结合，与职业资格标准紧密结合，体现了教材的科学性、系统性、应用性、前瞻性和通俗性。既满足了物流管理专业人才培养的需要，也可供物流企业管理和技术人员阅读，还可作为在职人员的培训教材。

《采购管理》是高职高专院校物流管理专业规划教材之一，内容包括：导论、采购计划与预算、采购战略、供应商管理、采购谈判、采购定价与合同、采购绩效评估、国际采购、政府采购、原材料采购、资材料采购、资本性资产采购和服务采购。

参加本书编写工作的有：北京交通学校柳和玲（编写第一、二、三、十章），中远物流有限公司赵铁生（编写第五、九章），内蒙古大学职业技术学院高飞（编写第四、七章），湖南交通职业技术学院黎鹰（编写第八章），北京交通职业技术学院张世吉（编写第六、十一、十二章）。全书由柳和玲担任主编，赵铁生担任副主编，北京交通学校施建年担任主审。

本套教材在编写过程中参阅和应用了国内外有关物流科学的论著和资料，对此，对这些文献的作者和译者表示由衷的感谢和诚挚的谢意。由于作者水平有限，书中不妥之处在所难免，恳请专家和读者给予批评和指正。

交通职业教育教学指导委员会
交通运输管理专业指导委员会
2007年5月

目　录 CONTENTS

任务一　采购与供应管理认知

内容简介

采购作为物流活动的起点，涵盖了从供应商到需求方的货物、技术、信息和服务流动的全过程。随着企业规模的不断扩大及精细管理和信息技术的广泛应用，采购的作用日益突出。目前，许多企业经营管理人员已深刻地认识到采购已成为企业的“第三利润源”。本部分将对采购与供应管理的知识作出系统的概括和介绍。

教学目标

1. 知识目标：

(1)掌握采购的概念、地位和作用；

(2)理解供应的概念；

(3)理解采购与供应的关系；

(4)熟悉采购管理的概念、职能、内容和过程；

(5)掌握采购组织架构类型和各自优缺点；

(6)熟悉采购人员的职责和素质要求。

2. 技能目标：

(1)掌握企业的采购工作流程；

(2)会分析不同类型采购组织的优缺点；

(3)掌握采购相关岗位的职业素质要求。

案例导入

沃尔玛的采购

沃尔玛公司是全世界零售业收入位居第一的巨头企业，素以精确掌握市场、快速传递商品和最好地满足客户需求著称，是著名的“全球500强排行”的冠军，而全球采购正是沃尔玛成功的必要条件之一。

1. 沃尔玛全球采购组织

1)沃尔玛发展全球采购网络的组织

在沃尔玛，全球采购是指某个国家的沃尔玛店铺通过全球采购网络从其他国家的供应商进口商品，而从该国供应商进货则由该国沃尔玛公司的采购部门负责采购。

(1)全球采购网络的地理布局。沃尔玛结合零售业务的特点以及世界制造业和全球采购的总体变化趋势，在全球采购网络的组织上采取以地理布局为主的形式。在其设立的四大区域中，大中华及北亚区的采购量最大，占全部采购量的70%之多，其中中国分公司又是采购量第一的国别分公司，因此，沃尔玛全球采购网络的总部就设在中国的深圳。

(2)全球采购总部。全球采购总部是沃尔玛全球采购网络的核心，也是沃尔玛的全球采购最高机构。在这个全球采购总部里，除了四个直接领导采购业务的区域副总裁向总裁汇报以外，总裁还领导着支持性和参谋性的总部职能部门。

2）沃尔玛全球采购网络

沃尔玛的全球采购网络相当于一个“内部服务公司”，为沃尔玛在各个零售市场上的店铺买家服务，包括：

（1）商品采集和物流。全球采购网络要尽可能地在全球搜索到最好的供应商和最适当的商品——沃尔玛的全球采购网络实际上担当了商品采集和物流的工作，对店铺买家来说，他们只有一个供应商。

（2）向买家推荐新商品。对于新产品，沃尔玛没有现成的供应商，它通过全球采购网络的业务人员参加展会、介绍等途径找到新的供应商和产品。店铺买家会到全球采购网络推荐的供应商那里和他们直接谈判以及购买。

（3）帮助其他国家的沃尔玛采集货品。沃尔玛的全球采购为全世界各个国家的沃尔玛店铺采集货物。而不同国家之间的贸易政策往往不一样，这些差别随时都需要加以跟踪，并在采购政策上作出相应的调整。

2. 沃尔玛的全球采购流程

采购是一个比较复杂的过程，为了提高采购活动的科学性、合理性和有效性，就必须建立和完善系统的采购流程。沃尔玛的采购流程可以从宏观和微观两个方面来说明：

1）宏观方面

全球采购办公室是沃尔玛进行全球采购的负责组织。但是这个全球采购办公室并没有采购任何东西。在沃尔玛的全球采购流程中，其作用就是在沃尔玛的全球店铺买家和全球供应商之间架起买卖之间的桥梁。因此，沃尔玛的全球采购活动都必须以其采购的政策、网络为基础，并严格遵循其采购程序在全世界商品质量相对稳定的情况下，只有紧密有序的采购程序才能保证沃尔玛采购足够量的货物。

2）微观方面

沃尔玛的商品采购是为保证销售需要，通过等价交换取得商品资源的一系列活动过程，包括搜索信息、确定计划、选择供应商、谈判等。

（1）筛选供应商。沃尔玛在采购中对供应商有严格的要求，不仅在提供商品的规格、质量等方面，还对供应商工厂内部的管理有严格要求。

（2）收集产品信息及报价单。通过电子确认系统（EDI），向全世界4000多家供应商发送采购订单及收集产品信息和报价单，并向全球2000多家商场供货。

（3）决定采购的货品。沃尔玛有一个专门的采办会负责采购，经过简单的分类后，该小组会用e－mail的方式和沃尔玛全球主要店面的买手们沟通，这个过程比较长。在世界各大区买手来到中国前（一般1年2～3次），采办会的员工会准备好样品，样品上标明价格和规格，但绝不会出现厂家的名字，由买手决定货品的购买。

（4）与供应商谈判。买手决定了购买的产品后，买手和采办人员对被看上的产品进行价格方面的内部讨论，定下大致的采购数量和价格，再由采办人员同厂家进行细节和价格的谈判。谈判采取地点统一化和内容标准化的措施。

（5）审核并给予答复。沃尔玛要求供应商集齐所有的产品文献，包括产品目录、价格清单等，选择好样品提交，并会在审核后的90天内给予答复。

（6）跟踪检查。在谈判结束后，沃尔玛会随时检查供应商的状况，如果供应商达不到沃尔玛的要求，则根据合同，沃尔玛有理由解除双方的合作。

3. 沃尔玛全球采购政策

沃尔玛的全球采购中心总部中有一个部门专门负责检测国际贸易领域和全球供应商的新变化对其全球采购的影响，并据以指定和调整公司的全球采购政策。沃尔玛的采购政策大致可以分为以下三方面：

1）永远不要买得太多

沃尔玛提出，减少单品的采购数量，能够方便管理，更主要的是可以节省营运成本。沃尔玛的通信卫星、GPS以及高效的物流系统使得它可以以最快的速度更新其库存，真正做到零库存管理，也使"永远不要买得太多"的策略得到有力的保证。

2）价廉物美

"沃尔玛采购的第一个要求是价廉物美"。在沃尔玛看来，供应商都应该弄清楚自己的产品跟其他同类产品有什么区别，以及自己的产品中究竟哪个是最好的。供应商最好尽可能生产出一种商品专门提供给沃尔玛。沃尔玛最希望以会员价给顾客提供尽可能多的在其他地方买不到的产品。

3）突出商品采购的重点

沃尔玛一直积极地在全球寻找最畅销的、新颖有创意的、令人动心并能创造"价值"的商品，造成一种令人高兴、动心的购物效果，从而吸引更多的顾客。沃尔玛的商品采购的价格决策和品项政策密不可分，它以全面压价的方式从供应商那里争取利润以实现天天低价；沃尔玛还跟供应商建立起直接的伙伴关系以排斥中间商，直接向制造商订货，消除中间商的佣金，在保证商品质量的同时实现利润最大化。

4. 沃尔玛对全球供应商的管理

供应商参与了沃尔玛价值链的形成过程，对其全球经营效益有着举足轻重的影响，与全球供应商建立战略性合作伙伴关系是沃尔玛市场战略的重点。

1）全球供应商管理制度

沃尔玛在全球的供应商总数达到了6.8万户，通过建立一套完整有效的供应商管理制度，使得沃尔玛能够以最低的成本快速反应以满足市场需要。

（1）建立准入制。沃尔玛建立供应商准入制度，目的是从一开始就淘汰和筛选不合格的供应商，节约谈判时间。当供应商的资金实力、技术条件、资信状况、生产能力等达到基本要求后，沃尔玛公司的采购人员会将本公司对具体供应商关于商品的质量和包装要求，商品的送货、配货和退货要求，商品的付款要求等要点向供应商提出，初步询问供应商是否能够接受。若对方能够接受，方可准入，并且将这些点作为双方进一步谈判的基础。

（2）建立供应商会见制。在供应商获得准入后，沃尔玛公司为了规范采购和提高谈判效率，在同供应商接洽中建立严格的供应商接待制度，要求所有的供应商都到其总部或各地的采购机构，进行包括货物采购以及各项合作在内的谈判，该制度主要包括接待时间、接待地点和洽谈内容三方面的要求。

（3）定期评价供应商。沃尔玛的供应商多达几万家，公司通过建立供应商的分类和编号，建立供应商基本资料档案，建立供应商商品台账，统计供应商销售数量的方法对供应商进行管理，否则业务的推广必定困难。

2）全球供应商信息管理

沃尔玛的全球采购总部设在中国深圳，并向世界延伸20个采购据点。但这个全球采购中心里不发生实际的购买行为，它所做的主要工作是在全球范围内为沃尔玛公司搜寻新的产品与合适的供应商，并将其集合。这种信息管理方式有以下好处：

(1)沃尔玛全球采购中心收集了丰富的市场信息和产品信息，这样就使得对供应商的选择更加具有目的性和针对性。

(2)供应商可以通过零售链接了解到自己的产品在沃尔玛各个商店的销售情况，宝贵的市场信息不仅可以帮助供应商有效控制库存和生产节奏，也给供应商开发新产品和调整产品战略提供了依据。

(3)通过对供应商数据的跟踪和总结，沃尔玛全球采购中心可以方便地提取各个供应商的验厂报告、销售记录以及及时装船率等重要信息，为其管理供应商提供客观依据。

引导思路

(1)结合本案例的内容分析为什么沃尔玛能实现"天天低价"。

(2)沃尔玛的采购组织有何特点?

项目一　采购与采购管理认知

教学要点

(1)理解采购和采购管理的定义；

(2)熟悉采购的职能和作用；

(3)掌握采购管理的内容和工作过程。

教学方法

可采用讲授、情境教学、案例教学和分组讨论等方法。

一、采购的认知

采购是各个企业所共有的职能，是企业经营的起始环节，同样也为企业创造价值。随着企业规模的不断扩大及精细管理和信息技术的广泛应用，采购的作用日益突出。它不仅是保证生产正常运转的必要条件，而且也为企业降低成本、增加盈利创造条件。

1. 采购的概念

1)基本概念

狭义的采购是买东西，就是企业根据需求提出采购计划、审核计划、选好供应商、通过商务谈判确定价格和交货条件，最终签订合同并按要求收货付款的过程。这种以货币换取物品的方式，可以说是最普通的采购途径，无论个人还是企业机构，其消费或者生产的需求大多是通过购买的方式来满足。因此，在狭义的采购之下，买方一定要先具备支付能力，也就是要有钱，才能换取他人的物品来满足自己的需求。

广义的采购是指除了以购买的方式占有物品之外，还可以通过其他途径取得物品的使用权，来达到满足需求的目的。广义的采购除购买之外，还可以通过租赁、借贷和交换等途径来完成。

我们可以从以下几个方面来全面理解采购的概念:

(1)采购是从资源市场获取资源的过程。采购对于生产或生活的意义在于能提供生产或生活所需要、但是自己缺乏的资源。这些资源,既包括生活资料,也包括生产资料;既包括物质资源(如原材料、设备、工具等),也包括非物质资源(如信息、软件、技术、文化用品等)。资源市场由能够提供这些资源的供应商组成,从资源市场获取这些资源却是通过采购的方式来进行。采购的基本功能就是帮助人们从资源市场获取它们所需要的各种资源。

(2)采购是商流过程、物流和信息流三者的统一。采购的基本内容,首先是采购者获取有关的商品信息,其次是将资源从资源市场的供应者手中转移到用户手中的过程。在这个过程中,一是要实现将资源的所有权从供应者手中转移到用户手中;二是要实现将资源的物质实体从供应者手中转移到用户手中。前者是个商流过程,主要通过商品交易、等价交换来实现;后者是个物流过程,主要通过运输、储存、包装、装卸、流通加工等手段来实现。采购过程实际上是这三个方面的完整结合,缺一不可;只有这三个方面完全实现了。采购过程才算完成了,因此,采购过程实际是商流、物流与信息流过程的统一。

(3)采购是一种经济活动。采购是企业经济活动的主要组成部分。既然是经济活动,就要遵循经济规律,追求经济效益。在整个采购活动过程中,一方面,通过采购获取了资源,保证了企业正常生产的顺利进行,这是采购的效益;另一方面,在采购过程中也会发生各种费用,这就是采购成本。我们要追求采购经济效益的最大化,就要不断降低采购成本,以最少的成本去获取最大的效益。而要做到这一点,科学采购是必然要求。科学采购是实现企业经济利益最大化的基本利润源泉。要实现科学采购,就要科学地进行采购管理。

2)相关概念

采购与订购、购置和购买等概念是不同的。订购是采购过程的一部分,它是指依照事先约定的条件向供应商发出采购订单,它是在没有询问供应商的条件下直接发出采购订单的情况。电话订购属于这个范畴,因为电话订购的产品已经列在供应商的产品目录中。订购实际上与采购过程的最后几道程序有关。购置一般用于固定资产和设备的采购。购买主要指获取商品所有权的采购活动,是采购中的商流活动。采购比购买的含义更广泛、更复杂。

2. 采购的范围

采购的范围是指采购的对象或标的。

采购按其对象的不同可分为有形采购和无形采购。有形采购的内容包括原料、辅助材料、半成品、零部件、成品、投资品或固定设备及 MRO(Maintenance Repair and Operations,保养、维修与运营);无形采购主要是服务和技术采购,或是采购设备时附带的服务。

采购的对象还可以分为直接物料和间接物料。直接物料是与最终产品生产直接相关的物料;间接物料是与最终产品不直接相关的商品或服务。间接物料又可以分为 ORM(Operating Resource Management,运营资源管理)和 MRO。ORM 通常是指企业日常采购的办公用品和服务,MRO 是指维持企业生产活动持续进行的维护、修理、装配等所需的间接物料(包括备品备件、零部件等,如润滑油)。

3. 采购的地位和作用

在传统思维里,采购就是拿钱买东西,目的就是以最少的钱买到最好的商品。但是,随着市场经济的发展、技术的进步、竞争的日益激烈,采购已由单纯的商品买卖发展成为一种职能。一种可以为企业节省成本、增加利润、获取服务的职能。总体而言,采购由战术地位提高到了战略地位。

1)采购的地位

采购在企业中具有举足轻重的地位。采购已经成为企业经营的一个核心环节,是获取利润的重要来源,在企业的产品开发、质量保证、供应链管理及经营管理中起着极其重要的作用。走出传统的采购认识误区、确定采购的地位,是当今每个企业在全球化、信息化市场经济竞争中赖以生存的一个基本保障,更是现代企业谋求发展壮大的一个必然要求。

(1)采购的价值地位。采购成本是企业成本管理中的主体和核心部分,采购是企业管理中"最有价值"的部分。在工业企业的产品成本构成中,采购的原材料及零部件成本占企业总成本的比例随行业的不同而不同,大体在30% ~90%,平均水平在的60%以上。从世界范围来说,对于一个典型的企业,一般采购成本(包括原材料、零部件)占60%,工资和福利占20%,管理费用占15%,利润占5%。而在中国的工业企业中,各种物资的采购成本要占到企业销售成本的70%。而现实中,许多企业在控制成本时将大量的时间和精力放在不到总成本的40%的企业管理费用及工资和福利上,而忽视其主体部分——采购成本,因此往往是事倍功半、收效甚微。

(2)采购的供应地位。从供应的角度来说,采购是整体供应链管理中,"上游控制"的主导力量。

在工业企业中,利润是同制造及供应过程中的物流和信息流流动速度成正比的。在商品生产和交换的整体供应链中,每个企业既是顾客又是供应商。为了满足最终顾客的需求,企业都力求以最低的成本将高质量的产品以最快的速度供应到市场,以获取最大利润。从整体供应链的角度来看,企业为了获得尽可能多的利润,都会想方设法加快物料和信息的流动,这样就必须依靠采购的力量,充分发挥供应商的作用,因为占成本60%物料及相关的信息都发生或来自供应商。供应商提高其供应可靠性及灵活性、缩短交货周期、增加送货频率可以极大地改进工业企业的管理水平,如缩短生产总周期、提高生产效率、减少库存、增强对市场需求的应变力等。

此外,随着经济一体化及信息全球化的发展,市场竞争日益激烈,顾客需求的提升驱使企业按库存生产,而竞争的要求又迫使企业争取按订单生产。要解决这一矛盾,企业只有将供应商纳入自身的生产经营过程中,将采购及供应商的活动看成是自身供应链的一个有机组成部分,才能加快物料及信息在整体供应链中的流动,从而可将顾客所希望的库存成品向前推移为半成品,进而推移为原材料。这样既可减少整个供应链的物料及资金负担(降低成本、加快资金周转等),又可及时将原材料、半成品转换成最终产品以满足客户的需要。在整体供应链管理中,"即时生产"是缩短生产周期、降低成本和库存,同时又能以最快的交货速度满足顾客需求的有效做法;而供应商的"即时供货"则是开展"即时生产"的主要内容。

(3)采购的质量地位。质量是产品的生命。采购物料不只是价格问题(而且大部分不是价格问题),更多的是质量水平、质量保证能力、售后服务、服务水平、综合实力等。有些东西看起来买得很便宜,但经常维修、经常不能正常工作,就大大增加了使用的总成本;如果买的是假冒伪劣商品,就会蒙受更大的损失。一般企业都将质量控制按时序划分为采购品质量控制、过程质量控制及产品质量控制。

由于产品中价值的60%是通过采购由供应商提供的,毫无疑问,产品的质量很大程度上受采购品质量控制(Incoming Quality Control,IQC)的影响。也就是说,保证企业产品"质量"不仅要靠企业内部的质量控制,更依赖于对供应商的质量控制。这也是"上游质量控制"的体现。上游质量控制得好,不仅可以为下游质量控制打好基础,同时可以降低质量成本,减少企业来货检验费用(降低 IQC 检验频率,甚至免检)等。经验表明,一个企业要是能将 1/4 到 1/3 的质量管理精力花在供应商的质量管理上,那么企业自身的质量(过程质量及产品质量)水平起码可以提高 50% 以上。可见,通过采购将质量管理延伸到供应商质量控制,是提高企业自身质量水平的基本保证。

同时,采购能对质量成本的削减作出贡献。当供应商交付产品时,许多公司都会进行来料检查和质量检查。所采购货物的来料检查和质量检查的成本的减少,可以通过选择那些有健全的质量保证体系的供应商来实现。

采购不但能够减少所采购的物资或服务的价格,而且能够通过多种方式增加企业的价值,这些方式主要有支持企业的战略、改善库存管理、稳步推进与主要供应商的关系、密切了解供应市场的趋势等。因此,加强采购管理对企业提升核心竞争力也具有十分重要的意义。

2)采购的作用

采购在以下几个方面对经营的成功具有以下的重大贡献:

(1)采购可以通过实际成本的节约显著提高营业利润。

(2)通过与供应商一起对质量和物流进行更好的安排,采购管理能为更高的资本周转率作出贡献。

(3)通过科学的采购流程管理,能够对企业的业务流程重组及组织结构的改革作出贡献。

(4)采购部门通过与市场的接触可以为企业内部各部门提供有用的信息。这主要包括价格、产品的可用性、新供应源、新产品及新技术的信息。这些信息对企业的其他部门都非常有用。供应商所采用的新营销技术和配送体系很可能对营销部门大有好处;而关于投资、合并、兼并对象及当前和潜在的顾客等方面的信息,对营销、财务、研发和高层管理都有一定的意义。

除了直接降低采购成本,采购职能也能够以一种间接的方式对公司竞争地位的提高作出贡献。这种间接贡献以产品品种的标准化、质量成本(与检查、报废、修理有关的成本)的降低和产品交货时间的缩短等形式出现。在实践中,这些间接贡献通常比直接节省的资金更加实在。

(1)产品标准化。可以通过采购标准化的产品来减少采购品种,从而降低企业生产成本。这样还可降低对某些供应商的依赖性,更好地使用竞标的方法。

(2)减少库存。通过对采购活动的科学管理,可以实现对企业各个生产环节所需原材料的即时供应,从而降低企业的库存水平以及因大量库存而带来的资金占用。

(3)增强柔性。迫于国际竞争的压力,越来越多的公司正尝试实施柔性制造系统。这些系统能提高公司的市场反应速度,还可以促进企业产品质量的提高、降低库存水平、加快资金周转。这种系统的实施要求供应商具有良好素质。把提高供应商的表现作为采购管理任务的思想会提高企业在其最终用户市场的竞争力。

(4)对产品设计和革新的贡献。随着科技的进步,产品的开发周期在极大地缩短,产品开发同步工程应运而生。以汽车为例,20 世纪 50 年代的开发周期约为 20 年,70 年代缩短为 10 年,80 年代缩到 5 年,90 年代则进一步缩短到 3 年左右。企业之所以能做到这一点是与供应商参与早期开发分不开的。通过采购让供应商参与到企业产品开发中,不仅可以利用供应商的专业技术优势缩短产品开发时间、节省产品开发费用及产品制造成本，还可以更好地满足产品功能性的需要，提高产品在整个市场上的竞争力。成功的工业革新常常是从供应商和买方的相互深入作用中实现的，积极地寻求这种相互作用是采购的任务。

(5)提高企业部门间的协作水平。这些年来，许多公司都采用了事业部结构，事业部有着相当大的自主权。在这样一种结构中，每一个事业部的经理都需要报告其全权负责部门的损益情况。因此，事业部经理要对收入和成本，包括原料成本负责。在这种情况下，整个公司的集中采购可以促使各部门加强协调和协作。

总之，采购管理在企业管理中占有至关重要的地位，采购环节是整个经营中关键的一环。因此，搞好采购工作和做好采购管理，是企业在激烈的市场竞争中发展的基本条件。

二、供应的认知

1. 供应的概念

供应主要是对企业内部需求的供应，即在企业生产经营需要的时候，按照需要提供生产需要的物资和服务，以满足企业生产经营和市场的需要。

2. 采购和供应的关系

采购和供应是相辅相成的，采购是为了供应，而供应则是靠有效的采购支持。

采购的业务是向外的，即从供应链上游组织资源，向供应商采购有形的商品和无形的服务；供应的业务对象是向内的，为企业内部的生产和其他职能部门供应所需要的资源。

采购部门作为企业的一个业务部门，要与企业外部的供应商打交道，要与企业内部的相关部门协调，处于企业供应链的中间环节，起到承上启下的作用。

1)采购与供应外部的关系

采购与供应外部的关系通过采购部门与供应商的联系体现。采购部门的职能是购买企业所需要的物品，因此采购部门要与供应商打交道，包括询价、磋商、催货、签约等，把物资及时、准确、经济、合理地采购回来，并与供应商联系，不断加强合作。

2)采购与供应内部的关系

采购与供应内部的关系通过采购部门与企业各相关部门联系体现。在整个供应链上，企业的下游是客户，但是采购部门的下游是企业内部的相关部门，生产企业采购部门的下游是仓储部门、生产部门。采购部门必须与这些部门进行配合，这样既可以提高企业的采购效率，也可以通过企业内部各部门的协作配合，提高整个供应链的效率。

三、采购管理的认知

1. 采购管理的概念

所谓采购管理，就是指为保障企业物资供应而对企业采购进货活动所进行的管理活动，是对整个企业采购活动的计划、组织、指挥、协调和控制活动。

采购管理活动包括制定采购计划、对采购活动的管理、对采购人员的管理、采购资金的管理、运储的管理、采购评价和采购监控。也包括建立采购管理组织、采购管理机制、采购基础建设等。

2. 采购与采购管理的区别

采购是一种作业活动，是为完成指定的采购任务而进行具体操作的活动，一般是由采购员承担。

而采购管理是管理活动，是面向整个企业的，不但面向企业全体采购员，而且也面向企业组织其他人员（进行有关采购的协调配合工作），一般由企业的采购科（部、处）长或供应科（部、处）长，或企业副总来承担，见表 1-1。

采购和采购管理的区别 表 1-1

项目	活动	对象	执行者
采购	采购	采购任务	采购员
采购管理	管理	整个企业	采购科(部)

3. 采购管理的职能

1）保障供应

采购管理的首要职能，就是要实现对整个企业的物资供应，保障企业生产和生活的正常进行。企业生产需要原材料、零配件、机器设备和工具，生产线一开动，这些东西必须样样到位，缺少哪一样，生产线就开动不起来。

2）供应链管理

传统的采购管理的观念，一般把保障供应看成是采购管理唯一的职能。但是随着社会的发展，特别是 20 世纪 90 年代供应链的思想出现以后，人们对采购管理的职能有了进一步的认识，即认为采购管理应当还有第二个重要职能，那就是供应链管理，特别是上游供应链的管理。

3）资源市场信息管理

采购管理的第三个职能，就是资源市场的信息管理。在企业中，只有采购管理部门天天和资源市场打交道，除了是企业和资源市场的物资输入窗口之外，同时也是企业和资源市场的信息接口。所以采购管理除了保障物资供应、建立起友好的供应商关系之外，还要随时掌握资源市场信息，并反馈到企业管理层，为企业的经营决策提供及时有力的支持。

4. 采购管理的目标

1）保障供应

（1）保证不缺货。采购管理要根据企业的总体经营目标，安排好各项采购活动，保证把所需要的物资按时采购进来，及时地供应到生产、生活的需求者手中，保证不缺货，保障生产和生活的顺利进行。这是采购管理的基本目标。

（2）保证质量。就是要保证采购的货物要能够达到企业生产所需要的质量标准，保证企业用之生产出来的产品个个都是质量合格的产品。

2）费用最省

采购过程决定着产品成本的主体部分，涉及许多费用。一辆汽车如果生产成本为 5 万元，则其生成过程的生产费用大约只有 1 万元（占 20% 左右），其余 80%（约 4 万元）都是由采购过程造成的，包括原材料成本、采购费用、进货费用、库存费用、资金占用费用等。因此采购管理的好坏，一个重要的指标，就是看它是否把产品成本降到最低的程度。采购管理的一个重要目标就是降低成本，它包括：

（1）树立系统观点，追求总费用最省。

(2)树立库存控制观点，进行适时适量采购，追求库存最小化。

3)保证供应链的管理

(1)建立起一个有效率的供应链。

(2)供应链的有效操作、运行和控制。

5. 采购管理的内容与过程

1)情境设置

组织学生到企业调查，调查内容为该企业物品采购计划、采购对象、采购方法和实施步骤等。

2)技能训练目标

通过实训使学生加强对采购和采购管理的理解。

3)相关理论知识

(1)采购管理的具体内容与过程(图1-1)：

①采购管理组织。是采购管理最基本的组成部分，为了搞好企业复杂繁多的采购管理工作，需要有一个合理的管理机制和一个精悍的管理组织机构，要有一些能干的管理人员和操作人员。

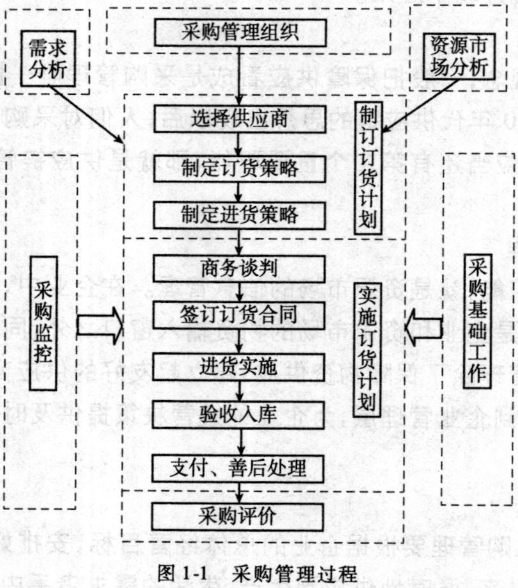

图1-1 采购管理过程

②需求分析。就是要弄清楚企业需要采购什么品种、需要采购多少，什么时候需要什么品种、需要多少等问题。作为全企业的物资采购供应部门，应当掌握全企业的物资需求情况，制定物料需求计划，从而为制定出科学合理的采购订货计划做准备。

③资源市场分析。就是根据企业所需求的物资品种，分析资源市场的情况，包括资源分布情况、供应商情况、品种质量、价格情况、交通运输情况等。资源市场分析的重点是供应商分析和品种分析。分析的目的，是为制定采购订货计划做准备。

④制定采购订货计划。是根据需求品种情况和供应商的情况，制定出切实可行的采购订货计划，包括选定供应商、供应品种、具体的订货策略、运输进货策略以及具体的实施进度计划等。具体地解决什么时候订货、订购什么、订多少、向谁订、怎样订、怎样进货、怎样支付等这样一些具体的计划问题。为整个采购订货规划一个蓝图。

⑤采购计划实施。就是把上面制定的采购订货计划分配落实到人，根据既定的进度实施。具体包括联系指定的供应商、进行贸易谈判、签订订货合同、运输进货、到货验收入库、支付货款以及善后处理等。通过这样的具体活动，最后完成了一次完整的采购活动。

⑥采购评估与分析。就是在一次采购完成以后对这次采购的评估，或月末、季末、年末对一定时期内的采购活动的总结评估。主要在于评估采购活动的效果、总结经验教训、找出问题、提出改进方法等。通过总结评估，可以肯定成绩、发现问题、制定措施、改进工作，不断提高采购管理水平。

⑦采购监控。是指对采购活动进行的监控活动，包括对采购有关人员、采购资金、采购事物活动的监控。

⑧采购基础工作。是指为建立科学、有效的采购系统，需要进行的一些基础建设工作，包括管理基础工作、软件基础工作和硬件基础工作。

(2)采购管理的重要性。企业的基本职能是为社会提供产品和服务。这个基本职能可以分解成物资销售、物资生产和物资采购三个子职能。在这三个职能中，按重要性排序，物资销售最重要。在市场经济中，没有销售，就没有市场，没有市场则一切都免谈。只有有了市场需要，再根据市场需要来设计产品或服务，才能进行物资生产。物资生产确定以后，才能根据物资生产的需要来设计策划物资采购。

物资采购的重要性虽然排在最后，但并不意味着它不重要。其重要性表现在以下几个方面：

①物资采购为企业保障供应、维持正常生产、降低缺货风险创造条件。很显然，物资供应是物资生产的前提条件，生产所需要的原材料、设备和工具都要由物资采购来提供。没有采购就没有生产条件，没有物资供应就不可能进行生产。

②物资采购供应的物资的质量好坏直接决定了本企业生产的产品质量的好坏。能不能生产出合格的产品，取决于物资采购所提供的原材料以及设备工具的质量的好坏。

③物资采购的成本构成了物资生产成本的主体部分，其中包括采购费用、进货费用、仓储费用、流动资金占用费用以及管理费用等。物资采购的成本太高，将会大大降低企业生产的经济效益，甚至亏损，致使物资生产成为没有意义的事情。

④物资采购是企业和资源市场的关系接口，是企业外部供应链的操作点。只有通过物资采购部门人员与供应商的接触和业务交流，才能把企业与供应商联结起来，形成一种相互支持、相互配合的关系。在条件成熟以后，可以组织成一种供应链关系，那样就会使企业在管理方面、效益方面都登上一个崭新的台阶。

⑤物资采购是企业与市场的信息接口。物资采购人员直接和资源市场打交道。资源市场和销售市场是交融混杂在一起的，都处在大市场之中。所以，物资采购人员比较容易获得市场信息，是企业的市场信息接口，可以为企业及时提供各种各样的市场信息，供企业进行管理决策。

⑥物资采购是企业科学管理的开端。企业物资供应是直接和生产相联系的。物资供应模式往往会在很大程度上影响生产模式。例如，实行准时采购制度，则企业的生产方式就会改成看板方式，企业的生产流程、搬运方式也都要做很大的变革；如果要实行供应链采购，则需要实行供应商掌握库存、多频次小批量补充货物的方式，这也将大大改变企业的生产方式和搬运方式。所以，物资采购部门每提供一种科学的物资采购供应模式，必然会要求生产方式、物料搬运方式都做相应的变动，共同构成一种科学管理模式。可见，这种科学管理模式

是以物资采购供应作为开端而运作起来的。

4) 技能训练准备

(1) 学生 4 ~6 人为一个小组,每个小组选一名组长。

(2) 教师现场指导。

(3) 训练时间安排:2 学时。

5) 技能训练步骤

(1) 制定调查计划。围绕调查目标,明确调查主体,确定调查的对象、时间、地点、方式,并确定要搜集哪些相关资料。

(2) 调查以小组为单位。

(3) 调查完后,编制调查报告。以小组形式进行课堂答辩,其他小组参与评判,指出调查存在的问题和可取的经验,对被调查企业提出自己的意见。

(4) 各小组根据修改意见,对调查报告进行修改,提交给任课老师。

6) 技能训练注意事项

(1) 认真调查,形成调查结果。

(2) 实训报告要有条理、有依据。

(3) 各小组待其他小组答辩结束后再提出建议。

思考练习

一、简 答 题

(1) 广义采购与狭义采购的区别是什么?

(2) 简述采购的作用。

(3) 简述采购管理的目标。

(4) 采购范围包括哪些物品?

二、案 例 分 析

三种采购现象背后的思考

从 20 世纪 80 年代开始,为了顺应国际贸易高速发展的趋势,以及满足客户对服务水平提出的更高要求,企业开始将采购环节视为供应链管理的一个重要组成部分,通过对供应链的管理,同时对采购手段进行优化。在当前全球经济一体化的大环境下,采购管理作为企业提高经济效益和市场竞争能力的重要手段之一,它在企业管理中的战略性地位日益受到国内企业的关注,但现代采购理念在中国的发展过程中,由于遭遇的“阻力来源”不同,企业解决问题的方法各异等原因,就被予以了不同的诠释。在这里,我们分别向大家介绍胜利油田、海尔以及上海通用汽车三种风格迥异的采购现象。

1. 胜利油田现象

在采购体系改革方面,许多国有企业和胜利石油境遇相似,虽然集团购买、市场招标的意识慢慢培养起来,但企业内部组织结构却给革新的实施带来了极大的阻碍。

胜利油田每年的物资采购总量约 85 亿元人民币,涉及钢材、木材、水泥、机电设备、仪器仪表等56个大类，12万项物资。行业特性的客观条件给企业采购的管理造成了一定的难度，然而最让中国石化胜利油田有限公司副总经理裘国泰头痛的却是其他问题。

裘总在他的发言中，向与会代表袒露了他在物料采购方面的难言之苦：胜利油田目前有9000多人在作物资供应管理，庞大的体系给采购管理造成了许多困难。胜利油田每年采购资金的85亿元中，有45亿元的产品由与胜利油田有各种隶属和姻亲关系的工厂生产，很难将其产品的质量和市场同类产品比较，而且价格一般要比市场价高。就拿供电器来说吧，价格比市场价贵20%，但由于这是一家由胜利油田长期养活的残疾人福利工厂，只能是本着人道主义精神接受其供货，强烈的社会责任感让企业背上了沉重的包袱。同样，胜利油田使用的大多数涂料也是由下属工厂生产，一般只能使用3年左右，而市面上一般的同类型涂料可以用10年。还有上级单位指定的产品，只要符合油田使用标准、价格差不多，就必须购买指定产品。

裘总称，在这样的压力下，胜利油田目前能做到的就是逐步过渡，拿出一部分采购商品来实行市场招标，一步到位是不可能的。

胜利油田的现象说明，封闭的体制是中国国有企业更新采购理念的严重阻碍。中国的大多数企业，尤其是国有企业采购管理薄弱，计划经济、短缺经济下粗放的采购管理模式依然具有强大的惯性。采购环节漏洞带来的阻力难以消除。

统计数据显示，在目前中国工业企业的产品销售成本中，采购成本占到60%左右，可见，采购环节管理水平的高低对企业的成本和效益影响非常大。一些企业采购行为在表面上认可和接纳了物流的形式，但在封闭的市场竞争中，在操作中没有质的改变。一些采购只是利用了物流的技术与形式，但经常是为库存而采购，而大量库存实质上是企业或部门之间没有实现无缝连接的结果，库存积压的又是企业最宝贵的流动资金。这一系列的连锁反应正是造成许多企业资金紧张、效益低下的局面没有本质改观的主要原因。

2. 海尔现象

与大型国有企业相比，一些已经克服了体制问题，全面融入国际市场竞争的企业，较容易接受全新的采购理念，这类型的企业中，海尔集团走在最前沿。

海尔集团采取的采购策略是利用全球化网络，集中购买。以规模优势降低采购成本，同时精简供应商队伍。据统计，海尔集团的全球供应商数量由原先的2336家降至840家，其中国际化供应商的比例达到了71%，目前世界前500强中有44家是海尔集团的供应商。

对于供应商关系的管理方面，海尔集团采用的是SBD模式：共同发展供应业务。海尔集团有很多产品的设计方案直接交给厂商来做，很多零部件是由供应商提供今后两个月市场的产品预测并将待开发产品形成图纸，这样一来，供应商就真正成为了海尔集团的设计部和工厂，加快开发速度。许多供应商的厂房和海尔集团的仓库之间甚至不需要汽车运输，工厂的叉车直接开到海尔集团的仓库，大大节约运输成本。海尔集团本身则侧重于核心的买卖和结算业务。这与传统的企业与供应商关系的不同在于，它从供需双方简单的买卖关系，成功转型为战略合作伙伴关系，是一种共同发展的双赢策略。

网上采购平台的应用是海尔集团优化供应链环节的主要手段之一：

(1)网上订单管理平台：100%采购订单由网上下达，实现采购计划和订单的同步管理，使采购周期由原来的10天减少到3天。同时，供应商可以在网上查询库存，根据订单和库存的情况及时补货。

(2)网上支付平台:支付准确率和及时率达到100%,为供应商节省近1000万元的差旅费,有效降低了供应链管理成本,目前网上支付已达到总支付额的80%。

(3)网上招标竞价平台:通过网上招标,不使是竞价、价格信息管理准确化,且防止暗箱操作,降低了供应商管理成本。

(4)在网上可与供应商进行信息互动交流,实现信息共享,强化合作伙伴关系。

据海尔集团副总裁梁海山透露:1999年海尔集团的采购成本为5亿元人民币,由于业务的发展,到2000年,采购成本为7亿元人民币,但通过对供应链管理优化整合,2002年海尔集团的采购成本预计将控制在4亿元人民币左右。可见,利益的获得是一切企业行为的原动力,成本降低、与供应商双赢关系的稳定发展带来的经济效益,促使众多企业以积极的态度引进和探索先进、合理的采购管理方式。

与胜利油田相似,由于企业内部尤其是大集团企业内部采购权的集中,使海尔集团在进行采购环节的革新时,也遇到了涉及“人”的观念转变和既得利益调整的问题。然而与胜利油田不同的是,海尔集团在管理中已经建立起适应现代采购和物流需求的扁平化模式,在市场竞争的自我施压过程中,海尔集团已经有足够的能力去解决有关人的两个基本问题:一是企业首席执行官对现代采购观念的接受和推行力度,二是示范模式的层层贯彻与执行,彻底清除采购过程中的“暗箱”。

3. 通用现象

与从计划模式艰难蜕变出来的大型国有企业相比,通用汽车的采购体系可以说是含着银匙出世,它没有必要经历体制、机构改革后的阵痛,全球集团采购策略和市场竞标体系自公司诞生之日起,就自然而然地融入了世界上最大的汽车集团——通用汽车的全球采购联盟系统中。相对于尚在理论层次彷徨的众多国有企业和民营企业而言,通用汽车的采购已经完全上升到企业经营策略的高度,并与企业的供应链管理密切结合在一起。

作为世界上最大的汽车集团,通用拥有强大的全球化采购系统。据统计,在美国的采购量每年为580亿元美金,全球采购金额总共达到1400亿~1500亿元美金。1993年,通用汽车提出了全球化采购的思想,并逐步将各分部的采购权集中到总部统一管理。目前,通用下设四个地区的采购部门:北美采购委员会、亚太采购委员会、非洲采购委员会、欧洲采购委员会,四个区域的采购部门定时召开电视会议,把采购信息放到全球化的平台上来共享,在采购行为中充分利用联合采购组织的优势,协同杀价,并及时通报各地供应商的情况,把某些供应商的不良行为在全球采购系统中备案。

在资源得到合理配置的基础上,通用汽车开发了一整套供应商关系管理程序,对供应商进行评估。对好的供应商,采取持续发展的合作策略,并针对采购中出现的技术问题与供应商一起协商,寻找解决问题的最佳方案;而在评估中表现糟糕的供应商,则请其离开通用汽车的业务体系。同时,通过对全球物流路线的整合,通用汽车将各个公司原来自行拟定的繁杂的海运线路集成为简单的洲际物流线路。采购和海运路线经过整合后,不仅是总体采购成本大大降低,而且使各个公司与供应商的谈判能力也得到了质的提升。

面对三种在中国市场并存的采购现象,直接反映出在不同的市场机制和管理模式下,企业变革需要面对的一些现实问题。但从另一个角度看,我们就会发现采购在整个企业物流管理中的重要地位已经被绝大多数的企业所认可。

思考题：

(1)通过以上案例，比较三种采购现象的差异。

(2)通用汽车的采购理念和海尔集团的采购理念有什么不同?

项目二　采购组织与职业素质要求

教学要点

(1)了解不同类型的企业采购组织机构的形式；

(2)了解不同采购组织结构的优点和缺点；

(3)讨论分析学生自身素质与采购职业岗位素质的差距。

教学方法

可采用讲授、情境教学、案例教学和分组讨论等方法。

一、采购组织结构与职责

(一)情境设置

在某学校，教学物资和后勤采购通常由资产处负责，由各需要物资的部门申请，资产处组织招标，或通过其他形式采购，并交由主管院长批示执行。因此涉及物资采购人员包括：主管院长、资产处长、资产副处长、资产处办公员。请根据物资采购组织及职责，画出该学校物资采购组织示意图，列出参与的采购人员，同时说明各岗位的工作人员应具备哪些职责与素质。

(二)技能训练目标

能根据企业的实际情况，确定企业采购部门的组织结构及职责。

(三)相关理论知识

1.采购部门的组织结构

研究采购组织，主要的问题是采购组织如何去配合企业的生产经营目标以及与其他部门间的协调配合。采购作业不单要了解本身业务的特质，还需随时注意各部门间的协调配合，以便能及时获得经济有效的供应，因此一般在设计采购组织时，应特别注意协调不同业务部门共同完成，要依据相同规范，参照实际需要，建立整体关系，并作适当的管理，以期能发挥整体的作用。

1)企业采购部门组织设置

根据采购部门的职能，无论大型企业采购部门组织架构(图1-2)，还是中型企业采购部门组织架构(图1-3)，其采购部门一般都按照以下结构进行设置。

采购科：可再分设原料组及物料工具组，其职责是选择供应商，洽谈合同、采购。在大、中企业中需要较多的采购员，而每一个采购员负责一种物品，可培养专门的学识与经验。

行政科：下设文书组、订货组、价格发票组、跟单组。

运输科：下设运输事务组、包装运输组、运输督察组。

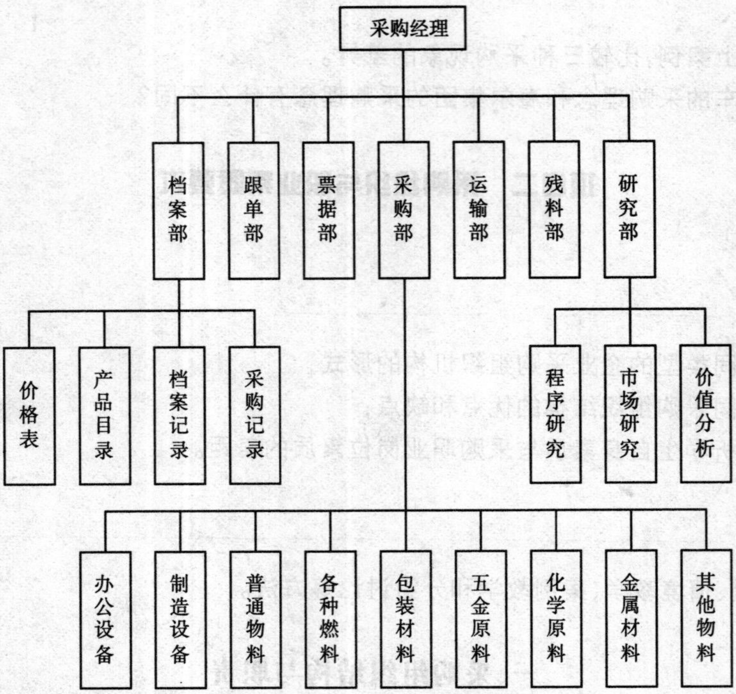

图 1-2　大型企业采购部门组织架构

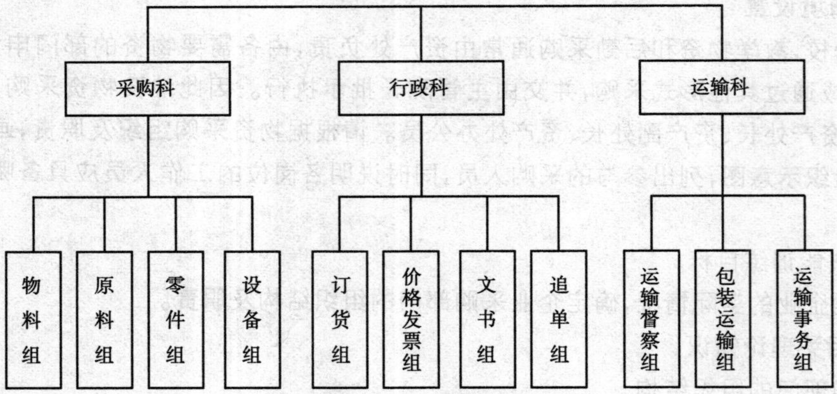

图 1-3　中型企业采购部门组织架构

采购部门在企业中的地位可以分成以下几种类型：

(1)独立部门。在大中型企业，物料采购在产品单位成本占有较高比例，其职责范围还包括存量控制、仓储、验收、运输等。

(2)单纯采购。只办理物料的采购，而不兼办验收与储运，适用于单一或采购的项目、数量较少的企业。

(3)附属于生产部门。适用于物料采购工作单纯、价格较稳定的企业。

(4)附属销售部门。适用于材料经简单程度就可以出售或非制造业等。

2)企业采购组织的基本类型

采购组织的设计与规划与企业对采购职能的看法有关。若企业将采购看作是业务活动时，采购组织在企业中将会处于较低的地位。若企业将采购视为一个重要的竞争因素，并且对企业具有重要的战略意义，那么采购组织就处于较高的地位。

(1)分权型采购组织。分权型采购组织指的是与采购相关的职责和工作分别由不同的部门来执行。如物料或商品需求计划可能由制造部门或者销售部门来拟定;采购工作可能由制造部门或者销售部门来掌管;库存责任则可能将成品归属销售部门,将在制品归属制造部门;原料或零件归属于物料或仓储部门。其组织结构示意图如图 1-4 所示。

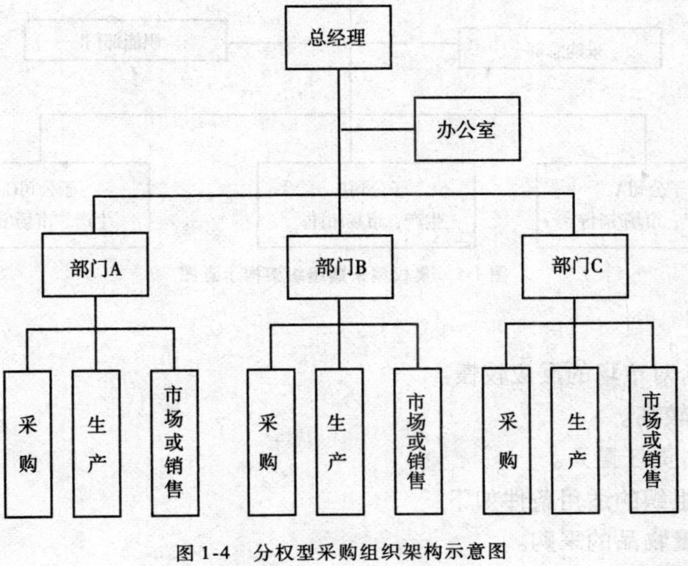

图 1-4 分权型采购组织架构示意图

分权型采购组织的特点如下:

①优点:

a. 紧急采购时可争取时效,能够机动配合生产需要,及时提供最佳服务。

b. 有利于地区物资的采购,仓储管理方便。

c. 采购手续简便,过程较短。

②缺点:

a. 权利分散,无法获得集中采购的价格折扣。

b. 决策层面低,易产生暗箱操作。

c. 作业分散,手续重复,致使成本增加。

分权型采购组织的适用条件如下:

①小批量采购。

②采购价格较低。

③市场资源总有保证。

④各部门(子公司)距离总部较远。

(2)集权型采购组织。集权型采购组织是由一个部门统一组织本系统的采购活动的采购实施模式,这是为了建立总的物料管理体系,而设立的管理责任一体化的组织机构。这种物料管理体系通常包括生产、采购及仓储等方面的管理功能(图 1-5)。

集权型采购组织的特点如下:

①优点:

a. 规模效应。

b. 标准化,节省人员和工作量,有利于采购战略的实施。

c. 有利于财务管理。

d. 利于更好的全面库存管理和材料利用。

e. 避免因为供应短缺而引起集团部门间的竞争。

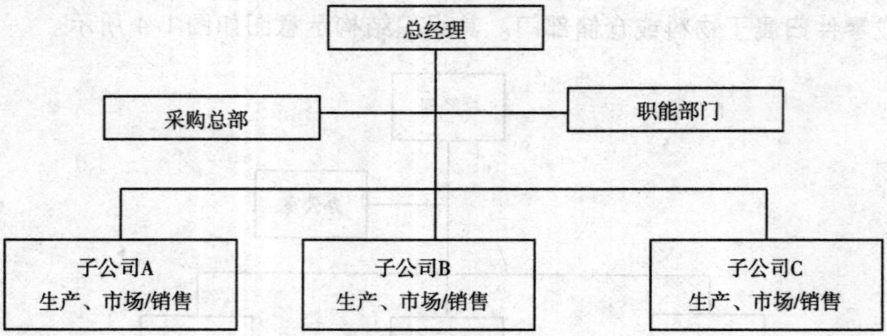

图 1-5 集权型采购组织架构示意图

②缺点：

a. 手续较多，对市场的反应较慢。

b. 管理费用较高。

c. 专业性强，责任重大。

集权型采购组织的适用条件如下：

①大宗和批量物品的采购。

②定期采购的物品。

③价格较高的物品。

(3)混合型采购组织。混合型采购组织吸收了分权型采购和混合型采购的优点，在公司总部的管理层子上设立采购部门，同时各个经营单位也有自己的采购部门，公司总部的采购部门和各经营单位的采购有着明显的分工。除政策性、技术性采购、大量采购或向国外采购等仍由总公司统筹采购外，其他的零星采购、地区性或紧急采购，则可由分权型采购部门自行处理(图 1-6)。

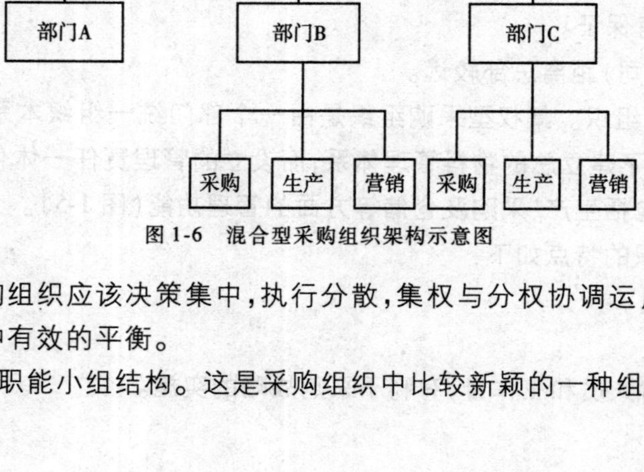

图 1-6 混合型采购组织架构示意图

一个健全的采购组织应该决策集中，执行分散，集权与分权协调运用，最终在集权与分权的采购中建立一种有效的平衡。

(4)跨部门采购职能小组结构。这是采购组织中比较新颖的一种组织形式，其做法是在公司总部设立采购总部，同时在各经营单位也分设采购部门，各经营单位的采购经理既负责本部门的采购，向本单位的主管汇报，同时也需要向首席采购总监汇报以取得本部门的采购与公司的政策相适宜。这种组织体现了采购的灵活性，使采购部门不必完全听命于需求或委托单位（图 1-7）。

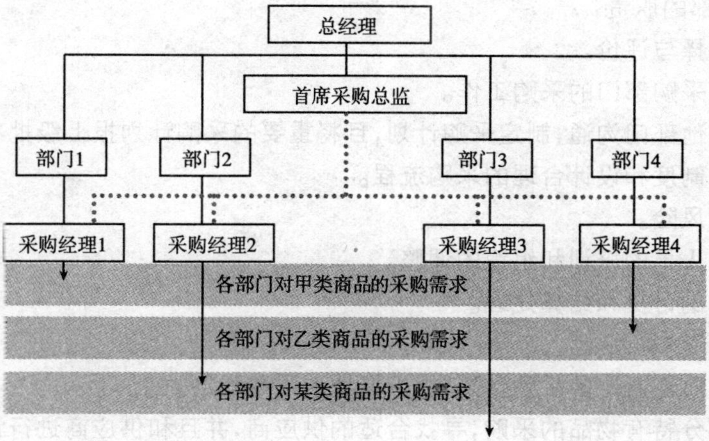

图 1-7　跨部门采购职能小组结构

2. 采购部门的基本职能与职责

1）基本职能

采购部门的组织架构，随企业的经济类型、经营规模的不同而有所区别。但不论采购部门规模的大小，其基本职能如下：

（1）采购业务管理。专门经办采购业务。在大企业中这项职能可依采购的物品类别或采购地区加以细分。可以根据采购物料设置，不同的采购物料配备不同的采购人员；也可以根据采购流程设置，采购的不同环节设置不同的采购人员；也有的企业综合采购物料和采购流程设置采购人员。三种设置方法各个特点，适用的场合也不同。

（2）跟单管理。此项职能是为避免事务多而使采购业务做得有头无尾，通常单独设立，跟踪订单的执行情况，以便督促各项工作的如期完成。在一些小公司是由采购员自己负责。

（3）票据处理。在采购过程中，采购部门和企业内部的多个部门之间以及和供应商之间，都会有很多票据发生，这些票据的审核是一件非常重要的事情。在大公司票据由专人审核，在小公司中则由采购员审核。但一般情况都是由会计部门负责。

（4）档案管理。在整个采购业务过程中，采购原料信息、供应市场信息、供应商信息，以及在询价或者谈判的过程中的各种记录，包括最终采购合同的签订，这些档案资料都必须认真保管，一方面保证下一次采购的时候使用方便，另一方面保证采购完成后各项售后服务的正常进行，同时万一与供应商发生纠纷，这些档案资料都可作为法律证据使用。在大公司中为提高工作效率而单独设立，但一般采购员的档案由自己管理，采购完毕后归档。

（5）废料处理。采购业务中，会由于多种原因产生废料，比如说供应商的产品质量不合格，也可能供应商发错了货，当然也可能是企业改变产品线，导致采购的原料不能使用，从而导致了废料的产生。废料的处理与销售在企业中，一般由采购部门负责。

（6）运输管理。采购业务过程中，当完成了采购合同后，就要涉及运输环节。在国内目前大部分采购业务流程中，运输都是由供应商负责的。然后随着供应链思想的广泛运用，越来越多的采购方开始承担这项业务，在大企业中如需物料多而其职能重要，则需单独设立此部门，比如沃尔玛、海尔等跨国企业。

2）采购组织的职责

采购组织的职责对外而言是选择/管理供应商，和供应商保持良好的关系；对内而言是控制采购流程；保证采购质量和交货周期，能够满足公司生产和市场的需要。

（1）采购总部的职责：

①供应商选择与评价。

②协调各分采购部门的采购工作。

③与企业其他部门沟通，制定采购计划，且将重要的采购计划报上级批准。

④制定采购制度和设计合理的采购流程。

⑤控制采购风险。

⑥完成采购人员的培训和组织的调整。

⑦共同商品的订货和结算处理。

（2）采购部门的职责：

①执行采购总部制定的采购计划，组织具体的采购活动。

②对于本部分特有物品的采购，寻找合适的供应商，并且和供应商进行谈判。

③核对请购单所购物料的技术规范和技术标准。

④市场信息的收集，价格变化的调查分析。

（四）技能训练准备

（1）学生4～6人为一个小组，每个小组选一名组长。

（2）教师现场指导。

（3）训练时间安排：2学时。

（五）技能训练步骤

（1）以每组为单位，展开对该学校采购组织构建的讨论。

（2）根据小组讨论情况，用图文形式画出该学校采购组织形式和相关组织职责要求。

（3）根据采购业务实际情况，对相应岗位列出所需具备的职业素质要求。

（4）各小组在课堂上对该校的采购组织构建进行答辩，其他小组提出自己的建议。

（5）根据答辩情况，各小组对该校采购组织构建进行修改，并提交一份给任课老师。

（六）技能训练注意事项

（1）认真讨论，形成讨论结果。

（2）讨论的结论要有条理、有依据。

（3）各小组待其他小组答辩结束后再提出建议。

二、采购人员的职责与素质要求

1. 采购经理的职责

1）基本职责

（1）制定采购谈判的策略和方案并加以实施。

（2）处理质量问题，以及退货方案的实施。

（3）同公司内部其他各功能部门建立并维持良好的关系。

（4）对公司采购管理的政策和程序进行有益的宣传并提出建设性的改良建议。

(5)运用一些战术性的方法如供应商伙伴关系;供应链管理等建立良好的供应商关系。

(6)处理供应商的问讯、异议及要求。

(7)实施对新供应商的开发和扶植工程。

(8)配合财务在整体上用的付款策略。

2)核心职责

(1)首要任务是保证本单位所需产品与服务的正常供应,以支持本单位生产及其他经营活动的顺利运作。

(2)不断改进采购过程及供应商管理过程,以提高货物质量。

(3)控制、减少所有与采购相关的成本,包括直接采购成本和间接采购成本。

(4)建立可靠、最优的供应配套体系。

(5)利用供应商的专业优势,积极参与产品或过程开发。

(6)建立并维护本企业、本公司的良好形象。

(7)管理、控制好与采购相关的文件及信息。

2. 采购员的职责

(1)经办一般性物料采购。

(2)查访厂商。

(3)与供应商谈判价格、付款方式、交货日期等。

(4)确认交货日期等。

(5)一般索赔案件之处理。

(6)处理退货。

(7)收集价格情报及替代品资料。

3. 基本素质要求

1)较强的工作能力

采购是一项相当复杂,而且要求很高的工作,采购员应具备的基本工作能力也相当的多样化。采购人员必须具备较高的分析能力、预测能力、表达能力和专业知识水平。

(1)分析能力。由于采购员常常面临许多不同策略的选择与制定,例如物料规格、品种的购买决策、何者为企业所能接受的价格、物料如何运输与储存、如何管理才能得到消费者的回应。因此,采购员应具备使用分析工具的技巧,并能针对分析结果制定有效的决策。

首先,采购支出是构成企业制造成本的主要部分,因此采购员必须具有成本意识,精打细算,锱铢必较,不可“大而化之”。其次,必须具有“成本效益”观念,所谓:“一分钱一分货”,不可花一分冤枉钱,买品质不好或不具有使用价值的物品。随时将投入(成本)与回报(使用状况、时效、损耗、维修次数等)加以比较。

此外,对报价单的内容,应有分析的技巧,不可以“总价”比较,必须在相同的基础上,逐项(包括原料、人工、工具、税费、利润、交货时间、付款条件等)加以剖析判断。

(2)预测能力。在现代动态经济环境下,物料的采购价格与供应数量是经常调整变动的。采购员应能依据各种产销资料,判断货源是否充裕;通过与供应商的接触,从其“销售”的态度,揣摩物料可能供应的情况;从物料价格的涨跌,推断采购成本受影响的幅度有多大。总之,采购员必须开阔视野,具备“察言观色”的能力,对物料将来供应的趋势能预谋对策。

(3)表达能力。采购员无论是用语言还是用文字与供应商沟通,都必须能正确、清晰表达采购的各种条件,例如规格、数量、价格、交货期限、付款方式等,避免语意含混,滋生误解。

面对忙碌的采购工作，必须使采购人员具备"长话短说，言简意赅"的表达能力，以免浪费时间。"晓之以理，动之以情"来争取采购条件，更是采购人员必须锻炼的表达技巧。

2）一定的知识与经验

采购员特别是管理人员至少应具备专科以上的学历，因为接受过正式专科以上教育训练的学生，其所具备的专业知识与技巧较难符合采购工作的需求。除此之外，采购员最好具有商学知识，如企业管理、流通业管理、流行商品或行销等知识，若曾修过商品资讯、统计、行销、业务人员管理课程则更佳。

（1）产品知识。无论是采购哪一种物料，都必须要对其所欲采购的标的物有基本的认识。我们很清楚，一个学化工机械并从事多年化工机械采购的人员因工作需要而转向电子元器件采购，尽管他从事采购已多年，但他仍会感到有些力不从心，如果他想尽快适应新角色就必须及时补充有关电子元器件方面的知识，补充的途径很多，如自学、参加相关专业培训班等。一些采购员认为，采购员不是搞研究开发的，而且往往有本企业工程技术人员及品质管理人员的协助，故不需掌握太多的专业知识，持有这种观点的采购员必须认识到那些可以支持你的工程及品质管理人员并不是时时刻刻在你的左右，况且有时他们因各种原因未必能帮你。对于零售企业采购员或商品的了解要比其他行业的采购员还要深入，因为其必须担负起销售业绩的相关责任。以流行服饰的采购员或家电用品的采购员而言，必须了解产品的功能、技术层次、原料、制程、保修期限等。

不过，由于采购员采购的范围大小不一，物料种类为数甚多，更何况流行科学技术发展极为迅速，采购员要如何持续性的拥有产品知识呢？基本上，有大学的课程、贸易性期刊、流行杂志、展览或工作参观、与供应商保持联络等几种方式可以供采购人员参考。

（2）客观理智。采购员在选择商品或商品组合时绝对不能凭自我的感觉，必须要利用科学的方法针对消费者需求与市场流行趋势进行合理的分析，并将分析结果客观地呈现出来，选择最有利益的商品，不因主观的偏见而左右了采购策略的拟定。

（3）专注投入。对于采购员来说，专注投入相当重要，因为，采购员必须要利用更多的时间去了解市场趋势与发掘更多的供应商，必须常常加班，尤其是生产的旺季，加班到深夜时有所见。除此之外，采购员还必须协助高层主管规划采购策略，因此在年度或每年开始时都会特别的忙碌，采购员必须毫无怨言地投入其中。

3）良好的品德

采购员必须具备如下良好的品德：

（1）廉洁。采购员所处理的"订单"与"钞票"并无太大的差异，因此难免被"唯利是图"的供应商所包围。无论是威迫（透过人际关系）还是利诱（回扣或红包），采购员都必须廉洁，维持"平常心"、"不动心"，否则以牺牲公司权益，图利他人或自己，终将误人误己。"重利忘义"的人，是难以胜任采购工作的。

（2）敬业精神。"缺货或断货"实为采购人员最大的失职。固然造成短缺的原因很多，若采购人员能有"舍我其谁"的态度，高度负责采购所需的物料，则企业的损失将会大大减少。

（3）虚心与耐心。采购员虽然在买卖方面较占有上风，但对供应商的态度，必须公平互惠，甚至不耻下问、虚心求教，不可趾高气扬、傲慢无礼。与供应商谈判或议价的过程，可能相当艰辛与复杂，采购员更需有忍耐、等待的修养，才能"欲擒故纵"，气定神闲地进行工作。居于劣势时，亦能忍让求全，不愠不火，克己奉公。

(4)遵守纪律。采购员是外出执行采购的人员,他们的一言一行都代表着企业与外界打交道,他们的工作好坏不仅影响企业的效益,而且影响企业的声誉,因此,企业对采购员规定了若干纪律,采购员必须自觉遵守,严格执行。

思考练习

一、简 答 题

(1)比较各种不同类型采购组织结构模式的优点和缺点。

(2)企业构建采购组织有哪些步骤?

(3)简要说明采购组织中各岗位相应职责和基本素质要求。

二、案 例 分 析

Devillier 集团的采购组织结构

Devillier 集团的总部设立在英国,它涉足 4 个特定的工作领域,每一个领域作为一个运营分部。这些分部是建筑和民用工程设计、铁路和运输服务、专业工程设计以及设备管理。分部的总经理负责每个分部的业务业绩,与集团执行总裁允诺一个 5 年存续业务计划。Devillier 集团的总营业额是 98 亿英镑,其中 88% 是在英国创造的,余下的 12% 主要在法国和德国创造。集团已任命一位新的运营总裁来审视现行的组织结构,自然也包括采购部门。

现有采购职能的组织结构包括:

1. 集团

设有一个集团采购部经理,他被公认为缺少采购方面的经验。任命是在两年前签发的,那时从没有协商过集团的采购战略,已经存在对集团采购概念的阻力,尤其是来自分部的总经理们,他们争论如果他们是利润中心,则必须被允许按照他们认为合适的方法去控制开支。

只有两部分交易获得实施。第一部分是差旅费,但是全部差旅开支中只有 15% 是通过集团的合同。第二部分是车辆,去年有 1500 辆新汽车、客车和货车通过反向拍卖程序购买。这一项比以前的成本节约了 30%,并且把 250 万英镑计入集团利润账中。

2. 建筑和民用工程设计

这个分部主要从事大型工程项目,包括新建的建筑物、高速公路、桥梁和管道架设。

分部中的每家公司设有一个首席采购员和支持人员。实际上,多数的采购由评估师和数量勘查员进行。采购是交易型的并且订单是与众多的供应商签订的,而这些供应商是以逐个项目为基础来进行选择的。

分部的总经理已经公开地表示不会支持集团的集中采购,因为集团采购部不会对他的分部的需要作出反应。

3. 铁路和运输服务

该分部只有两家公司,每家公司有一个采购经理。在集团中这是最先进的一个分部,它的总经理非常支持集团采购。除了 IT、车辆和办公设备外,其开支不同于集团中的其他分部。

4. 专业工程设计

这个分部是通过收购一个极其专业的工程设计集团后，于 3 年前成立的。这个设计集团曾服务于一级方程式汽车赛，并为先进的核工业研究项目进行工程设计和研究，分部所属公司中没有一个正式的采购机构，但是分部赢利情况非常好，取得 40% 的资本回报率。

分部总经理的观点是，技术的和资金的能力比“削减几个百分点的采购价格”更重要。

5. 设备管理

这个分部是集团中成长很快的部分。预期未来 5 年会实现每年 20% 的增长。它在取得中央和地方政府以及私营公司的外包合同中实现业务增长。费用开支是基于采购大量的服务业务，包括保安、建筑物维护、电话呼叫中心等，而有趣的是，采购的服务中还包括采购职能本身（也就是采购作为一种服务业务，它也被外包了）。

目前，该分部的采购董事的职位空缺。无论是对于集团还是分部，这可能是一个重大的进步。这个决定是在没有集团采购执行经理的参与下作出的。

思考题：

（1）Devillier 集团的采购组织结构有何特点？

（2）你觉得 Devillier 集团的采购组织结构有需要改进的地方吗？

任务二 采购计划管理

内容简介

采购管理是否有效，对整个物流费用能否降低、物流经营效率能否提高，乃至整个企业的经营成本能否降低，有着非常重要的影响。而采购计划又是整个采购管理的第一步，是采购行为的依据。编制采购计划是一项复杂而又细致的工作，一个好的采购计划，一定要能对已经发生或将要发生的变化因素进行深入的分析和预测，这样才能够有效地避免投资风险，最大限度降低物流成本，对企业的物流管理活动起到积极作用。

教学目标

1. 知识目标：

(1)了解采购计划的编制目的及特征；

(2)了解采购预算编制的步骤；

(3)了解物料请购单的编制步骤；

(4)了解采购订单的编制步骤。

2. 技能目标：

(1)具备编制采购计划的能力；

(2)能制定采购预算；

(3)会编制物料请购单；

(4)具备编制采购订单的能力。

案例导入

DHL 快递采购计划的编制

物资市场采购是 DHL 快递获得所需物资及临时性采购物资的主要途径，也是 DHL 快递进货执行计划的一个重要环节。在市场经济条件下，DHL 快递主要通过市场采购来取得所需物资。因此，DHL 快递在组织市场采购物资进货时的决策范围比较大，主观能动作用在随着社会主义市场经济的进一步发展和完善将更大限度地得到发挥。编制物资采购计划就是从一个更高的层面上确保市场采购工作做得更成功、更完善。编制物资采购计划，是一项很复杂很细致的工作，它大体可以分以下三个阶段。

1. 准备阶段

当接到上级物资主管部门布置编制物资采购计划的通知以后，或按惯例到达该编制下期物资采购计划的时候，编报部门就要结合 DHL 快递的实际情况，进行多项情况的准备工作：

1)发动员工

必须发动员工（特别是像采购员、推销员这些了解市场情况的员工），献计献策，把经济责任、经济效果和经济效益紧密地结合起来，共同为完成 DHL 快递生产任务，降低成本，外加利润而编好计划。参加编制计划的人员，一定要在保证使用功能的条件下，以努力降低物资费用成本为原则，审定所要购买的物资。

2）内部资料收集

要做好内部资料的搜集、准备工作。要向有关车间和科室了解物资的需求情况，包括从生产部门了解年度生产计划及季度、月份各种产品的生产进度和安排；从技术部门了解产品加工工艺，物资消耗定额及外购件的种类和数量，确定所需物资品种规格，编制或修订物资供应目录；从技术、经济和供应三方面了解过去所选物资品种是否合理，分析上期物资采购计划执行情况，总结经验教训。同时，要发动员工挖掘物资潜力，修订物资消耗定额；预计期末库存，以利于做好物资平衡。

3）外部资料收集

要向外部搜集有关资料，如产品样本、出厂价格、产品质量、运费、市场货源、市场价格、产地、规格、数量等情况，以便有选择地安排计划。正确地选择物资品种，应考虑以下几个因素：①选用的物资必须保证生产的产品质量，或符合国家技术标准，或符合合同中规定的技术标准，保证生产出用户满意的产品；②选用的物资品种规格，应尽量立足于国内，且充分考虑就近取材的可能性；③尽量选用资源丰富、价格低廉的材料代替稀缺、贵重材料，用工业原材代替农业原料；④充分考虑物资的规格化、标准化，尽可能减少物资选用的品种、规格；⑤物资规格、尺寸，要有利于减少生产中的废料数量；⑥选用的物资，应尽可能保证生产中有较高的劳动生产率和设备利用率。

4）审查

在编制计划过程中，要对选定的物资进行审查。主要是研究每项决定在技术、经济和供应条件方面是否合理。这也主要是从上述选择物资品种应考虑的几个因素中得出。

2. 平衡阶段

物资平衡主要是指资源与需要在数量、品种、规格上的平衡，以及各类物资之间的平衡衔接。一般企业的物资平衡的实质就是企业最后确定的采购（申请）量，即通过计算企业计划期内各物资的需用量和计划期期初库存量、期末储备量来确定企业计划期内的采购量。其计算公式仍为：

某种物资的平衡余缺 = 该种物资的需用量 + 期末储备量 - 期初储备量 - 企业内部可利用的资源

3. 编制采购计划

物资采购计划都是由下而上地逐级进行编制，各级物资申请单位可按生产、基建、市场需要等不同情况，提出计划期需用量，编制出物资申请计划，并按规定时间，要求逐级汇总上报。基础单位需用的物资申请计划是上一级单位申请采购计划的基础，所以一定要如实填报。物资采购计划作为各物资申请单位的物资采购量的汇总，其表格形式类似于物资平衡表，只是两者的目标点不同。物资平衡表强调的目标仅仅是如何确定物资的平衡余缺，而物资采购计划更侧重于采购量的确定和各项物资的品种规格。物资采购计划，经企业领导审批后，可作为采购物资的依据。物资采购计划除了按一定的表或用数字反映计划指标的安排外，还必须以文字说明，这就是采购计划的编制说明。通过编制说明的编写，可以使企业领导和上级机关更具体地了解计划的安排情况和依据；可以把计划的指导思想和依据，以及执行计划的措施，作进一步分析归纳，使之条理化、系统化。采购计划编制说明所应用的材料，数据要准确，文字应力求条理清楚、简明扼要。同时，要防止只是罗列数字或简单地解释指标。它的主要内容包括：①前期采购计划的预计完成情况，执行计划中的突出问题。这是编制本期计划的参考依据，因此在编制说明中要作简要的说明。②计划期资源形式的估计和计划安排的依据。这是编制说明的主要部分，在深入分析资源和市场供求变化的基础上，结合各项政策，说明编写计划的指导思想、各主要采购指标、主要物资安排的原则和依据，以及国民经济有关部门衔接平衡的问题。③根据加速物资周转和提高 DHL 快递经济效益的要求，提出组织采购计划实施的主要措施和建议。同时，也可以对领导提出要求和意见，以保证本期采购计划的顺利实现。

引导思路

(1) 简要说明 DHL 快递采购计划编制的基本内容。

(2) 你觉得 DHL 快递采购计划在编制过程中有哪些可取之处？是否存在问题？若有问题，请列出。

项目一　采购计划的制定

教学要点

(1) 利用网络，收集企业有关采购计划的相关资料；

(2) 分小组讨论，拟定一份企业采购计划；

(3) 形成对企业采购计划的报告。

教学方法

可采用讲授、情境教学、案例教学和分组讨论等方法。

一、采购计划制定的认知

1. 采购计划的概念

采购计划的概念可从广义和狭义两方面来理解。

广义：指为保证供应各项生产经营活动的物料需要量而编制的各种采购计划的总称。

狭义：指年度采购计划，即对企业计划年度内生产经营活动所需采购的各种物料的数量和时间等所做的安排和部署。

其中，何时、何处取得合适数量的原材料是采购计划的重点所在。采购计划就是购入原材料的预见性的安排和部署，因此对于整个采购运作的成败有非常重要的作用。

我们可以认为采购计划是企业管理人员在了解市场供求情况、认识企业生产经营活动过程及掌握物品消耗规律的基础上，对计划期内的物品采购活动所做的预见性安排和部署。

2. 采购计划的分类

1) 按计划期的长短分类

其可分为年度物品采购计划、季度物品采购计划和月份物品采购计划等。

2) 按物品的自然属性分类

其可分为金属材料采购计划、机电产品采购计划、非金属材料采购计划。

3）按物品的使用方向分类

其可分为生产产品用物料需求计划、维修用物品采购计划、基本建设用物品采购计划、技术才造措施用物品采购计划和科研用物品采购计划等。

4）按采购计划程序分类

其可分为采购认证计划和采购订单计划。

5）按采购层次其分类

其可分为战略采购计划、业务采购计划和部门采购计划。

3. 采购计划编写的目的和作用

1）目的

企业的采购计划要发挥作用，以达到如下的目的：

（1）预计采购物料所需的时间和数量，防止供应中断，影响产销活动。

（2）避免物料储存过多、积压资金以及占用存储空间。

（3）配合企业生产计划与资金调度。

（4）使采购部门事先准备，选择有利时机购入物料。

（5）确定物料耗用标准，以便管制物料采购数量与成本。

2）作用

俗话说得好"好的计划是成功的一半"，制定一个合理的采购计划，对整个采购运作的成败有非常重要的作用，具体表现在以下几个方面：

（1）能有效的规避风险，减少损失。采购计划是面向未来的，企业在编制采购计划时，已经对未来因素进行了深入的分析和预测，能够做到有备无患，既保证企业正常经营需要的物料，又降低了库存水平，减少了风险。

（2）为企业组织采购提供依据。采购计划具体安排了采购物料的活动，企业管理者按照这个安排组织采购就有了依据。

（3）有利于资源的合理配置，以取得最佳的经济效益。采购计划选择经营决策的具体化和数量化保证资源分配的高效率，对未来物料供应进行科学筹划，有利于合理利用资金，能最大限度地发挥各种资源的作用，从而获得最佳效益。

二、采购计划的编制

（一）情景设置

新学期即将开学了，某大学的学子超市也马上要开业了，在这个学期开始前超市应该采购哪些商品呢？该超市的经理决定让超市的业务员先制定一个采购计划。请学生扮演超市业务员的角色，帮这个超市编制一个采购计划。

（二）技能训练目标

能够根据企业的要求制定采购计划。

（三）相关理论知识

1. 影响采购计划制定的因素

制定采购计划的第一步是确定并分析影响采购计划编制的主要因素，而影响采购计划编制的因素很多，具体有以下几个方面。

1) 采购环境

这里采购环境主要是指广义上的较为间接的环境，它包括内部的不可控因素，如企业的声誉；技术水准、人力资源、财务状况、厂房设备；原料零件供应情况等，以及外界的不可控因素，比如国内外经济发展状况、社会环境、政治体制；文化、人口增长、技术发展、法律法规、竞争者状况等，这些因素的变化都会对企业的采购计划和预算产生影响。所以采购经理要能够意识到采购环境的变化，并能很好地利用这些变化。

2) 年度销售计划

除非市场出现供不应求的状况，否则企业年度的经营计划多以销售计划为起点；而销售计划的拟订，又受到销售预测的影响。销售预测的决定因素，包括外界的不可控制因素，如国内外经济发展情况(GDP、失业率、物价、利率等)、人口增长、政治体制、文化及社会环境、技术发展、竞争者状况等，以及内部的可控制因素，如财务状况、技术水准、厂房设备、原料零件供应情况、人力资源及企业声誉等。

3) 年度生产计划

一般而言，生产计划根源于销售计划，若销售计划过于乐观，将使产量变成存货，造成企业的财务负债；反之，过度保守的销售计划，将使产量不足以供应顾客所需，丧失创造利润的机会。因此，常常因为销售人员对市场的需求量估算失当，造成生产计划朝令夕改，也使得采购计划与预算常常调整修正，物料供需长久处于失衡状况。

4) 用料清单

企业中，特别是在高科技行业中，产品工程变更层出不穷，致使用料清单难以作出及时的反应与修订，以致根据产量所计算出来的物料需求数量，与实际的使用量或规格不尽相符，造成采购数量过剩或不够，物料规格过时或不易购得。因此采购计划的准确性，必须依赖维持最新、最准确的用料清单。

5) 存量管制卡

由于应该采购数量必须扣除库存数量，因此，存量管制卡记载是否正确，将是影响采购计划准确性的因素之一。这包括实际物料与账目是否一致，以及物料存量是否全为优良品。若账目上数量与仓库架台上的数量不符，或存量中并非全数皆为规格正确的物料，这将使仓储的数量低于实际上的可取用数量，所以采购计划中的应该采购数量将会偏低。

6) 物料标准成本

在编定采购预算时，因对将来拟采购物料的价格预测不易，故多以标准成本替代。若此标准成本的设定，缺乏过去的采购资料作为依据，也没有工程人员严密精确地计算其原料、人工及制造费用等组合或生产的总成本，则其正确性就有疑问。因此，标准成本与实际购入价格的差额，即是采购预算正确性的评估指标。

7) 生产效率

生产效率的高低变化将使预计的物料需求量与实际的耗用量产生误差。产品的生产效率降低，会导致原物料的单位耗用量提高，而使采购计划中的数量不能满足生产所需。过低的生产效率，也会导致经常进行修改作业，从而使得零组件的损耗超出正常需用量。所以，当生产效率有降低趋势时，采购计划必须将此额外的耗用率计算进去，才不会发生原物料的短缺现象。

由于影响采购计划的因素很多，故采购计划拟订之后，必须与企业各部门保持经常的联系，并针对现实情况作出必要的调整与修订，才能维持企业的正常运转，并协助财务部门妥善规划资金来源。

2. 制定采购计划的步骤

1）准备阶段

当接到编制采购计划的通知后，编制部门应结合企业的实际情况，进行以下准备工作：

（1）发动人员，献计献策，把经济责任、经济效果和经济效益紧密结合起来，共同完成企业生产任务，降低成本。

（2）要做好内部资料的搜集和准备工作，向有关部门和车间了解物资的需要情况。

（3）向外部搜集有关资料，如产品样本、出厂价格、产品质量、运费、市场货源、市场价格、产地、规格、数量等情况，以便有选择的安排计划。

（4）在编制计划过程中，要对选定的物资进行审查，主要是研究每项选定的物资在技术、经济和供应条件方面是否合理。

2）平衡阶段

物资平衡内容主要是指资源与需要在数量、品种、规格上的平衡，以及各类物资间的平衡衔接。一般企业的物资平衡的实质就是通过计算企业计划期内各物资的需用量和计划期期初库存量、期末储备量来确定企业计划期内的采购量。其计算公式为：

某种物资的平衡余缺 = 该种物资的需用量 + 期末储备量 − 期初储备量 − 企业内部可利用的资源

3）编制采购计划

物资采购计划都是由上而下逐级进行编制，各级物资申请单位可按生产、基建、市场需要等不同情况，提出计划期需用量，编制出物资申请计划，并按规定时间、要求逐级汇总上报。基础单位需用的物资申请计划是上一级单位制定采购计划的基础，所以一定要如实上报。

4）编制采购计划说明

物资采购计划除了按一定的表格形式用数字反映计划指示的安排外，还必须加以文字说明，这就是采购计划的编制说明。通过编制说明的编写，可以使企业领导和上级机关更具体的了解计划的安排情况和依据，可以把计划的指导思想和依据以及执行计划的措施作进一步分析归纳，使之条理化、系统化。

采购计划说明的主要内容包括以下几个方面：

（1）前期采购计划的完成情况和执行计划中的突出问题；

（2）计划期资源形式的估计和计划安排的依据；

（3）提高采购计划实施效率的主要措施和建议。

5）采购计划审批

采购计划审批是指上级主管物资采购部门对采购计划的审查和批准。

审批的内容主要包括：

（1）计划是否符合上级安排的原则和国家的方针政策；

（2）任务是否合理适当，物资消耗定额是否准确、先进、可靠；

（3）各期的库存储备量的预计有无高估或低估现象；

（4）各种采购物资是否配套；

（5）计划是否遵循了成本最优化原则，在保证质量的前提下，企业是否达到了先进性和效益型；

（6）计算是否有误，计划表中各栏填写是否符合规定要求等。

审批后的计划才能作为物资采购的依据。

3. 采购数量的确定

1）采购数量确定的依据

确定采购数量的依据有销售计划、商品清单和库存量管理卡。

采购的商品数量，会影响到企业的销售和库存，关系到企业的销售成本和经营效益。采购商品过多，会增加商品保管费用；影响资金的周转和利用率。但如果商品采购太少，会使商店出现商品脱销，失去销售的有利时机。

因此如何确定采购数量是采购决策中的关键。

2）采购数量的计算与订购

（1）经济订货批量计算。经济订购批量模型（Economic Order Quantity，EOQ）又称为整批间隔进货模型。由于存储策略是使用存储总费用最小的经济原则来确定订货批量，故称为经济订货批量。经济订货批量与库存成本有关，所以在学习计算经济订货批量之前，首先要先分析库存成本的构成。

影响库存的成本主要有四大要素：购入成本、订购成本、储存成本和缺货成本。

①购入成本（采购成本）：

存货的采购成本 = 买价 + 采购费用

采购费用包括运输费、包装费、保险费、仓储费、途中合理损耗、入库前整理挑选费、税金等。

采购成本 = 采购数量 × 单位采购成本

②订购成本（订货成本）。为订货而发生的各种成本，包括采购人员的工资、采购部门的一般经费（如办公费、水电费、折旧费等）和采购业务费（如差旅费、邮电费、检验费等）。

订货成本 = 固定订货成本 + 变动订货成本

固定订货成本是指为了维持一定的采购能力而发生的、各期金额比较稳定的成本。

变动订货成本是指随订货次数的变动作正比例变动的成本。

订购成本与订货批量无关，与订购次数有关。

③储存成本。因储存存货而发生的各种成本，包括支付给储运部门的仓储费、存货占用资本应计的利息、税金、保险费、搬运、储存、损耗、陈旧、变质、公司自设仓库的一切费用等。

储存成本 = 固定储存成本 + 变动储存成本

固定储存成本是总额稳定、与储存存货数量和储存时间无关的成本。

变动储存成本的大小取决于存货数量和储存时间的成本。

储存成本与订货批量有关。

④缺货成本。由于存货数量不能及时满足生产和销售的需要而给公司带来的损失。如销售损失、利润损失、商誉损失等。缺货成本大多是机会成本。

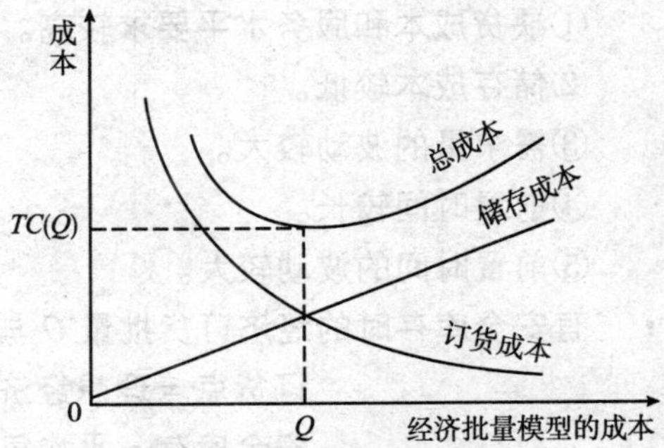

图 2-1　经济订货批量模型

（2）理想的经济订货批量的计算。

经济订货批量是指既能满足生产经营需要，又能使存货成本达到最低的一次采购批量。

经济订货批量模型（图 2-1）的推导需要一系列假设条件。

在同时满足假设条件下推导的模型称为基本模型。

存货决策的目的：找出使订货成本和储存成本合计数最低的订货批量，即经济订货批量。

经济订货批量模型的假设条件如下：

①需求量确定并已知，需求是均衡的。

②供货周期固定并已知。

③集中到货，而不是陆续入库。

④不允许缺货，能满足所有需求。

⑤购买价格或运输费率等是固定的，并与订购的数量、时间无关。

⑥有一项商品库存，或虽有多种库存，但各不相关。

⑦资金可用性无限制。

经济订货批量公式如式(2-1)所示：

$$Q=\sqrt{\frac{2CR}{PR}} \tag{2-1}$$

式中：P——单位商品的购入成本，元/单位；

R——某商品的年需求量；

C——每次订货的订购成本，元/次；

Q——经济订购批量；

H——储存成本

$$H=\text{单位商品的购入成本}\times\text{成本系数}$$

订货点的计算见式(2-2)、式(2-3)：

$$B=\text{日需求量}\times L \tag{2-2}$$

$$B=\frac{R}{\text{年工作日}}\times L \tag{2-3}$$

式中：R——年需求量；

L——供货周期，日。

(3)有安全库存的经济订货批量的计算。安全库存也叫保险库存，它作为缓冲器用来预防由于自然界或环境的随机干扰而造成的缺货。它用来补偿在补充供应前，实际需求量超过预期需求量或采购时间超过预期前置时间而产生的需求。安全库存会降低缺货成本但增加库存成本。

安全库存存在的条件如下：

①缺货成本和服务水平要求较高。

②储存成本较低。

③需求量的波动较大。

④前置时间较长。

⑤前置时间的波动较大。

有安全库存时的经济订货批量 Q 与理想的经济订货批量相同。

订货点 = 理想经济订货批量的订货点 + 安全库存

安全库存 = 平均每天的需求量 × 安全库存天数

(4)有价格折扣的经济订购批量的计算。通常采用以下步骤确定最佳订货批量：

①按不同价格分别计算经济批量，并确定该经济批量是否有效。若计算结果大于价格点的订货量，则有效；反之，以相应价格起点的最小订货量作为该区间的有效经济订货批量。

②计算以每一有效经济批量订货的年库存总成本。

③比较以上计算出来的各项年库存总成本,选取总成本最小的订货量为最佳经济订货批量。

(四)技能训练准备

(1)学生每5人为一个小组,每个小组选一名组长;

(2)教师现场指导;

(3)训练时间安排:2学时。

(五)技能训练步骤

(1)以每组学生为单位,对本校超市进行调研,并撰写采购计划。

(2)以组为单位完成采购计划的编制。

(3)每组派一位代表陈述结果。

(六)技能训练注意事项

(1)调研时做好相应的分工工作。

(2)采购计划的制定要符合实际。

思考练习

一、简 答 题

(1)编写采购计划的目的是什么?

(2)影响采购计划编制的因素有哪些?

(3)采购计划编制的步骤有哪些?

二、计 算 题

某商品以每件50元购入,订购成本为每次8元,该商品的年需求量是3000件,库存成本为价格的10%,订购周期为3天,求该商品的经济订购批量和订货点(全年工作日按250日计算)。

项目二 采购预算的编制

教学要点

(1)利用网络,收集企业有关采购预算的相关资料;

(2)分小组讨论,拟定一份企业采购预算;

(3)形成对企业采购预算的报告。

教学方法

可采用讲授、情境教学、案例教学和分组讨论等方法。

一、采购预算的认知

采购预算是一种用数量表示的计划，是将企业未来期间采购决策的目标通过有关数据系统地反映出来，是采购决策数量化的表现。

二、采购预算的意义

（1）促进企业计划工作的开展与完善，减小企业的经营风险与财务风险；

（2）使企业高层管理者全盘考虑企业整个价值链之间的相互关系，明确各自责任，便于各部门之间的协调，促成企业长期目标的最终实现；

（3）使部门之间合理安排有限资源，保证资源分配的效率；

（4）有利于对成本进行控制。

三、采购预算的编制

（一）情景设置

某大学学子超市的采购计划已经制定好了，但是执行这个采购计划得多少资金预算呢？这又是摆在超市经理面前的一个难题。请学生帮这个超市编制一个采购预算。

（二）技能训练目标

能够根据企业的要求准确地制定采购预算。

（三）相关理论知识

1. 采购预算编制要点

（1）编制预算之前，要进行市场调研，广泛搜集预测信息和基础资料数据；

（2）编制预算时，为最大限度地实现企业的总目标，应制定切实可行的编制程序、修改预算的办法、预算执行情况的分析等；

（3）确立恰当的假定，以便预算指标建立在一些未知而又合理的假定因素的基础上，便于预算的编制和采购管理工作的开展；

（4）每项预算应尽量做到具体化、数量化。

2. 编制采购预算的原则

（1）实事求是的编制采购预算

编制采购预算应本着实事求是的原则，一般以企业所确定的经营目标为前提，不盲目哄抬目标值，确定销售预算，再确定生产计划，然后再确定采购计划。不要为了贪图低价，盲目扩大采购量，避免造成库存积压。

（2）积极稳妥、留有余地的编制采购预算

积极稳妥是指不要盲目抬高预算指标，也不要消极压低指标。为了适应市场的千变万化，采购预算应留有余地，具有一定的发展空间，以免发生意外时处于被动地位，影响企业的生产经营。

（3）比质比价编制采购预算

企业在编制采购预算时，应广泛收集物料的质量、价格等市场信息，掌握主要采购物料信息的变化，要根据市场信息比质比价确定采购物料。

3. 采购预算的具体编制步骤

(1)审查企业以及部门的战略目标;

(2)制定明确的工作计划;

(3)确定所需的资源;

(4)确定较准确的预算数;

(5)汇总编制总预算;

(6)修改预算;

(7)提交预算。

预算是关于预计收入和可能支出的动态模型,反映的是未来的事情。由于外在的环境总是变化的,因此必须根据实际情况的变化不断进行修订,以确保预算最大程度地贴近现实,反映实际支出。

4. 常用的几种预算方法

1)概率预算

(1)概率预算的定义

概率预算是指对在预算期内不确定的各预算构成变量,根据客观条件,作出近似的估计:估计他们可能变动的范围及出现在各个变动范围的概率,再通过加权平均计算有关变量在预期内的期望值的一种预算编制方法。

(2)概率预算的基本特征

概率预算的基本特征是:

①影响预算对象的各因素具有不确定性,因而存在着多种发展可能性,并且这些可能性能够计量。

②由于对影响预算对象的变量的所有可能都作了客观的估计和测算,因而开阔了变量的范围,改善了预算指标的准确程度。

概率预算必须根据不同的情况来编制,大体上可分为以下两种情况:

①销售量的变动与成本的变动没有直接联系。这时,只要利用各自的概率分别计算销售收入、变动成本、固定成本的期望值,然后即可直接计算利润的期望值。

②销售量的变动与成本的变动有直接联系。这时,需要用计算联合概率的方法来计算利润的期望值。

2)弹性预算

(1)弹性预算定义

弹性预算是指企业按照预算期内可预见的多种生产经营活动业务量水平分别确定相应数据而编制的预算。

(2)弹性预算特点

①它按预算内某一相关范围内的可预见的多种业务活动水平确定不同的预算额;

②待实际业务量发生后,将实际指标与实际业务量相应的预算额进行对比,使预算执行情况的评价与考核建立在更加客观可比的基础上,从而更好地发挥预算的控制作用。

3)滚动预算

滚动预算又称永续预算或连续预算,它在预算的执行过程中自动延伸,使预算期永远保持在一年。

4) 零基预算

(1) 零基预算的定义

零基预算是指在编制预算时，以零为基础，从根本上考虑各开支项目的必要性、合理性，从而确定预算金额的一种预算。

(2) 零基预算的特点

零基预算由于冲破了传统预算框架的限制，以零为起点，观察分析一切费用开支项目，确定预算金额，具有以下优点：

①合理、有效地进行资源分析；

②有助于企业内部的沟通、协调，激励各基层单位参与预算编制的积极性和主动性；

③目标明确，可区别方案的轻重缓急；

④有助于提高管理人员的投入产出意识；

⑤特别有助于产生较难辨认的服务性部门克服资金浪费的缺点。

(四) 技能训练准备

(1) 学生每 5 人为一个小组，每个小组选一名组长；

(2) 教师现场指导；

(3) 训练时间安排：2 学时。

(五) 技能训练步骤

(1) 以每组学生为单位，在超市采购计划的基础上编制采购预算。

(2) 以组为单位完成采购预算的编制。

(3) 每组派一位代表陈述结果。

(六) 技能训练注意事项

(1) 选用适当的编制预算方法。

(2) 超市的采购预算要符合实际。

思考练习

一、简 答 题

(1) 采购预算分哪几步来编制？

(2) 什么叫概率预算，它的特征有哪些？

(3) 什么叫零基预算，它的特征有哪些？

二、案 例 分 析

某企业采购预算管理制度

1. 目的

为了避免盲目采购，从总体上统筹使用资金，提高资金的使用效率，确保采购资金合理的需要，特制定本制度。

2. 采购预算管理的含义

(1) 采购预算是采购部门为配合企业年度销售预测或生产数量，对所需求的原料、物料、零件、劳务等的数量及成本编制的用货币形式进行具体、系统反映的数量计划，以利于企业整体目标的实现及其资源的合理配置。

(2)预算管理就是指企业内部通过编制预算、执行预算、预算差异分析和预算考核来管理企业的经济活动，反映企业管理的成绩，保证管理政策的落实和目标的实现，促使企业不断提高效率和效益。

(3)采购预算管理是企业预算管理的一个分支，应与预算系统的其他系统相互协调。

3. 编制采购预算

(1)编制采购预算是指根据企业经营目标确定采购预算项目，建立预算标准，采用一定的编制方法和程序，将企业在未来一定时期内应达到的具体采购目标以数量和货币的形式表现出来。

(2)根据企业年度销售计划，由相关使用部门(生产部门、开发部门、管理部门等)填写本部门的采购预算申请单，上交采购部。

(3)采购员汇总、整理各部门采购预算后，编制采购总预算，由采购经理补充完善后，交财务部和预算管理委员会逐一核准，采购员调整、完善采购预算，上交总经理审批。

4. 执行采购预算

(1)将审批的各项采购预算指标及时地下达给相关责任部门及人员。

(2)对预算执行过程进行监控。

5. 分析和调整采购预算差异

(1)在预算执行过程中，采购部要根据业务统计和财务部门核算的实际数据，即预算的实际执行结果与预算数进行比较，编制预决算分析报告。

(2)如果有差异，要分析差异产生的原因和责任归属，制定控制差异或调整预算的具体措施。

6. 采购预算资金控制

(1)在采购预算资金控制中，必须对采购预算资金实行限额审批制度。

(2)部门负责人只能在自己的权限内进行审批，限额以上的采购申请应按企业请购审批制度办理请购，严格控制无预算的资金支出。

(3)对于预算内的采购项目，请购部门应严格按照预算执行进度办理请购手续。

(4)对于超预算和预算外采购项目，采购部及财务部对需求部门提出的申请进行审核，最终由总经理审批后才能给予办理。

思考题：

(1)该企业的采购预算管理制度是否合理？为什么？

(2)该制度还有哪些不足，应如何来完善。

项目三　物料请购单的填制与审批

教学要点

(1)利用网络，收集企业有关物料请购单的相关资料；

(2)分小组讨论，拟定一份企业物料请购单。

教学方法

可采用讲授、情境教学、案例教学和分组讨论等方法。

物料请购单的填制步骤：

1. 划分部门职责

（1）采购部：运输用品、办公劳保用品、生产及辅助材料等采购和委外加工业务处理。

（2）采购主管：采购计划的编制，采购订单的审核、急需物料的跟催。采购员负责订单的计算、下达和物料的跟催。

（3）仓储收料单位：所有有形物料、设备及办公劳保用品的数量验收。

（4）质量管理部：所有生产及辅助材料的质量验收。

（5）工程部：仪器设备的品质验收。

2. 编制请购单

由于用途不同，请购单通常有数联，并以不同的颜色区分以便于分发传递。一般情况下，请购单分为五联。第一联准购单，由采购单位留存；第二联验收单，由会计部门留存；第三联验收单副联，由计算机中心留存；第四联采购通知单，由请购单位留存；第五联验收物料联，由物料单位留存。

3. 开立请购单

请购单由物料的使用部门开出，源于使用部门的需求。一个企业内部的需求一般来自于生产和使用部门，而一些办公设备的需求来自于办公室负责人或公司主管，有的来自于销售部门、广告部门或实验室。请购经办人员依存量管理基准和用料预算，参考库存情况开立请购单，并注明材料的品名、规格、数量、需求日期及注意事项。一般一张请购单只填写一项物料的需求情况，这样便于物料管理。对于不同的请购需求，也可开立不同的请购单。

（1）采购日期相同且属同一供应商的统购材料，请购部门应使用请购单附表，以一单多品方式提出请购。

（2）紧急请购时，由请购部门于“请购说明栏”中注明原因，并加盖“紧急采购章”，以急件卷宗递送。

（3）庶务用品由物料管理部门依耗用和库存情况，填制“请购单”按月提出请购。

（4）招待用品和办公用品等可免开请购单，应以“总务用品申请单”委托总务部门办理，可规定其核准权限。

4. 审批

请购单填写完毕要依据请购物料的规格、数量、金额的不同，按照规定的流程递送不同层次的主管和部门予以审批，通常是物料管理部门、生产管理部门或专门的项目负责部门等。

5. 采购部门汇总

依请购权限呈核并编号后，呈送采购部门。

采购部门按照请购部门或供应商将请购单进行汇总，并制定详细的购货订单说明书发给供应商，尽快办理询价、议价，并将议价结果记录于请购单，然后将请购单的第二联呈批，必要时先送请购单位签注意见。

6. 办理订购

请购单呈核后送回采购单位向供应方办理订购，应与供应方订立买卖合约书一式四份，第一份正本存采购单位，第二份正本存供应方，第三份副本存请购单位，第四份副本及暂存款申请书第二联送会计整理定金用，如不需支付定金时，第四份副本免填。

请购单样例见表 2-1。

请购单样例

表 2-1

填单日期	年 月 日						请购编号			
请购	品名		规格		料号		单位		数量	
	用途说明				需要日期		预算编号			
					总经理		厂长		主管		经办	
	料别	□原料 □物料 □设备 □维护、零件 □其他					□一次交货 □分批			

供应商信息	厂商名称	单价	总价	交货期及品质	厂商选择	参考资料	库存量		可用天数	
	1						请购量		可用天数	
	2						前购单价		厂商	
	3					总经理	经理		部长	采购

思考练习

一、简　答　题

(1)在编制物料请购单时,各个部门的职责分别是什么?

(2)请购单的五联分别由哪些部门留存?

(3)简述开立请购单的步骤。

二、实 训 项 目

学校的超市有时会采购一些非计划内或脱销的商品,现在康师傅冰红茶脱销了,该超市的业务员决定编制一个5箱康师傅冰红茶的紧急请购单交给超市的经理。请你帮该超市的业务员编制这个请购单。

要求:

(1)以学生个人为单位,编制请购单。

(2)解决编制请购单中遇到的问题。

项目四　采购订单的缮制

教学要点

(1)利用网络,收集企业有关采购订单的相关资料;

(2)分小组讨论,拟定一份企业采购订单。

教学方法

可采用讲授、情境教学、案例教学和分组讨论等方法。

采购订单的缮制步骤:

1. 发出估价单

熟悉需要订单操作的物料项目,发出估价单。

2. 价格确认

依据科学的计算方法计算出价格,必须算出材料需要的等级标准及供应时间,这需要依赖生产技术部门配合查明,故需发出查订单。

在填写"查订单"及"估价单"时,为了决定价格,应汇总出"决定价格的资料"。同时,为了了解订购过程,也应制作单行簿。决定价格之后,应填写订购单、收据、入货单、验收单等。这些单据的记载事项包括交货期限、订购号码、交易对象号码,交易对象名称、单位、数量、单价、合计金额、材料号码等,此外在交货日期的右栏,应填入交货记录,并保管订购单,以及将订购单交给订购对象。

若检查部门检查完毕,在验收栏填写检查结果后,应将验收单交至采购人员,然后再将物品送至采购需求部门，并接受、保管检查单。而采购人员接受验收单时，应取出所保存的进货单并将检查结果填入，然后将进货单送至会计部门。最后会计部门按进货单付款。

3. 确认项目质量需求标准

订单管理人员日常与供应商的接触有时大大多于认证人员，如供应商实力发生变化，决定前一订单的质量标准是否需要调整时，采购部门作为认证环节的一个监督部门应提出建议，发挥应有的作用。

4. 确认项目的需求量

订单计划的需求量应等于或小于采购环境订单容量，如果大于则提醒认证人员扩展采购环境容量；另外，对计划人员的错误操作，订单管理人员应及时提出以保证订单计划的需求量与采购环境订单容量相匹配。

5. 制定订单说明书

订单说明书主要内容包括项目名称、确认的价格、确认的质量标准、确认的需求量、是否要扩展采购环境容量等方面，另附有必要的图样、技术规范、检验标准等。

6. 查询采购环境

订单管理人员在完成订单准备之后，要查询采购环境信息系统，以寻找适应本次物料供应的供应商群体。认证环节结束后会形成公司物料项目的采购环境。其中，对小规模的采购，采购环境可能记录在认证报告文档上；对于大规模的采购，采购环境则使用信息系统来管理。一般来说，一项物料应有三家以上的供应商，特殊情况下也会出现一家供应商，即独家供应商。

7. 计算供应商容量

如果向一个容量已经饱和的供应商下单，那么订单会难以正常执行，最后导致订单操作的失败。作为经验丰富的订单管理人员，应首先计算一下采购环境中的供应商的容量，哪些是饱和的，哪些有空余容量。如果全部饱和，请立即通知相关认证人员，并实行紧急对策。

8. 与供应商确认订单

供应商组织结构的调整、设备的变化、厂房的扩建等都影响供应商的订单容量，有时需要实地考察接受订单的供应商。

9. 确定意向供应商

订单管理人员在权衡利弊后可以初步确定意向供应商，以便确定本次订单货品由哪一家供应商供应，这是订单操作中具有实质性进展的一步。

10. 发放订单说明书

既然是意向，就应该向供应商发放相关技术资料，一般来说采购环境中的供应商应具备已通过认证的物料生产工艺文件，如果是这样，订单说明书就不必要包括额外的技术资料。供应商在接到订单说明书并分析后，向订单管理人员作出接单或不接单的答复。

11. 确定物料供应商

通过以上过程，订单管理人员决定本次订单计划所投向的供应商，必要时可上报主管审批，可以是一家也可以是若干家。

12. 制作订购单

拥有采购信息管理系统的企业，订单管理人员直接在信息系统中生成订购单，在其他情况下需要订单制作人员自行编排打印。一般企业都有固定标准的订单格式，而且这种格式是供应商认可的，订单管理人员只需在标准订单后填写相关参数及一些特殊说明后即可完成制作订单操作。

国外采购双方不易沟通，订购单成为确认交易必需的工具。当采购单位决定采购对象后，通常会寄发订购单给供应商，作为双方将来交货、验货付款的依据。

采购订单样例见表 2-2。

采 购 订 单 样 例　　　　表 2-2

订单编号：　　　　　　　　　　　　制单日期：

供应商				详细地址				
联系人				电话			传真	
货运方式	○公路运输		○铁路运输	○航空运输	○其他		到货日期	
序号	编码	品名	规格	质量标准	单位	数量	订购单价	金额
1								
2								
3								
4								
5								
6								
7								
金额合计：(大写)							¥	元
付款方式	□货到付款		□款到发货	□月结	□其他______			
备　注								

需方签章	**供方签章**
需方：	供方：
地址：	地址：
电话：	电话：
传真：	传真：
开户行：	开户行：
开户行账号：	开户行账号：
税号：	税号：
委托代理人签字：	**委托代理人签字：**
代理人联系方式：	代理人联系方式：

思考练习

一、简　答　题

(1)简述如何查询采购环境？

(2)简要分析如何计算供应商容量。

(3)如何避免国外采购订单中可能碰到的问题?

二、实训项目

学校超市的经理接到业务员的请购单后,决定向康师傅冰红茶的经销商发出采购订单。请你帮该超市经理编制这个采购订单。

要求:

(1)以学生个人为单位,缮制采购订单。

(2)解决编制采购订单中遇到的问题。

任务三 供应商的选择和管理

内容简介

随着经济的发展,许多公司的经营越来越多地涉及了各级供应商。如何正确的选择和管理这些供应商就成了企业面临的主要问题。本模块内容将具体化供应商选择和管理中的关键点,并提出了一些行之有效的策略和措施。介绍如何评价供应商以使他们成为公司不同的商业合作伙伴的候选者。与潜在的最佳供应商合作,对一个企业,特别是当该企业所购买的物品对企业的运营具有决定性作用或物品本身存在严重的供给风险和支出问题的时候显得至关重要。

教学目标

1. 知识目标:

(1)熟悉供应商调查内容;

(2)熟悉供应商开发过程;

(3)熟悉供应商的考核指标;

(4)熟悉供应商选择的步骤。

2. 技能目标:

(1)掌握供应商各种调查方法;

(2)掌握供应商开发途径;

(3)掌握供应商考核方法;

(4)掌握供应商选择的方法。

案例导入

西门子公司的供应商管理策略

西门子在世界范围内拥有分属于大约2500名采购职员的12万家供应商,并且在256个采购部门中拥有1500名一线的采购人员。其中的2万家供应商被指定为第一选择,他们的数据被存储到了西门子内部的电子信息系统中。

1. 对供应商分类的依据

为了确定采购活动的中心,西门子依据以下两个方面对这些供应商进行分类:

(1)供应风险:这是按照供应商的部件的技术复杂性和实用性来衡量西门子对该供应商的依赖程度的标准。它要求询问:"如果这家供应商不能够达到性能标准,那对西门子意味着什么?"对一个特定的供应商的供应风险的衡量标准包括:

供应部有多大程度的非标准性;

如果我们更换供应商,需要花费哪些成本;

如果我们自行生产该部件,困难程度有多大;

该部件的供应源的缺乏程度有多大。

(2)获利能力影响或是采购价值：影响西门子的供应商关系的底线的衡量标准是与该项目相关的采购支出的多少。

2. 建立评估矩阵

根据供应风险和获利能力影响的标准可以建立一个带有四种可能的供应商分类的评估矩阵，如图 3-1 所示。

3. 对供应商产品的分类

西门子将供应商的产品分为以下四类：

(1)高科技含量的高价值产品，如电力供应、中央处理器(CPUs)的冷却器、定制的用户门阵列(gate array，一种封装在一个芯片里的许多逻辑门的几何结构，制造时可以在内部把门相互连接起来去执行一种复杂的操作，因而可以作为标准产品使用。一种经编程后可以实现某种特殊目的的门阵列通常称为用户门阵列)。

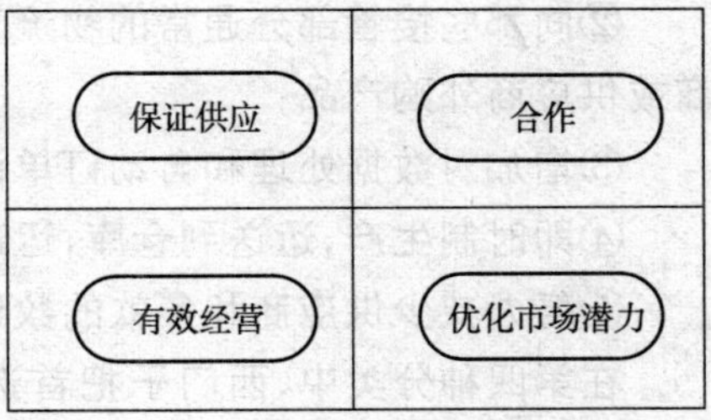

图 3-1　西门子对供应商的分类

(2)用量大的标准化产品，如印刷电路板、集成电路存储器(ICs)、稀有金属、镀锌的锡片。

(3)高技术含量的低价值产品，如需要加工的零件、继电器、变压器。

(4)低价值的标准化产品，如金属、化学制品、塑料制品、电阻器、电容器。

4. 不同产品的导购策略

西门子与供应商的关系的性质和密切性程度由上述四种分类来决定。

(1)高科技含量的高价值产品

采购策略是技术合作型，其特点是：

①与供应商保持紧密关系，包括技术支持和共同负担研发经费；

②长期合同；

③共同努力以实现标准化和技术诀窍的转让；

④集中于制造过程和质量保证程序，如内部检验；

⑤通过电子数据交换(EDI)和电子邮件实现通信最优化的信息交流；

⑥在处理获取基础材料的瓶颈方面给予可能的支持。

(2)用量很大的标准化产品

采购策略是储蓄潜能的最优化，其特点是：

①全球寻找供应源；

②开发一个采购的国际信息系统；

③在全世界寻求相应的合格供应商；

④列入第二位的资源政策；

⑤安排接受过国际化培训的最有经验并且最称职的采购人员。

(3)高技术含量的低价值产品

采购策略是保证有效率，其特点是：

①质量审查和专用的仓储设施；

②保有存货和编制建有预警系统的安全库存计划；

③战略性存货(保险存货);

④在供应商处寄售存货;

⑤特别强调与供应商保持良好的关系。

(4)低价值的标准化产品

采购策略是有效地加工处理,其特点是:

①通过电子系统减少采购加工成本;

②向那些接管部分通常的物流工作(如仓储、编制必备需量的计划、报告等工作)的经销商或供应商外购产品;

③增加对数据处理和自动订单设置系统的运用;

④即时制生产,运送到仓库,运送到生产线的手续;

⑤努力减少供应商和条款的数目。

在第四种分类中,西门子把首选供应商的地位授予了从总共80家经销商中选出的3家。这一安排规定了经销商将负责提供仓库、预测和保管存货、向西门子报告存货和用货量。

显然,任何一个有望成为西门子供应商的公司都必须认真地考虑客户会如何对其产品进行归类。正如上面所描述的,对于一个供应商而言,西门子公告的采购政策在维持双方关系的可能性方面具有相当大的暗示。任何一个将西门子列为核心客户而其产品却被划入第2或第4类的供应商的管理人员都很难与西门子结成特殊关系;发展协作伙伴关系取决于客户与供应商双方。因而必须以某种方式通过差别化使客户对产品的感知得到提高,进而促使西门子与其形成首选供应商的关系。

除了完成采购职能的一般任务之外,西门子还有一个专设的团队进行采购营销。他们的一项主要职能就是使西门子成为潜在供应商的一个更有吸引力的客户。他们会以这种身份涉足市场研究,找出新的供应商并进行评估,还会与现有的供应商研究新的合作领域,这样对双方的利益都有好处,例如,依照最节省成本的生产批量对订单要求的数量加以排列将会使双方获益。另外,供应商可能会应邀对西门子的产品设计和生产方法进行技术考察,目的是减少特殊部件的数量,同时增加标准部件的数量,因为标准部件更易于仓储和生产。通过这种方式,供应商提高了效率并且将通过提高效率带来的这部分利益传递给西门子,使它能够在自己的市场上进行有利的竞争。

引导思路

(1)西门子公司是如何选择供应商的?

(2)你从西门子公司的供应商管理策略中得到哪些启示?

项目一　供应商管理认知

教学要点

(1)掌握供应市场的基础知识;

(2)掌握供应商的定义;

(3)熟悉供应商管理的内容;

(4)熟悉供应商的分类要求。

教学方法

可采用讲授、情境教学、案例教学、角色扮演、情景模拟、调查与访问、自我测试与评估、管理游戏等方法。

一、供应商及供应商管理认知

供应商是指可以为企业生产提供原材料、工程设备、服务以及企业一切其他资源的单位,企业要维持正常的生产运营就必须有自己的合格供应商给自己提供各方面的需求资源,所以供应商的物质供应能力以及服务对一个企业的生存发展至关重要,供应商既可以是生产企业,也可以是流通企业。

供应商的管理是指对于供应商的开发、了解、选择以及使用等综合性工作的总称,是企业对资源来源的控制和管理,是企业保证为生产提供可靠资源的根本。供应商管理的目的是建立一个稳定可靠的供应商队伍,为企业生产提供符合企质量和数量要求的物资供应。良好的供应商管理可以建立企业与供应商的长期信任关系,增加对未来需求的可预见性和可控能力,长期的合同关系使供应计划更加稳定,从而降低企业经营成本,优化采购流程,提高采购运作效率,提高企业快速响应能力,大幅提升企业的盈利能力。

当前,无论在生产型企业还是在流通型企业中,传统采购和战略采购总是相辅相成,缺一不可。相对于生产型企业来说,传统采购主要是每个月的月末或者月初对本单位下个月的资材需求进行分析和申报计划,然后汇总整理后制定出统一的采购计划统计表并于当月或者下月执行实施的过程,采购回来的物质存放于企业的仓库中以备下月各部门的领取,这种采购以采购申请为依据,以填充库存为目的,管理较为简单;而战略性采购则是主要依据本单位的生产计划以及资材结构表和当月库存量,逐月逐步导出下月的资材需求状况,并且以此进行供应商选择和开发,价格谈判以及交货控制,售后服务等一系列过程,较之传统采购更加完善和科学,战略采购已经成为现代企业采购的主导方式。

无论在传统采购还是企业战略采购中,供应商的开发和管理都至关重要,在整个采购流程中都起着核心的作用。供应商的开发和管理是整个采购体系的核心,其表现也关系到整个采购部门的业绩。在供应链合作关系环境下,制造商选择供应商不再是只考虑价格,而是更注重选择能在优质服务、技术革新、产品设计等方面进行良好合作的供应商。一般来说,供应商开发和管理过程包括:资源市场分析,产品市场竞争力分析,供应商开发以及供应商业绩评估,供应商谈判以及其他条款的完成等,每一道程序都环环相扣,每一个环节的疏忽都会直接影响采购成败与否。

二、供应商管理存在的问题

在实际工作中,核心企业与供应商之间存在的问题主要是:

1. 供货周期不够稳定

不论是采用何种生产运作管理模式,对于核心企业来说,供应商不能提供稳定、可靠的供货周期必将在一定程度上影响需求商的生产运作计划，有时这种影响的危害是非常严重的。其危害的后果主要表现在：

(1)需求商的生产排程计划受到冲击，对于任何一个在制品的生产加工过程，部分物料的短缺必然导致在制品作业计划的中断与延迟，导致产品完工期(或交货期)的延误，企业生产与交货期计划受到冲击。

(2)为减少供货周期不稳定带来的生产中断，制造商将不得不对这类原材料、零部件制定安全库存，库存量由此上升，引起库存成本的增加，最终将增加产成品的总成本，产品的竞争力受到削弱。

2. 产品质量问题

供应商供货质量存在缺陷对制造企业有着更为严重的威胁，作为制造商一旦收到某一供应商的货物，如果质检不合格通常采用下述二种方法处理：一是整批退货，其结果通常是以中断生产、延期交货为代价。二是采用全检，从中筛选出质量合格的物品，这将导致制造方投入大量的人力、物力和时间。

3. 大批量的订单与分批送货之间的冲突

制造企业有时候对一些物料的需求量很大，这些物料要么体积大，要么质量大，存放时需要占用大量库容。企业为了满足生产制造供应的要求，通常一次订货量都很大，但为了减少本方库容的大量占用，往往要求供应方进行分批送货，将短期存货的成本转移给供应方，有时供需双方的一些冲突就是由这种状况引起。

4. 信用意识薄弱

在供应商方面，主要的问题有：

(1)对需求商提供产品的采购提前期不确定，带有随意性。

(2)提供产品的质量稳定性差。

(3)经常性地出现送达的货物品种、规格、数量与合同不一致。

(4)承诺的服务不到位。

在需求商(制造商)方面，主要问题表现在：

(1)不遵守合同承诺的付款方式，经常性地发生拖欠款现象。

(2)经常更改合同，对已签定的要货合同在执行过程中时不时要求供应方改变货物品种、规格、数量等。

(3)对供应方送达的货品，采取不合理的压制、挑剔等手段，以图获得暂时、眼前的利益。

5. 频繁更换供应商造成供应链成本增加

对制造商而言，更换供应商是要付出代价的，一方面，终止与某供应商的合作关系，可能对自身的生产、供货计划带来冲击，增加管理费用和延误交货所带来的隐性损失。另一方面，重新物色供应商，制造商需要对供应商作大量的认证工作，同时还要投入大量的时间，在人力、物力和时间的耗费上将不可小视。

三、供应商的分类

1. 情景设置

组织学生到相关企业调查，调查内容为该企业采购物料内容及确定企业对供应商的要求，如何对供应商进行搜寻、如何对供应商的进行分类以及备选供应商数据库的有效建立。

2. 技能训练目标

通过实训使学生加强对供应商管理基础知识的理解。

3. 相关理论知识

每个企业都不止一个供应商,甚至有许多的供应商。在众多的供应商中,如何将他们清晰的分类,以便于企业管理呢?

根据各供应商对本公司企业经营影响的大小设定优先次序,区别对待,以利于集中精力重点改进并发展最重要的供应商。供应商关系的基础是供应商分类,最简单的方法是将他们分为普通供应商和重点供应商,通常可采用 ABC 分类法对供应商进行分类。

A 类供应商占总供应商数量的 10% 左右,但其供应的物资价值占企业采购物资价值的 60% ~70% 左右。

B 类供应商占总供应商数量的 20% 左右,其供应的物资价值占企业采购物资价值的 20% 左右。

C 类供应商占总供应商数量的 60% ~70% 左右,但其供应的物资价值仅占企业采购物资价值的 10% ~20% 左右。

这样划分出 a、b、c 三类。A 类供应商,为公司提供了大部分的物资供应,并且数量少,对其进行重点管理是降低采购供应成本的潜力所在和主要途径。因而要投入主要精力,进行重点管理。而对于 B、C 类供应商,因其所提供的物资比重小、数量多,则可以减少精力的投入,作一般管理,它们不是降低采购供应成本的重点。ABC 分类管理方法的应用,减轻了工作量,加强了管理,提高了效率,是一种科学的、实用的供应商管理方法。

根据不同的分类结果,采取了相应的策略:

(1)对于价值低、用量大、占用存储空间不大的材料,在供应链中时间减少的机会很少,这类材料占生产材料的 80%,他们适合采用供应商管理库存的方式来下达采购订单和管理库存。

(2)对于价值不高、用量大且占用存储空间很大的材料以及价值不高但存储空间很大的材料适合采用压缩供应链时间的方法来管理材料供应。

(3)全面合作:帮助供应商改进生产技术,与供应商一起优化物料结构,协调供应商与企业的生产计划。

分类要与供应链运作的具体情况相适应;详细分类并采取有针对性的策略可以实现显著的优化供应链。而更先进的供应商管理则依据供应市场情况,分别按供应商对本企业的重要性和本企业对供应商的重要性将供应商划分为伙伴型、优先型、商业型和重点商业型,针对不同类型的供应商采取不同的管理策略与方法。

4. 技能训练准备

以班级为单位组织教学,地点选择一般有三个:多媒体教室、实训中心、企业现场。人员安排一般为临时团队(4 到 5 组,每组 8 ~10 人)。

训练时间安排:2 学时。

5. 技能训练步骤

(1)制定调查计划。围绕调查目标,明确调查主体,确定调查的对象、时间、地点、方式,并确定要收集哪些相关资料。

(2)调查以小组为单位。

(3)调查完后,编制调查报告。以小组形式进行课堂答辩,其他小组参与评判,指出调查存在的问题和可取的经验，对被调查企业提出自己的意见。

(4)各小组根据修改意见，对调查报告进行修改，提交给任课老师。

6. 技能训练注意事项

(1)认真调查，形成调查结果。

(2)实训报告要有条理、有依据。

(3)各小组待其他小组答辩结束后再提出建议。

7. 技能训练内容

根据相关的表格(表3-1)内容开展调查。

供应商问卷调查表

表3-1

供应商名称：　　　　　　　　　　　　　　年　月　日

项目	调查项目内容	了解程度状况
材料零件确认	1. 您对开发部门样品确认流程是否了解？	□了解　□不了解　□请求当面沟通了解
	2. 您对本公司开发部门认定之材料交货依据的规格及样品是否了解？	□了解　□不了解　□请求当面沟通了解
	3. 您对开发部门认可之样品是否有保留，以作后续品质管理之用？	□有保留　□未保留　□请求当面沟通了解
品质验收管制	1. 您对本公司品管部质检验标准与方法是否了解？	□了解　□不了解　□请求当面沟通了解
	2.	
	3.	
采购合同	1. 贵公司目前产量足以应付本公司需求吗？	□可以　□不可以　□需设法弥补
	2.	
	3.	
请款流程	1. 您对本公司的付款条件、手续是否了解？	□了解　□不了解　□请求当面沟通了解
	2.	
	3.	
售后服务	1. 您对品质有疑问时，会主动找哪一部门或主管？	□品管　□开发　□采购　□总经理
	2.	
	3.	
建议事项	您对本公司的建议事项	

8. 技能训练成绩考核及评定标准

围绕上述内容进行考核，以能够解决实际问题为考核要点。考试方法主要为口试和撰写有关报告。

思考练习

一、简 答 题

(1) 简述供应商管理的主要目标。

(2) 简述供应商管理的基本内容。

三、案 例 分 析

政府采购难题如何破解
——来自深圳特区的政府采购调查报告

政府采购，素有"阳光下的交易"之称。这项制度引入国内以来，迅速在各地生根发芽，也取得了显著效果。但不可否认的是，伴随着高价采购、暗箱操作等问题的不时出现，在不少人的眼中，政府采购制度的实施有陷入困境之虞。

深圳，是我国改革开放的最前沿。作为全国最早的政府采购改革试点地区之一，深圳在政府采购制度改革创新方面的实践，也许可以成为探索当前难题破解之道的一个有效样本。

11 月 23 日下午 3 时，深圳市政府采购中心 103 评标室。4 名评标专家正在对一个预算金额为 200 万元的关节镜器械采购项目进行评标。

"上午 10 点接到的通知，来之前也不清楚评的是什么。对投标企业，我们先审资格、再看产品，对各个项目进行打分。"评标专家、深圳市第二人民医院主任医师刘民生说。

据介绍，在深圳市政府采购中心，评标区实行全封闭、实时视频监控，进出人员需凭借专门密钥验证身份。评标专家在评标当日从库中随机抽选，独立打分。

"全市将试行评标和定标分离的制度，评标委员会只负责在投标供应商中推荐 3 家以上的中标候选人，之后通过采购单位自定、抽签决定或再次竞价价低者中标的方式确定中标人。"深圳市政府采购中心主任叶剑明说，这种做法有助改变评标专家权力过大而又难以追究责任的状况，有利于提升采购质量和采购满意度，提高采购效率。

"评定分离"只是深圳政府采购制度的一个缩影。至今，深圳市政府采购制度改革已跨越了 10 个年头。通过 10 余年的改革和实践，深圳市的政府采购法规制度框架已基本形成。

1999 年 1 月，深圳开始施行《深圳经济特区政府采购条例》，这是全国第一例政府采购地方立法。随后，制定了政府采购配套规章制度几十件，基本涵盖了政府采购的各层面、各环节，如《深圳市市级政府采购单位责任制暂行办法》、《深圳市政府采购投诉的认定标准和处理程序》、《深圳网上政府采购管理暂行办法》、《关于进一步规范采购单位自行组织分散采购工作的通知》等。

"这一系列制度规定，进一步规范了采购单位、供应商的政府采购行为以及进一步限制财政部门自身的自由裁量权，提升了采购效率，促进了廉政建设。"叶剑明告诉记者。

据了解，2010 年 3 月，深圳市启动了《深圳经济特区政府采购条例》的修订工作。条例修订后，深圳十多年的成功经验及探索将正式以法律形式固定下来。

作为集中采购的专职执行部门，深圳市政府采购中心也制定了岗位责任、重大问题议事规则、廉政建设及业务操作规程等一系列规章制度，并围绕工作实际，拟制了招标文件格式范本和各种采购方式的工作流程。

“以制度来保廉洁，减少人为干预；以创新来促效率，减少采购周期和采购环节。”叶剑明介绍说，深圳市始终坚持制度创新，在改革方面亮点频出。

2009年下半年起，深圳市开始推行“预选供应商”制度。具体做法是：对一些采购次数频繁、采购预算为200万元以下的采购项目，通过公开招标预先选定一批资质优、服务好、信誉高、纳税多的企业纳入专库管理。主要定标方式为网上竞价，即在确定最高限价后，供应商可在网上连续往下竞价，价低者得，同价从先。

“以往，一个公开招标项目需要20天公示期，预选供应商制度则节约了公示时间，提高了采购效率；同时，价格竞争成为中标的主要因素，减少了人为因素，节约了采购资金。”深圳市政府采购中心副主任李子华介绍说。

据了解，截至2010年12月底，深圳市已在357个项目中实施了预选供应商制度，实际采购额1.706亿元，平均节资率22.2%。

“商场供货模式是深圳政府采购制度上的另一创新。”深圳市政府采购中心合同部副部长高峰说，这一模式增加了政府部门的采购选择渠道，并可防止虚开发票等违规行为的发生。

2009年，深圳市宝安区政府采购中心进行了商场供货模式试点，对电脑、打印机、空调等通用类产品，通过公开招标确定了4家供货商场，商定了政府采购的优惠比率。在区政府采购网上建立虚拟商场，物品与商场门店实物一致。采购单位可通过虚拟商场选购所需物品，每月结算一次，货款由国库集中支付。

高峰说，在以往采购时，一些厂家为牟取高额利润，对打印机、复印机、空调等协议采购产品，往往为政府部门提供特配机型，价格较高，而且与市场上的主流产品没有可比性。商场供货模式使采购价格可比，体现了公开透明。

据统计，宝安区2010年通过商场供货采购完成项目261项，成交价273.8万元，比预算节约资金12.2万元。近期，深圳在市本级政府采购中也全面推行了商场供货模式。

此外，深圳还推行了市区联动改革：对市区的部分项目实行了统一采购，共享项目的采购结果、专家库和供应商库等信息资源，市区联动形成合力，擦亮了深圳政府采购品牌。

“为进一步规范政府采购行为，我市实现了政府采购全过程操作、管理和监控的电子化管理，确保政府采购的公开、公平、公正、透明。”叶剑明介绍说。

从2003年开始，深圳市着力建设电子政府采购系统，在全国率先实行了电子政府采购，可以在国际互联网上完成申报、审核、发布公告、招标、投标、评标、询价、投诉、监管等政府采购的全过程。同时，这个平台是目前国内唯一可实现市区两级在网上完成政府采购全过程的平台。

据统计，目前全国各地市19000多家注册供应商，深圳市区两级1400多家采购单位，均可直接通过互联网络参与招投标。以前，采购单位和供应商办理一个采购项目路上往返约需35个小时，而现在只需约1小时；一个公开招标项目，从采购立项到发出中标通知书，以前约需30天，而现在为25天。

2008年1月，深圳市又运行了金财工程政府采购系统。这个系统上接预算指标和计划编制，下联国库集中支付，同时外接网上政府采购平台，实现了从预算和计划编制到采购执行与支付完整链条的电子化运作。

在深圳市，政府采购的预算编制和执行实现了全程监管：采购单位必须先规范填报集中采购预算，编报并录入采购计划后，方可实施采购。集中采购预算在年初与部门预算同步编制，采购计划自下达之日起3个月内有效，各采购单位必须在3个月内向市政府采购中心申报采购。集中采购预算与部门预算同步执行，当年的政府采购预算在12月下旬后截止使用，财政部门予以收回。采购计划执行集中采购后，财政部门将严格按照中标通知书及采购单位的履约验收意见审核支付款项。

叶剑明介绍说，通过完善制度、细化标准、科学预算、强化监管，政府采购中存在的"突击花钱"、"只选贵的不选对的"等不良倾向在深圳正得到有效遏制。

思考题：

(1)政府采购有什么特点，为什么要投入大量的人、财、物进行供应商选择？

(2)供应商信息的获取主要有哪些途径？

(3)结合本节内容，谈谈你的认识。

项目二　供应商的调查和开发

教学要点

(1)熟悉供应商调查内容；

(2)熟悉供应商开发过程。

教学方法

可采用讲授、情境教学、案例教学、角色扮演、情景模拟、调查与访问、自我测试与评估、管理游戏等等方法。

一、供应商的调查

(一)情景设置

组织学生到相关企业调查，调查内容为该企业如何对资源市场和供应商的进行初步调查，以及如何对供应商进行有效开发。

(二)技能训练目标

通过实训使学生加强对供应商的调查和开发相关知识的理解。

(三)相关理论知识

供应商管理的首要工作，就是要了解供应商、了解资源市场。要了解供应商的情况，就是要进行供应商调查。供应商调查是指对供应商基本资信情况进行调查。对初次接触、未经考核评价的供应商应进行供应商调查。

供应商调查在不同的阶段有不同的要求，可以分成三种：第一种是资源市场分析，第二种是供应商初步调查，第三种是供应商深入调查。

1. 资源市场分析

首先要对特定的分类市场进行竞争分析，通过相关资料查出近几年该资源的市场需求数据，运用统计分析得出近几年的同比或环比系数以便对资源市场有较为充分的了解，知道目前市场的供求关系，了解谁是市场的领导者，目前市场的发展趋势是怎样的，各大供应商在市场中的定位是怎样的，从而对潜在供应商有一个大概的了解。资源市场调查的目的，就是要进行资源市场分析。资源市场分析对于企业指定采购策略以及产品策略、生产策略都有很重要的指导意义。

1）资源市场调查的内容

（1）资源市场的规模、容量、性质。例如资源市场究竟有多大范围，有多少资源，多少需求量，是卖方市场还是买方市场，是完全竞争市场还是垄断市场。

（2）资源市场的环境如何。例如市场的管理制度、法制建设、市场的规范化程度、市场的经济环境、政治环境等外部条件如何，市场的发展前景如何。

（3）资源市场中各个供应商的情况如何，把众多的供应商的调查资料进行分析，就可以得出资源市场自身的基本情况，例如资源市场的生产能力、技术水平、管理水平、质量水平、价格水平、需求情况及竞争性质等。

2）资源市场分析的内容

（1）要确定资源市场是紧缺型的市场还是富余型市场？是垄断性市场还是竞争性市场？

（2）要确定资源市场是成长型的市场还是没落型市场？如果是没落型市场，则要趁早准备替换产品。

（3）要确定资源市场总的水平，并根据整个市场水平来选择合适的供应商。

2. 供应商初步调查

在这个步骤，最重要的是对供应商作出初步的筛选。建议使用统一标准的供应商情况登记表，来管理供应商提供的信息。这些信息应包括：供应商的注册地、注册资金、主要股东结构、生产场地、设备、人员、主要产品、主要客户、生产能力等。通过分析这些信息，可以评估其工艺能力、供应的稳定性、资源的可靠性，以及其综合竞争能力。在这些供应商中，剔除明显不适合进一步合作的供应商后，就能得出一个供应商基本名录。所谓供应商初步调查，是对供应商的基本情况的调查。主要是了解供应商的名称、地址、生产能力，能提供什么产品，能提供多少，价格如何，质量如何，市场份额有多大，运输进货条件如何。

（1）供应商初步调查的目的。供应商初步调查的目的，是为了了解供应商的一般情况。而了解供应商的一般情况的目的一是为选择最佳供应商做准备；二是为了了解、掌握整个资源市场的情况。因为许多供应商基本情况的汇总就是整个资源市场的基本情况。

（2）供应商初步调查的特点。供应商初步调查的特点，一是调查内容浅，只要了解一些简单的、基本的情况；二是调查面广，最好能够对资源市场中所有供应商都有所调查、有所了解，从而能够掌握资源市场的基本情况。

（3）供应商初步调查的方法。供应商初步调查的基本方法，一般可以采用访问调查法，通过访问有关人员而获得信息。例如，可以访问供应企业的市场部有关人员，或者访问有关用户、有关市场主管人员，或者其他的知情人士。通过访问建立起供应商卡片。

在初步供应商调查的基础上，要利用供应商初步调查的资料进行供应商分析。初步调查供应商分析的主要目的，是比较各个供应商的优势和劣势，选择适合于企业需要的供应商。

（4）供应商分析的主要内容。产品的品种、规格和质量水平是否符合企业需要，价格水平如何。只有产品的品种、规格、质量水平都适合于企业，才算得上企业的可能供应商。对可能供应商有必要进行下面的分析：企业的实力、规模如何，产品的生产能力如何，技术水平如何，管理水平如何，企业的信用度如何。企业的信用度，是指企业对客户、对银行等的诚信程度；表现为供应商对自己的承诺和义务认真履行的程度，特别是像产品质量保证、按时交货、往来账目处理等方面能够以诚相待，一丝不苟地履行自己的责任和义务。供应商相对与本企业的地理交通状况如何，进行运输方式分析、运输时间分析、运输费用分析，看运输成本是否合适。

3. 供应商深入调查

供应商深入调查，是指对经过初步调查后，准备发展为自己的供应商的企业进行的更加深入仔细的考察活动，这种考察，是深入到供应商企业的生产线、各个生产工艺、质量检验环节甚至管理部门，对现有的设备工艺、生产技术、管理技术等进行考察，看看所采购的产品能不能满足本企业所应具备的生产工艺条件、质量保证体系和管理规范要求。只有通过这样深入的供应商调查，才能发现可靠的供应商，建立起比较稳定的物资采购供需关系。

进行深入的供应商调查，并不是所有的供应商都必须进行深入调查，只是在以下情况下才需要：

(1)准备发展成紧密关系的供应商。

(2)寻找关键零部件产品的供应商。

如果我们所采购的是一种关键零部件，特别是精密度高、加工难度大、质量要求高、在我们的产品中起核心功能作用的零部件产品，我们在选择供应商时，就需要特别小心，要进行反复的深入考察审核，只有经过深入调查证明确实能够达到要求时，才确定发展它为我们的供应商。

(四)技能训练准备

以班级为单位组织教学，地点选择一般有三个：多媒体教室、实训中心、企业现场。人员安排一般为临时团队(4 到 5 组，每组 8～10 人)。

训练时间安排：2 学时。

(五)技能训练步骤

(1)制定调查计划。围绕调查目标，明确调查主体，确定调查的对象、时间、地点、方式，并确定要收集哪些相关资料。

(2)调查以小组为单位。

(3)调查完后，编制调查报告。以小组形式进行课堂答辩，其他小组参与评判，指出调查存在的问题和可取的经验，对被调查企业提出自己的意见。

(4)各小组根据修改意见，对调查报告进行修改，提交给任课老师。

(六)技能训练注意事项。

(1)认真调查，形成调查结果。

(2)实训报告要有条理、有依据。

(3)各小组待其他小组答辩结束后再提出建议。

(七)技能训练内容

根据相关的表格内容开展调查。

供应商调查表

填表说明：

本调查表为与××公司展开合作前对供应商整体状况的调查，请务必认真、如实填写。填写之前，请仔细研读此填表说明：

1. 本调查表请如实填写，不得空项不填，在每页都加盖公章，扫描后通过网上提交。

2. 在填表前，请首先填写填表承诺。

3. 本调查表为供应商整个制造销售售后体系的整体概括，将直接影响我公司对贵公司的评价，请务必准确全面填写。如果空项不填，将得不到对贵公司有利的评价。

4. 填写此调查表时，若需添加附页，附页纸张大小请与本调查表相同，并在附页上加盖公章确认，附于调查表之后，一起扫描提交。

填表承诺 我公司承诺：此调查表所填内容皆属实，若有任何弄虚作假，愿接受相应处罚，直至承担相应的法律责任。 法人或公司授权代表签字： 年　月　日 承诺单位盖章（公章）

1. 公司主要国际、国内客户及业绩介绍（××意向合作的业务涉及的客户）：

序号	客户名称	时间或合作年限	项目	大约合同金额	是否获得客户认可
1					
2					
3					
4					
5					

合作、认可表扬等见证性资料及其他客户明细，请在注册时附件上传。

2. 公司与客户的续约率达到＿＿＿%

3. 公司上年总销售额＿＿＿＿万元（详细情况请在注册时上传年度财务审计报告）。

4. 公司认证情况：

序号	名　称	有效期限	颁发机构	备注说明
1	环境管理体系认证			
2	质量管理体系认证			
3	HACCP			
4				
5				

若公司无认证但公司有相关文件规定要求，请在注册时上传见证性资料（具备哪些，均可上传）。

5. 公司的行业资质证书(卫生许可证、特种设备制造许可证、物业资质等等):

序号	名　称	有效期限	颁发机构	资质等级	备注说明
1					
2					
3					
4					
5					

请在注册时附件上传(具备哪些,均可上传)。

6. 企业信用等级:________级,出具银行________,有效期限________。

7. 公司荣誉/获奖情况:

序号	名称	内容	时间	颁发机构

请在注册时上传,具备哪些,均可上传。

8. 企业整体实力自我评价情况:

我公司整体实力在(国内/省内/地区内)排在第______位。	A. 在国内/省内/地区内同类型公司中,有如下公司或品牌与我公司齐名或高于我公司。 1. ________ 2. ________ 3. ________ 4. ________ 5. ________ B. 在国际同类型公司中,有如下公司或品牌与我公司齐名或高于我公司。 1. ________ 2. ________ 3. ________ 4. ________ 5. ________ C. 请提供上述见证性资料(以上请务必认真填写,将影响对贵公司供货资格的确认,见证性资料必须是行业协会排名、政府部门统计年鉴、第三方权威机构排序或新闻媒体公布等)

9. 企业员工情况:公司共有员工______人,人员构成如下:

序号	岗位/工种	总人数	岗位资质/上岗证书名称	具备资质的人数(可按级别详细描述)

10. 公司厂房情况:公司总占地面积________平方米,其中:

序号	类别	面积	租赁/自由产权	租赁/产权期限	备注
1	办公				
2	生产加工				
3	仓库				
…					

11. 公司自有的主要设备明细:

序号	主要设备名称	规格型号	数量	生产厂家或品牌	备注

12. 公司的配送能力：公司主要通过______形式配送。如有，请填写以下：

序号	公司自有配送物流车辆	规格型号	数量	生产厂家或品牌	备注

13. 公司网络覆盖：在国内，我公司在中国一共有______处网络，分布在：

序号	位置	网络（公司）名称	类别	生产/销售/售后服务	生产或销售的产品及品牌	备注

类别栏请选择：母公司/子公司/分公司/办事处/参股的关联单位/售后服务网络。

14. 公司主要产品名录：

序号	产品名称	产品描述	产品检测报告	颁发机构	有效期限	备注
1						
2						
3						
4						

15. 公司经销/代理的产品有______类，主要经销/代理产品名录：

序号	产品	品牌	经销/代理等级	备注
1				
2				
3				
4				

公司的经销/代理/授权证书请在注册时上传。

16. 企业在生产过程中有无______污染物排放，有污染物排放的，请附排放前检测报告。

（八）技能训练成绩考核及评定标准

围绕上述内容进行考核，以能够解决实际问题为考核要点。考试方法主要为口试和撰写有关报告。

二、供应商开发

供应商开发，就是找到满足企业生产需要的供应商。

一般来说，供应商开发包括的内容有：供应市场竞争分析，寻找合格供应商，潜在供应商的评估，询价和报价，合同条款的谈判，最终供应商的选择。在大多数的跨国公司中，供应商开发的基本准则是"Q. C. D. S"原则，也就是质量、成本、交付与服务并重的原则。在这四者中，质量因素是最重要的，首先要确认供应商是否建立有一套稳定有效的质量保证体系，然后确认供应商是否具有生产所需特定产品的设备和工艺能力。其次是成本与价格，要运用价值工程的方法对所涉及的产品进行成本分析，并通过双赢的价格谈判以节约成本。在交付方面，要确定供应商是否拥有足够的生产能力，人力资源是否充足，有没有扩大产能的潜力。最后一点，也是非常重要的是供应商的售前、售后服务的记录。

供应商开发步骤是：

1. 物料分类

将主要生产物料和辅助生产物料等按采购金额比重分成 ABC 三类。

按材料成分或性能分类，如：塑胶类、五金类、电子类、化工类、包装类等等。

2. 搜集厂商材料

根据材料的分类，搜集生产各类物料的厂家，每类产品在 5 ~ 10 家左右，填写在《厂商资料表》上。

3. 供应商调查

根据《厂商资料卡》名单，采购部门将《供应商调查表》传真至供应商填写。

4. 成立供应商评估小组

由副总经理任组长，采购、品管、技术部门经理、主管、工程师组成评估小组。

5. 调查评估

根据反馈的调查表，按规模、生产能力等基本指标进行分类，按 ABC 物料采购金额的大小，由评估小组选派人员按《供应商调查表》所列标准进行实地调查。

所调查项目如实填报于调查表上，然后由评估小组进行综合评估，将合格厂商分类按顺序统计记录。

6. 送样或小批量试验

调查合格之厂商可通知送样或小批量采购，送样检验或试验合格者即可正式列为《合格供应商名册》，未合格者可列为候补序列。

之后采购只可从合格供应商中采购，财务付款时也应审核名单，非合格供应商者应呈报上级。

7. 比价议价

对送样或小批量合格之材料评定品质等级，并进行比价和议价，确定一个最优的价格性能比。

8. 供应商辅导

列入《合格供应商名册》的供应商，公司应给予管理、技术、品管上的辅导。

9. 追踪考核

每月对供应商的交期、交量、品质、售后服务等项目进行统计，并绘制成图表。

每个季度或半年进行综合考核评分一次，按评分等级分成优秀、良好、一般、较差几个等级。

10. 供应商之筛选

对于较差的供应商应予以淘汰，将其列入候补名单，重新评估。

对于一般的供应商，应予以减少采购量，并重点加以辅导。

对于优秀的供应商，应加大采购量。

思考练习

一、简 答 题

(1) 简述供应商调查的主要内容。

(2) 简述供应商开发的过程。

二、案 例 分 析

A 公司对供应商的选择和调查

A 公司将采购物品分为两大类，库存与非库存，通常将生产过程中的原料、包装、辅助化学品等列为库存品，将与生产设备相关的配件、易耗品等归为非库存品，库存品的需求计划与采购计划由 ERP 系统产生，前提是设定安全库存、订货量、定货周期等参数，非库存品由需求部门提出计划。

采购部门在明确采购目标之后，开始对外发布采购信息、通过查询互联网、专业期刊、报纸、产品目录，以及供应商的主动介绍等途径，对采购品进行市场调查和了解，评估该采购品的供需状况，然后联系可能符合采购目标的供应商，并请有意向的供应商提供：营业执照、税务登记证、企业代码、银行信用证明、行业资质证及法定代表人证书、身份证、注册资金、生产场地、生产或经营范围及主要产品的目录、生产设备及技术和管理人员状况、生产能力与信誉及服务状况、主要客户、上一年度和近期的财务报告等材料。公司依据这些材料对供应商进行初步筛选，在此基础上建立起预备供应商数据库。接下来公司便要对供应商进行实地考察，一般由生产人员、技术人员和财务人员共同参与对供应商的管理体系及合约执行能力、设计开发与工艺水平、生产运作及质量控制的稳定性与可靠性，以及员工的素质等方面进行现场评审和评分，剔除明显不适合进一步合作的供应商后，就能够得出一个基本合格的供应商名录。然后，公司就对这些供应商发出询价文件，一般包括图纸、规格、样品、数量，以及大致采购周期和交付日期等信息，并要求供应商在指定的日期内完成报价。在最后确定入围供应商前，还要考察其产品质量、价格、交货与服务四个方面。最后确定的合格供应商列入《合格供应商名录》。

思考题：

(1) 供应商初选合格条件有哪些？

(2) 对供应商进行实地调查应注意哪些事项？

项目三　供应商的选择和考核

教学要点

(1)掌握供应商的考核内容;

(2)熟悉供应商选择标准 。

教学方法

可采用讲授、情境教学、案例教学、角色扮演、情景模拟、管理游戏等方法。

一、供应商的选择

(一)情景设置

组织学生到相关企业调查,调查内容为该企业采购物料内容及确定企业对供应商考核评估指标的设计、评估数据的有效收集以及评估结果的公布、奖惩的有效实施和供应商的最后确定结果。

(二)技能训练目标

通过实训使学生加强对供应商考核和选择相关知识的理解。

(三)相关理论知识

供应商选择在大多数的跨国公司中,供应商选择的基本准则同样是"Q. C. D. S"(Quality, Cost, Delivery, Service)原则,也就是质量、成本、交付与服务并重的原则。

不同企业的不同发展阶段,对供应商的选择和评价指标也不尽相同。那么怎样才能通过量化的指标来客观地评价和选择供应商呢?基本思路是:阶段性连续评价、网络化管理、关键点控制和动态学习过程。这些思路体现在供应商评价体系的建立、运行和维护上。

1. 建立供应商阶段性评价体系

采取阶段连续性评价的方式,将供应商评价体系分为供应商进入评价、运行评价、供应商问题辅导、改进评价及供应商战略伙伴关系评价几个方面。供应商的选择不仅仅是入围资格的选择,而且是一个连续的可累计的选择过程。

建立供应商进入评价体系,首先需要对供应商管理体系、资源管理与采购、产品实现、设计开发、生产运作、测量控制和分析改进等七个方面进行现场评审和综合分析评分。对以上各项的满意程度按照从不具备要求到完全符合要求且结果令人满意,分为5个分数段(0~100分区间),根据各分项要素计算平均得分。如80分以上为体系合格供应商,50分以下为体系不合格供应商,50~79分为需讨论视具体情况再定的持续考核供应商。合格的供应商进入公司级的AVL维护体系。

建立供应商运行评价体系,则一般采取日常业绩跟踪和阶段性评比的方法。采取QSTP加权标准,即供货质量(Quality,35%评分比重)、供货服务(Service,25%评分比重)、技术考核(Technology,10%评分比重)、价格(Price,30%评分比重)。根据有关业绩的跟踪记录,按照季度对供应商的业绩表现进行综合考核。年度考核则按照供应商进入AVL体系的时间进行全面的评价。

供应商问题的辅导和改进工作，是通过专项专组辅导和结果跟踪的方法实现的。采购中心设有货源开发组，根据所负责采购物料特性把货源开发组员分为几个小组，如板卡组、机械外设组、器件组、包装组等，该小组的工作职责之一就是对供应商进行辅导和跟进。

供应商战略伙伴关系评价是通过供应商的进入和过程管理，对供应商的合作战略采取分类管理的办法。采购中心根据收集到的信息，由专门的商务组分析讨论，确定有关建立长期合作伙伴的关系评估，提交专门的战略小组进行分析。伙伴关系不是一个全方位、全功能的通用策略，而是一个选择性战略。是否实施伙伴关系和什么时间实施要进行全面的风险分析和成本分析。

阶段性评价体系的特点是流程透明化和操作公开化，所有流程的建立、修订和发布都通过一定的控制程序进行，保证相对的稳定性。评价指标尽可能量化，以减少主观干扰因素。

2. 体现网络化管理

网络化管理主要是指在管理组织架构配合方面，将不同的信息点连接成网的管理方法。多事业部环境下的采购平台，需要满足不同事业部的采购需求，需求的差异性必须统一在一个更高适应性的统一体系内。对新供应商的认证，应由公司级的质量部门和采购中心负责供应商体系的审核；而对于产品相关的差异性需求则应由各事业部的质量处和研发处提出明确的要求。

网络化的管理也体现在业务的客观性和流程的执行监督方面。监督机制体现在工作的各个环节，应尽量减少人为因素，加强操作和决策过程的透明化和制度化。可以通过成立业务管理委员会，采用 ISO 9000 的审核办法，检查采购中心内部各项业务的流程遵守情况。

3. 关键点控制的四项原则

关键点控制包括门当户对原则、半数比例原则、供应源数量控制原则和供应链战略原则。

门当户对原则体现的是一种对等管理思想，它和“近朱者赤”的合作理论并不矛盾。在非垄断性货源的供应市场上，由于供应商的管理水平和供应链管理实施的深入程度不同，应该优先考虑规模、层次相当的供应商。不一定行业老大就一定是首选的供应商，如果双方规模差异过大，采购比例在供应商总产值中比例过小，则采购商往往在生产排期、售后服务、弹性和谈判力量对比等方面不能尽如人意。

从供应商风险评估的角度，半数原则要求购买数量不能超过供应商产能的 50%。如果仅由一家供应商负责 100% 的供货和 100% 成本分摊，则采购商风险较大，因为一旦该供应商出现问题，按照“蝴蝶效应”的发展，势必影响整个供应链的正常运行。不仅如此，采购商在对某些供应材料或产品有依赖性时，还要考虑地域风险。

供应源数量控制原则指实际供货的供应商数量不应该太多，同类物料的供应商数量最好保持在 2～3 家，有主次供应商之分。这样可以降低管理成本和提高管理效果，保证供应的稳定性。

采购商与供应商建立信任、合作、开放性交流的供应链长期合作关系，必须首先分析市场竞争环境。通过分析现在的产品需求、产品的类型和特征，确认是否有建立供应链合作关系的必要。对于公开和充分竞争的供应商市场，可以采取多家比价，控制数量和择优入围的原则。

而在只有几家供应商可供选择的有限竞争的市场和垄断货源的独家供应市场，采购商则需要采取战略合作的原则，以获得更好的品质、更紧密的伙伴关系、更好的排程和更低的成本和更多的支持。

对于实施战略性长期伙伴关系的供应商，可以签订“一揽子协议/合同”。在建立供应链合作关系之后，还要根据需求的变化确认供应链合作关系是否也要相应地变化。一旦发现某个供应商出现问题，应及时调整供应链战略。

供应链战略管理还体现在另一个方面：仔细分析和处理近期和长期目标、短期和长远利益的关系。采购商从长远目标和长远利益出发，可能会选择某些表面上看似苛刻、昂贵的供应商，但实际上这是放弃了短期利益，主动选择了一个由优秀元素组成的供应链。

4. 体系的维护

供应商管理体系的运行需要根据行业、企业、产品需求和竞争环境的不同而采取不同的细化评价。细化的标准本身就是一种灵活性的体现。短期的竞争招标和长期的合同与战略供应商关系也可以并存。

学习型的组织通过不断地学习和改进，对于供应商的选择评价、评估的指标、标杆对比的对象以及评估的工具与技术都需要不断的更新。采购作为一种功能，它的发展与制造企业的整体管理架构、管理阶段有关系。需要根据公司的整体战略的调整而不断地调整有关采购方面的要求和策略，对于供应商选择的原则和方法也亦然。

（四）技能训练准备

以班级为单位组织教学，地点选择一般有三个：多媒体教室、实训中心、企业现场。人员安排一般为临时团队（4 到 5 组，每组 8～10 人）。

训练时间安排：2 学时。

（五）技能训练步骤

（1）制定调查计划。围绕调查目标，明确调查主体，确定调查的对象、时间、地点、方式，并确定要收集哪些相关资料。

（2）调查以小组为单位。

（3）调查完后，编制调查报告。以小组形式进行课堂答辩，其他小组参与评判，指出调查存在的问题和可取的经验，对被调查企业提出自己的意见。

（4）各小组根据修改意见，对调查报告进行修改，提交给任课老师。

（六）技能训练注意事项

（1）认真调查，形成调查结果。

（2）实训报告要有条理、有依据。

（3）各小组待其他小组答辩结束后再提出建议。

（七）技能训练内容

根据相关的表格（表 3-2～表 3-4）内容开展调查表。

供应商选择考察表 表 3-2

<table>
<tr><td colspan="8">待选供应商基本资料</td></tr>
<tr><td>名称</td><td colspan="3"></td><td colspan="4">法人代表：</td></tr>
<tr><td>地址</td><td colspan="5"></td><td>邮　编</td><td></td></tr>
<tr><td>电话</td><td></td><td>联系人</td><td></td><td>传真</td><td></td><td>经营性质</td><td></td></tr>
<tr><td>主营产品</td><td colspan="7"></td></tr>
<tr><td>详细评价指标</td><td colspan="7"></td></tr>
<tr><td></td><td>序号</td><td colspan="2">评价办法</td><td colspan="3">结　果</td><td>备　注</td></tr>
<tr><td rowspan="5">经济实力</td><td>1</td><td colspan="2">注册资金数额是多少</td><td colspan="3"></td><td></td></tr>
<tr><td>2</td><td colspan="2">是不是一般纳税人</td><td colspan="3"></td><td></td></tr>
<tr><td>3</td><td colspan="2">上年度销售额是多少</td><td colspan="3"></td><td></td></tr>
<tr><td>4</td><td colspan="2">给其他商家账期一般是多久</td><td colspan="3"></td><td></td></tr>
<tr><td>5</td><td colspan="2">一共有多少员工</td><td colspan="3"></td><td></td></tr>
</table>

续上表

详细评价指标				
市场信誉	序号	评价办法	结果	备注
	1	被媒体曝光次数		
	2	业内口碑		
	3	有哪些假货/水货		
	4	售后服务水平怎么样		
优势资源	序号	评价办法	结果	备注
	1	与主营产品厂家的关系(代理/经销/总代等)		
	2	给不同渠道的价格结构及毛利		
	3	相关产品线是否齐全		
	4	最短送货时间是多久		
管理水平	序号	评价办法	结果	备注
	1	业务人员有没有怠慢顾客现象		
	2	对售前咨询有没有耐心讲解		
	3	有没有完善的货物进出流程		
	4	员工是不是大小事情都要请示		
批示意见				
商务经理意见	签名：			
运作中心总监意见	签名：			
考察结果	□推荐为C类认可供应商 □推荐为D类认可供应商 □不能推荐为供应商			

供应商评价调查报告 表3-3

供应商名称		供应商编号		统计日期	年 月 日	
评价项目		得分	比重(%)	总分	审查意见	评价人员
经营评价						
品管评价						
工程评价						
评价总分			评价等级			

批准：________ 审核：________ 承办：________

供应商每月评价记录 表 3-4

<table>
<tr><td>厂商名称</td><td></td><td>评价分数</td><td></td><td>评价等级</td><td></td></tr>
<tr><td>厂商编号</td><td></td><td>产品料号</td><td colspan="3"></td></tr>
<tr><td colspan="5">项目</td><td>小评</td></tr>
<tr><td>一、品质 50%</td><td>1</td><td colspan="3">A. 品质水准
B. 品质评分</td><td>(品管部门负责评分)</td></tr>
<tr><td>二、交期 30%</td><td>2</td><td colspan="3">A. 总迟交批数
B. 总交货批数
C. 交期评分</td><td>(采购部门负责评分)</td></tr>
<tr><td rowspan="2">三、综合配合度 20%</td><td>1</td><td colspan="3">品质配合度 10%
A. 配合度
B. 评分</td><td>(品管部门负责评分)</td></tr>
<tr><td>2</td><td colspan="3">交期配合度 10%
A. 配合度
B. 评分</td><td>(采购单位负责评分)</td></tr>
<tr><td colspan="4">实 施 评 价 者</td><td>采购部门主管</td><td>总经理</td></tr>
<tr><td colspan="2">品管部门</td><td colspan="2">采购部门</td><td>综合评估</td><td>批准</td></tr>
<tr><td colspan="2"></td><td colspan="2"></td><td></td><td></td></tr>
</table>

(八)技能训练成绩考核及评定标准

围绕上述内容进行考核,以能够解决实际问题为考核要点。考试方法主要为口试和撰写有关报告。

二、供应商的考核

供应商考核是对现有供应商进行表现考评及年度质量体系审核是供应商管理过程中的重要内容,它是在完成供应市场调研分析、对潜在的供应商已做初步筛选的基础上对可能发展的供应商进行的。根据不同物料供应商的不同成熟程度,供应商考核可以安排在供应商认证的前、中、后进行,目的是确认、筛选出最好的供应商,优化供应商结构,提高竞争优势。

1. 供应商考核方法

供应商考核的主要方法可以分为主观判断法和客观判断法。所谓主观判断法是指依据个人的印象和经验对供应商进行的判断,这种评判缺乏科学标准,评判的依据十分笼统、模糊;客观判断法是指依据事先制定的标准或准则对供应商进行量化的考核和审定,包括调查法、现场打分评比法、供应商绩效考评、供应商综合审核、总体成本法等方法。

(1)调查法。调查法是指事先准备一些标准格式的调查表格发给不同的供应商填写,收回后进行比较的方法,这种方法常用于招标、寻价及供应情况的初步了解等情况。

(2)现场打分评比法。现场打分评比法是预先准备一些问题并格式化,然后组织不同部门的专业人员到供应商的现场进行检查确认的方法。

(3)供应商绩效考评。供应商绩效考评是指对已经供货的现有供应商的供货、质量、价格等进行跟踪、考核和评比。

(4)供应商综合审核。供应商综合审核是针对供应商公司层次而组织的包括质量、工程、企划、采购等专业人员参与的全面审核,它通常将问卷调查和现场审核结合起来。

(5)总体成本法。总体成本法是一种以为了降低供应商的总体成本而达到一个新的水平,从而降低采购价格为目的的一种方法。它需要供应商的通力合作,由采购商组织强有力的综合专家团队对供应商的财务及成本进行全面、细致的分析,找出可以降低成本的方法,并要求供应商付诸实施与改进,改进后的受益则由双方共享。

2. 供应商考核的内容

由于供应商自身条件的差别(各有优劣),必须有客观的评分的项目作为选拔合格供应商的依据。因此,供应商考核应该制定详细的考核内容,通常包括下列各项:

(1)供应商的经营状况。主要包括供应商经营的历史、负责人的资历、注册资本金额、员工人数、完工纪录及绩效、主要的客户、财务状况。

(2)供应商的生产能力。主要包括供应商的生产设备是否先进,生产能力是否已充分利用,厂房的空间距离,以及生产作业的人力是否充足。

(3)技术能力。主要包括供应商的技术是自行开发还是从外引进,有无与国际知名技术开发机构的合作,现有产品或试制品的技术评估,产品的开发周期,技术人员的数量及受教育程度等。

(4)管理制度。主要包括生产流程是否顺畅合理,产出效率如何,物料控制是否电脑化,生产计划是否经常改变,采购作业是否对成本计算提供良好的基础。

(5)质量管理。主要包括质量管理方针、政策,质量管理制度的执行及落实情况,有无质量管理制度手册,有无质量保证的作业方案,有无年度质量检验的目标,有无政治机构的评鉴等级,是否通过 ISO 9000 认证。

三、供应商管理的指标体系

供应商管理指标体系包括七个方面:质量(Quality)、成本(Cost)、交货(Delivery)、服务(Service)、技术(Technology)、资产(Asset)、员工与流程(People and Process),合称 QCDSTAP,即各英文单词的第一个字母。前三个指标各行各业通用,相对易于统计,属硬性指标,是供应商管理绩效的直接表现;后三个指标相对难于量化,是软性指标,但却是保证前三个指标的根本。服务指标介于中间,是供应商增加价值的重要表现。前三个指标广为接受并应用;对其余指标的认识、理解则参差不齐,对其执行则能体现管理供应商的水平。

(1)质量指标(Quality):常用的是百万次品率。优点是简单易行,缺点是一个螺丝钉与一个价值 10000 元的发动机的比例一样,质量问题出在哪里都算一个次品。供应商可以通过操纵简单、低值产品的合格率来提高总体合格率。在不同行业,标准大不相同。例如在采购品种很多、采购量很小的"多种少量"行业,百万次品率能达到 3000 就是世界水平;但在大批量加工行业的零缺陷标准下,这样质量水平的供应商八成属于淘汰对象。

(2)质量成本(Cost of Poor Quality; COPQ):弥补百万次品率的不足。其概念是造价不同的产品,质量问题带来的损失不同;同一次品,出现在供应链的不同位置,造成的损失也不一样(例如更换、维修、保修、停产、丧失信誉、失去以后生意等)。例如坏在客户处,影响最大,假设权重为 100;坏在公司生产线,影响相当大,假设权重为 10;坏在供应商 的生产车间,影响最小,假设权重为 1。该产品价格为 1000 元,在上述三个环节各出现次品一个,总的质量成本就是 111000 元(100×1000 + 10×1000 + 1×1000)。这个指标有助于促使在供应链初端解决质量问题,在一些附加值高、技术含量高、供应链复杂的行业比较流行,例如在美国,飞机制造业、设备制造行业等设备原厂(OEM)采用得比较多。质量领域还有很多指标,例如样品首次通过率、质量问题重发率(对那些积习难改的供应商)等。不管什么质量指标,统计口径一致,有可对比性,才能增加公司内 部及供应商的认可度。而且质量统计不是目的。统计的终极目标是通过表象(质量问题)发现供应商的系统、流程、员工培训、技术等方面的不足,督促整改,达到优质标准。

(3)成本指标(Cost):常用的有年度降价。要注意的是采购单价差与降价总量结合使用。例如年度降价 5%,总成本节省 200 万。在实际操作中采购价差的统计远比看上去复杂,相信经历过的人有同感。例如新价格什么时候生效:采购方按交货期定,而供应商按下订单的日期定——这些一定要与供应商事前商定。多采购回馈是指当采购额超过一定额度,供应商给采购方一定比例的回扣。这个条款给买卖双方动力来增加采购额。付款条件是指在公司资金宽裕的情况下,鼓励供应商提前领取货款,但给公司折扣。例如货到 10 天发款,给采购方 2% 的折扣等。这两个方面设立具体的指标也未必现实,很多公司把它算作年度采购价差的一部分。有些公司也统计 80% 的开支花在多少个供应商身上。其目的是减少供应商数量,增加规模效益。具体指标很难定,因为不同公司、行业,即使同一公司在不同市场环境下,最佳供应商数量也不同。例如在买方市场下,供应商数量越小越好,这样规模效益好;但在卖方有产能限制、原材料不足等情况下,供应商多,采购方的风险就相对低。美国高级采购研究中心的统计表明,2004 年 9.4% 的供应商占 80% 的采购额,这一比例逐年降低,2005 年和 2006 年分别为 7.7% 和 7.6%。这一统计的对象是美国大公司,采购额动辄几十上百亿美金。针对中小公司的统计还没看到。

(4)按时交货率(On Time Delivery):按时交货率与质量、成本并重。概念很简单,但计算方法很多。例如按件、按订单、按订单行,按时交货率都可能不同。一般用百分比。缺点与质量百万次品率一 样:一个螺丝钉与一个发动机的比例相同。生产线上的人会说,缺了哪一个都没法组装产品。有道理。但从供应管理的角度来说,一个生产周期只有几天的螺丝钉与采购前置期几个月的发动机,还是不一样。对于供应商管理的库存(Vendor Managed Inventory; VMI),因为有最低与最高库存点,按时交货可通过相对库存水平来衡量。例如库存为零,风险很高;库存低于最低点,风险相当高;库存高于最高点,断货风险 很小但过期库存风险升高。这样,统计上述各种情况可以衡量供应商的交货表现。根据未来物料需求和供应商的供货计划,还可以预测库存点在未来的走势。值得注意的是,成本、质量和按时交货应综合考虑。这些指标如果分归不同部门,部门间的扯皮就可能很厉害。例如在美国一些大公司里,成本归供应管理部门,质量由质量管理部门负责。为降低成本,供应管理部门力图到低成本国家采购;为确保质量,质量管理部门则坚决反对。两者的扯皮旷日持久,往往导致全球采购战略失败。解决方法之一是让一个部门同时负责三个指标,促使其通盘考虑。上述三大指标可客观统计。尽管没有一种完美的统计指标,但只要统计口径一致,不同供应商之间、同一供应商的不同时期就有可比性,就能很好反映供应商的总体表现。下面要讲的服务、技术、资产、员工与流程指标则相对主观,统计上不是很直观但却是衡量供应管理部门绩效的重要一环。

(5)服务指标(Service):服务没法直观统计。但是,服务是供应商的价值的重要一环。已故 IBM 首席采购官 Gene Richter,三届美国《采购》杂志“采购金牌”得主,总结一生之经验，有一点就是要肯定供应商的服务价值。服务在价格上看不出，价值上却很明显。例如同样的供应商，一个有设计能力，能对采购方的设计提出合理化建议，另一个则只能按图加工，哪一个价值大，不言而喻。服务是无形的，在不同的公司、行业侧重点也会有不同。但共性是，服务都涉及人，可调查用户满意度来统计。例如公司期望供应商给设计人员提合理化建议、尽量缩短新产品的交货时间、主动配合质量人员的质量调查、积极配合采购人员的调度、催货，那么公司可发简短的问卷给相关人员，调查他们对上述各项的满意程度，以及哪些地方需要改进。统计的人多了，统计结果便具有代表性。更重要的是，供应商得到的信号是，公司在统计他们的服务质量，任何一个人的意见都很重要。这样就可尽量避免只有主管机构才能驱动供应商的现象。

(6)技术指标(Technology)：对于技术要求高的行业，供应商增加价值的关键是因为他们有独到的技术。供应管理部门的任务之一是协助开发部门制定技术发展蓝图，寻找合适的供应商。这项任务对公司几年后的成功至关重要，应该成为供应管理部门的一项指标，定期评价。不幸的是，供应管理部门往往忙于日常的催货、质量、价格谈判，对公司的技术开发没精力或兴趣，在选择供应商随随便便，为几年后的种种问题埋下祸根。对供应管理部门，技术指标还包括应用信息技术采购。这个指标有利于促进采购方、供应商利用先进技术，节省成本，提高效率。

(7)资产管理(Asset)：供应管理直接影响公司的资产管理，例如库存周转率、现金流。供应管理部门可通过供应商管理库存(VMI)转移库存给供应商，但更重要的是通过改善预测机制和采购流程，降低整条供应链的库存。例如在美国半导体设备制造行业，由于行业的周期性太强，过度预测、过度生产非常普遍，大公司动辄注销几千万美金的库存。到头来，整个行业看上去赚了很多钱，但扣除过期库存，所剩无几。但有些公司通过提高预测和采购机制，成功地降低了库存，因而成为行业的佼佼者。所以，供应管理部门的绩效指标应该包括库存周转率。这样也可避免为了价格优惠而超量采购。在供应商方面，资产管理体现供应商的总体管理水平。它包括固定资产、流动资产、长期负债、短期负债等。这些都有相应的比率(不同行业的标准比率可能不同：例如在合同加工行业，库存周转率动辄几十、上百，而在一些大型设备制造行业，一年能周转六次就是世界级水平)。作为供应管理部门，定期(例如每季度)审阅供应商的资产负债表，是及早发现供应商经营问题的一个有效手段。现金流、库存水平、库存周转率、短期负债等都可能影响供应商的今后表现，也是采购方能否得到年度降价的保证。人们往往忽视供应商的资产管理。普遍想法是，只要供应商能按时交货，我才不管他建多少库存、欠多少钱。但问题是，供应商管理资产不善，成本必定上升。羊毛出在羊身上：上升的成本要么转嫁给客户，要么就自己亏本而没法保证绩效。两种结果都影响到采购方。在有些行业，换个供应商就行了，因为市场很透明，采购就像到超市买东西。但对更多的行业，换供应商会带来很多问题和不确定因素，成本很高。所以敦促现有供应商整改达标往往是双赢的做法。

(8)员工与流程(People and Process)：对供应管理部门来说，员工素质直接影响整个部门的绩效，也是获得别的部门的尊重的关键。学校教育、专业培训、工作经历、岗位轮换等都是提高员工素质的方法。相应地可建立指标，例如100%的员工每年接受一周的专业培训、50%的员工通过专业采购经理认证、跳槽率低于2%等。流程管理是优化与供应商有关的业务流程，比如预测、补货、计划、签约、库存控制、信息沟通等。供应商的绩效很大程度上受采购方的流程制约。例如预测流程中，如何确定最低库存、最高库存，按照什么频率更新、传递给供应商,直接影响供应商的产能规划和按时交货能力。再如补货,不同种类的产品,按照什么频率补货,补货点是多少,采购前置期是多少,不但影响到公司的库存管理,也影响到供应商的生产规划。流程决定绩效。管理层可以通过动员、强调达到一时效果,但不改变流程及其背后的规则,这种效果是暂时的。流程管理和改进的关键是确定目标和战略,书面化流程、实施流程,确定责任人并定期评估。在此基础上,开发一系列的指标,确保流程按既定方式运作,并与前面讲的按时交货率、质量合格率等挂钩。这样,从流程到绩效,再由绩效反馈到流程,形成一个封闭的管理圈。值得注意的是,流程改进更多的是渐进而非革命,因为每个公司总有现行的流程,不大可能推倒重来,要通过不断微调来优化。

指标的价值在于其规范和引导行为。供应商管理的指标体系不但引导供应商的行为,也是评价供应管理部门绩效的重要依据。上面的七大指标体系,不同公司可在不同发展阶段制定相应的侧重点。具体指标上,要力求简单、实用、平衡。

思考练习

一、简 答 题

(1)简述供应商选择的基本思路。

(2)简述供应商考核办法。

(3)供应商考核的内容包括哪些方面?

二、案例分析题

汽车行业供应商选择比较

日本丰田公司花费大量的时间在评估很多潜在供应商,考虑除了价格外的很多其他因素;目标是建立长期的相互信任的协作关系。评估后,丰田和关键部件的关键供应商建立长期的供货协议(至少持续该型号汽车的整个周期,大约4年)。这并不意味着供应商就可以高枕无忧。恰恰相反,丰田从很多维度持续的评估每个供应商的绩效,包括质量、可靠性、创意的提出,和其他供应商的协作等,当然,也包括成本。同时设立了30%全供应链成本削减的目标要求。丰田的生产专家和生产商合作,寻找达到目标的方法。一旦达到后,就开始盈利共享;供应商保留半数盈利,同时设立新的成本水平作为下一阶段的成本削减目标。如果绩效无法达到,丰田会在合同期末把更多的采购额分配给竞争供应商。最终,实现奖优罚劣的目标。

因为丰田给绩效卓越的供应商提供长期的协议,因此他们也愿意投入大量资金满足丰田的特殊需要。

丰田会提前把它的新产品计划和规格通知供应商;供应商也会为丰田的设计工作提供帮助。丰田没有为了寻求短期利益而把供应商的设计提供给其竞争对手以获取更低的采购价格,因为这种短期利益弥补不了对长期利益合作关系的造成的损害。而且,其他的供应商也会知道丰田的行动,从而危害到这些重要的合作关系。

通用汽车和丰田的对比见表3-5。

通用汽车和丰田的对比 表 3-5

通用汽车	丰田
许多不同的供应商	相对较少的供应商
交易型供应商关系	长期的供应商关系
以价格作为供应商首选指标	基于相互协作的多个方面来选择供应商
通用享有全部的成本削减收益	供应商达到预先设定的成本目标后可以参与收益分享
信息私有	信息和供应商分享(预测;新产品设计等)
可能撤销现有合同	持续的正式绩效评估,奖惩反映在下一合同中

思考题:

(1)丰田公司对供应商选择有哪些特点?

(2)对于汽车行业,你认为对供应商选择还有哪些办法?

任务四 采购谈判

内容简介

采购谈判是采购工作的重要组成部分之一，是实现采购行为的重要前提，是完成采购任务的基础工作。采购谈判是指企业在采购时与供应商所进行的贸易谈判。采购方想以自己比较理想的价格、产品质量和供应商条件来获取供应商的产品，而供应商则想以自己希望的价格和服务条件想购买方提供自己的产品。本部分在介绍采购谈判的基础知识的基础上，从采购方的角度阐述了采购人员进行采购谈判的程序、策略和技巧。通过本章的学习，初步掌握采购谈判的基础知识。

教学目标

1. 知识目标：

(1) 掌握采购谈判的概念；

(2) 掌握采购谈判的技巧、策略与应用；

(3) 掌握采购谈判的组织与准备；

(4) 掌握采购谈判的规划要点。

2. 技能目标：

能运用采购谈判的知识做好采购谈判工作。

案例导入

日本某株式会社生产的农业加工机械正是中国急需的关键性的设备。几年前，为了进口这些设备，中国某进口公司的代表与日本方面在上海进行了一场艰苦的谈判。按照惯例，由日本方面先报价，他们狮子大开口，开价 1000 万美元。中国谈判代表事先做了精心的准备，充分掌握了与谈判标有关的种种情报，知道日方的报价大大超出了产品的实际价格，便拒绝说："根据我们对同类产品的了解，贵公司的报价只能是一种参考，很难作为谈判的基础。"

日方代表没有料到中方会马上判断出价格过高，有点措手不及，便答非所问地介绍其产品的性能与质量。中方代表故意地用提问法巧妙地拒绝道："不知贵国生产此类产品的公司一共有几家，贵公司的产品价格高于贵国××牌的依据又是什么？"。

中方代表的提问使日方代表非常吃惊，日方主谈笑着打圆场，做了一番解释，同意削减 100 万美元。中方主谈根据所掌握的信息，并且以对方不经请示，就可以降价 10% 的让步信息作为还价的依据，就提出 750 美元的还价，但马上遭到了日方的拒绝，谈判陷入了僵局。

为了打破谈判的僵局，说服日方接受中方的要求，中方代表郑重的提出："这次引进，我们从几个国家的十几家公司中选中贵公司，这已经说明了我们对成交的诚意。"接着，中方代表以掌握的详细情况为依据，开始摆事实讲道理："你们说价钱太低，其实不然。此价格虽比贵公司销往澳大利亚的价钱稍微低一点，但由于运费很低，所以总的利润并没有减少。”

中方代表侃侃而谈，面对中方的准确情报，日方代表哑口无言，不知说什么才好。为了帮助日方代表下决心，中方代表出了杀手锏——制造竞争：“更为重要的是，××国、××国出售同类产品的几家公司，还正等待我方的邀请，迫切希望同我方签订协议。”说完，中方主谈随手将其他外商的电报递给了日方代表。

在中方代表的强大攻势面前，日方代表不得不败下阵来，他们被中方所掌握的详细情报和坦诚的态度所折服，感到中方的还价有理有据，无可挑剔，只好握手成交。

引导思路

(1)本案例中中方谈判成功的因素有哪些？

(2)归纳本案例中所体现的采购谈判技巧和策略。

项目一 采购谈判的组织与准备

教学要点

(1)利用网络，收集不同企业包括生产制造企业及流通企业的采购谈判的案例或相关资料；

(2)分析讨论案例或资料中采购谈判的组织与准备的要点及基本步骤；

(3)能够模拟进行采购谈判前期的组织与准备工作。

教学方法

可采用讲授、情境教学、实地参观、案例教学等方法。

一、采购谈判概述

采购谈判顾名思义即是企业在采购时与供应商所进行的贸易谈判。采购方想以自己比较理想的价格、产品质量和供应商服务条件来获取供应商的产品，而供应商则想以自己希望的价格和服务条件向购买方提供自己的产品。当两者不完全统一以前，就需要通过谈判来解决，这就是采购谈判。另外，在采购过程中，由于业务操作失误发生了货物的货损、货差、货物质量数量问题在赔偿问题上产生争议，也要进行谈判，这也属于采购谈判。

1. 采购谈判的内容

在进行采购谈判作业时，采购员应对提前归纳出谈判的几项磋商条件。在采购谈判中，谈判双方主要就以下几项交易条件进行磋商：第一，商品的品质条件；第二，商品的价格条件；第三，商品的数量条件；第四，商品的包装条件；第五，交货条件；第六，货款的支付条件；第七，货物保险条件；第八，商品的检验与索赔条件；第九，不可抗力条件；第十，仲裁。

1)商品条件的谈判

采购的主角是产品或原材料，因此，谈判的内容首先是对产品的有关条件的谈判。产品条件谈判有两种情况：一种为简单，另一种为复杂。这两种情况的划分主要取决于采购方购买的产品的数量和产品的品种、型号。想一想，什么情况下为复杂？什么情况下为简单呢？对于采购方来说，若购买的产品数量少，品种单一，产品条件谈判就比较简单；若购买的产品数量多、品种型号也多，产品条件谈判就比较复杂。

一般来说，产品条件谈判的内容包括：产品品种、型号、规格、数量、商标、外形、款式、色彩、技术标准、质量标准和包装等。

商品的品质、价格、数量和包装条件是谈判双方磋商的主要交易条件。只要明确商品的品质条件，谈判双方才有谈判的基础。也就是说谈判双方首先应当明确双方希望交易的是什么商品。在规定商品品质时，可以用规格、等级、标准、产地、型号和商标、产品说明书和图样等方式来表达，也可以用一方向另一方提供商品实样的方式表明一方对交易商品的品质要求。

在磋商数量条件时，谈判双方应明确计量单位和成交数量，在必要时订立数量的机动幅度条款。在货物买卖中，大部分货物都需要包装。因此，谈判双方有必要就包装方式、包装材料、包装费用等问题进行洽谈。

2）价格条件谈判

价格条件谈判是采购谈判的中心内容，是谈判双方最关心的问题。通常，双方都会进行反复的讨价还价，最后才能敲定成交价格。价格条件谈判也包括数量折扣、退货损失、市场价格波动风险、商品保险费用、售后服务费用、技术培训费用和安装费用等条件的谈判。

3）其他条件谈判

除了产品条件谈判和价格条件谈判之外，还有交货时间与地点、付款方式、运输方式、售后服务、违约责任和仲裁等其他条件的谈判。

商品的交货条件是指谈判双方就商品的运输方式、交货时间和地点等进行的磋商。而货运的保险条件的确定则需要买卖双方明确由谁向保险公司投保，投保何种险别，保险金额如何确定，以及依据何种保险条款办理保险等。

货款的支付问题主要涉及支付货币和支付方式的选择。在国际货物买卖中使用的支付方式主要有：汇付、托收、信用证等。不同的支付方式，买卖双方可能面临的风险大小不同，在进行谈判时，应根据情况慎重选择。

检验、索赔、不可抗力和仲裁条件，有利于买卖双方预防和解决争议，保证合同的顺利履行，维护交易双方的权力，是国际货物买卖谈判中必然要商议的交易条件。

对于收到的物料必须迅速进行验收。验收的迟滞，不仅会使供应商的交货期意识降低，而且占用验收场地，使物料的下落不够明确，有时候还可能由于生锈、腐蚀、变质等而引起品质劣化的情形出现。因此须明确规定验收作业的程序及时限。

2. 采购谈判的目的及重要性

采购谈判既是一门科学，又是一门艺术。掌握谈判的基础知识和一些常用的策略技巧能使谈判者有效地驾驭谈判的全过程，为己方赢得最大的利益。可见采购谈判技术是实现采购行为的关键环节。

1）商品采购谈判的目的

第一，希望获得质量好，价格低的产品；第二，是希望获得比较好的服务；第三，是希望在发生物资差错、事故、损失时获得合适的赔偿；第四，当发生纠纷时能够妥善解决，不影响双方长期合作的关系。

2）商品采购谈判的重要性

第一，可以争取到降低采购成本的机会。

采购员通过与供货商谈判，可以在单价上、税费的支付上、产品运输费用等方面进行磋商，可以以较低的价格获取供应商的产品，降低购买费用，可以以比较低的进货费用获得供应商送货，降低采购进货的费用，这样就可以降低采购成本。

第二，可以争取保证所购买产品质量等级，降低残次品发生率。

在进行采购谈判时，产品质量肯定是一个重要的内容，通过谈判可以让供应商对产品提供质量保证，使购买方能够获得质量可靠的产品。

第三，可以争取采购物资及时送货，确保己方生产的连续性。

通过谈判，可以促使供应商保证交货期，按时送货，及时满足采购方物资需要。并且，因此，可以降低采购方的库存量，同时减少了仓储的一系列费用，如：人工费、保管费、租赁厂房费用、装卸机械的损耗费、商品的损益费等等，相应提高了经济效益，达到商家最理想的生产销售模式，在零库存的前提条件下，保证了大量的生产，大量的销售。

第四，可以争取获得比较优惠的服务项目。

伴随产品购买，有一系列的服务内容，例如，准时交货、提供送货服务、提供技术咨询服务、售后安装、调试、使用指导、运行维护以及售后保障等。这些服务项目，供应商都需要花成本，供应商希望越少越好，而购买方则希望越多越好，这就需要谈判。供应商承诺的服务项目，实际上就是在减少购买方的成本费用。

第五，可以争取降低采购风险。

采购进货过程风险大，途中可能发生事故，造成货损、货差，甚至人身、车辆、货物的重大损失，只有通过谈判才可以让供应商分担更多风险，承担更多风险损失。这样，采购方就可以减少甚至避免采购风险，减少或者消除风险损失。

第六，可以妥善处理纠纷，维护双方的效益，维持双方的正常关系，为以后的继续合作创造条件。

总而言之，通过谈判，可以争取降低采购成本和采购风险，及时满足企业物资需要，保证物资质量，获取优惠服务，降低库存水平，提高采购的效益。如果能够谈判成功，这将对企业非常有利。

二、采购谈判的组织与准备

(一)情景设置

以任务四的案例导入为情景，请学生分组准备，归纳中方和日方代表就谈判分别做了哪些准备工作。

(二)技能训练目标

能够根据正确的履行岗位职责，明确采购谈判的要点，做好谈判准备，熟悉谈判的流程。

(三)相关理论知识

俗语说：“凡事预则立，不预则废”，采购谈判也是如此。采购谈判前的组织与准备工作做得如何，在很大程度上决定了谈判的进程和结果。有经验的谈判者会十分重视谈判前的准备工作。一些规模较大的重要谈判，往往需要提前几个月甚至更长的时间开始着手进行精心的准备。

总的来说，前期的准备工作主要从以下几方面展开：

1. 采购谈判对涉及价格方面信息的收集准备工作

双方进行采购谈判，其主要的内容还是决定所采购材料的价格，因此，企业在进行采购谈判以前，要对谈判时涉及的价格方面信息做上充足的准备，包括以下五方面的内容：

1）供应商的选择要慎重

最合适的供应商应该是具备许多条件的，但是，能提供适合的品质、充分的数量、准时的交货、合理的价格和热诚的服务，应该是共同的要求。

2）底价与预算的确定

谈判之前，采购员应首先确立拟购物品的规格与等级，并就财务负担能力加以考虑，定出打算支付□供应商的最高价格，以便在议价之前，对绝对讨价加以适当的还价。

3）请报价厂商提供成本分析表或报价单

为了确定物品或劳务能真正符合卖方的需求，应请卖方提供报价单，以便详细核对内容，将来拟购项目若有增减，可以根据这个重新核算价格。交货时，也应该有可观的验收标准。对于巨额的定制品等，另请卖方提供详细的成本分析表，以便了解报价是否合理。

4）审查、比较报价内容

在议价之前，采购员应当审查报价单的内容有无错误，避免造成将来交货的纷争，并将不同供应商的报价基础加以统一，以免发生不公平的现象。

5）了解优惠的条件

供应商对长期交易的客户会提供数量折扣；对于能以现金支付和贷款的客户，会给予现金折扣；对于整批及其的订购，会附赠备用零件或免费安装。因此，采购人员掌握这些优惠条件的情报，以便于将来的谈判议价。

2. 采购谈判资料的收集

通过对谈判的有关资料信息的收集、整理、分析、和研究，谈判人员就会有较为充分的心理思想准备，明确谈判的主客观环境以及在谈判中可能会出现的问题。

1）采购需求分析

采购的需求分析就是在采购谈判之前要弄清楚企业需求什么、需求的量为多少、需要的时间，最好能够列出企业物料需求分析清单。

2）资源市场的调查

在作出采购需求分析之后，就要对资源市场进行一番调查分析，获得市场上有关物资的供给、需求等信息资料，为采购谈判的下一步决策提供依据。具体包括产品供应与需求情况、产品销售情况、产品分销渠道等。

3）对方情报收集

（1）资信情况

调查供应商的资信情况，既要调查对方是否具有签订合同的合法资格，还要调查对方的资本、信用和履行约定的能力。

在对对方的合法资格进行调查时，可以要求对方提供有关的证明文件，如成立地注册证明、法人资格等，也可以通过其他的途径进行了解和验证。

在对对方的资产、信用、履约能力进行调查时，资料来源可以是公共会计组织对该企业的年度审计报告，也可以是银行、资信征询机构出具的证明文件或其他渠道提供的资料。

（2）对方的谈判作风和特点

谈判作风是实质谈判者在多次谈判中表现出来的一贯风格。了解谈判对手的谈判作风，对预测谈判的发展趋势和对方可能采取的策略，以及制定己方的谈判策略，可以提供至关重要的依据。

此外，还可以收集供应商要求的货款支付方式、谈判最后期限等方面的资料。

4）资料的整理与分析：

在通过各种渠道收集到以上有关信息资料以后，还必须对它们进行整理和分析。这主要有两方面的工作：

（1）鉴别资料的真实性和可靠性

即去伪存真。在实际工作中，由于各种各样的原因和限制因素，在收集到的资料中往往存在着某些资料比较片面、不完全，有的甚至是虚假的、伪造的，因而必须对这些初步收集到的资料作进一步的整理和甄别。

例如，由于在资料收集的过程中存在一定的难度，有些收集到的资料就有可能不是第一手的资料，或者是收集人员作出的估计或预测，那么，这些资料的可靠性就值得怀疑。因此，也就必须对这些资料进行整理与鉴别，做到去伪存真，为我方谈判所用。

（2）鉴别资料的相关性和有用性

即去粗取精，这是一个分析的过程。在资料具备真实性和可靠性的基础上，结合谈判项目的具体内容与实际情况，分析各种因素与该谈判项目的关系，并根据他们对谈判的相关性、重要性和影响程度进行比较分析，并依此制定具体的切实可行的谈判方案与对策。

3. 采购谈判方案的制定

谈判方案是指在谈判开始前对谈判目标、谈判议程、谈判对策等预先所做的安排。谈判方案是指导谈判人员行动的纲领，在整个谈判过程中起着重要的作用。

1）采购谈判的目标的选择

谈判目标指参加谈判的目的。一般将其划分为三个层次：必须达到目标；中等目标；高等目标。

对于采购谈判来讲，首先是为了获得原材料、零部件或产品，所以谈判就以能满足本企业（地区、行业或单位）对原材料、零部件或产品的需求数量、质量和规格等作为追求的目标，也就是谈判必须要达到的目标；

其次采购谈判还要以价格水平、经济效益水平等作为谈判的目标，这可以作为中等目标；

再次，采购谈判还要考虑供应商的售后服务情况，例如，供应商的送货、安装、质量保证、技术服务活动等，这是采购谈判追求的最高目标。

2）采购谈判议程的安排

谈判议程即谈判的议事日程，它主要说明谈判时间的安排和双方就哪些方面的内容进行磋商。

第一，采购主体的确定。

要进行一次谈判，首先就要确定谈判的主题，不能漫无边际地进行谈判。一般来讲，凡是与本次谈判相关的、需要双方展开讨论的问题，都可以作为谈判议题。可以把它们一一罗列出来，然后根据实际情况，确定应重点解决哪些问题。对于采购谈判来讲，最重要的也就是采购产品的质量、数量、价格水平、运输等方面，所以，应把这些问题作为谈判议题重点加以讨论。

第二，采购谈判时间的安排。

谈判时间的安排，就是要确定谈判在何时举行，为期多久。若是一系列的谈判需要分阶段进行的话，还应对各个阶段的谈判时间作出安排。

一般来说，在选择谈判时间时需要考虑如下几个方面的因素：

其一，准备的充分程度，要注意给谈判人员留有充分的准备时间，以防仓促上阵。

其二，要考虑对方的实际情况，不要把谈判安排在对对方很明显不利的时间进行。

其三，谈判人员的身体和情绪状况，要避免在身体不适、情绪不佳时进行谈判。

3）谈判备选方案的制定

通常情况下，在谈判过程中难免会出现意外的事情，令谈判人员始料不及，影响到谈判的进程。为了预防这种情况的发生，在接到一个谈判任务时，应对整个谈判过程中双方可能作出的一切行动做正确的估计，并依此设计出几个可行的备选方案。在制定谈判备选方案时，可以注明在出现何种情况时，使用此备选方案，以及注明备选方案的详细内容，操作说明等。

当然，任何一种估计都可能是错误的，这就要求请我们不仅在分析、讨论问题时必须以实施为依据，按照正确的逻辑思维来进行，而且在谈判过程中，也要注意对谈判对手进行观察，分析判断谈判形势，对原定的方案不断进行修正，并结合具体情况灵活运用。

4. 采购谈判队伍

采购谈判能否取得预期的效果，取决于谈判人员能否审时度势，正确合理地运用谈判策略。采购谈判队伍的组选指在对谈判对手情况以及谈判环境诸因素进行充分分析研究的基础上，根据谈判的内容、难易程度选择谈判人员，组织高效精悍的谈判队伍。

一般来说为了保证谈判达到预期目标，提高谈判的成功率，应根据以下几项原则来选择不同的人员组成队伍。一是根据谈判的内容、重要性和难易程度组织谈判队伍，小型的谈判，因为规模小，目标单一明确，谈判人员可由 2 ~ 3 人组成，有时甚至由一人全权负责。而对于内容较为复杂且较重要的大型谈判，因为规模大、情况复杂、目标多元化，配备的人员数要比小型谈判多得多。二是根据谈判对手的具体情况组织谈判队伍。一般可以遵循“对等原则”，即己方谈判队伍的整体实力与对方谈判队伍的整体实力相同或对等。

在组织谈判队伍时，关键的一步就是谈判人员的选择。对谈判人员的素质要求有：具有良好的自控与应变能力、观察与思考能力、迅速的反应能力、敏锐的洞察力，甚至有时是经过多次采购谈判而与无形之中形成的知觉。此外采购人员还应具有平和的心态，沉稳的心理素质以及大方的言谈举止。

在实际谈判活动中应注意：第一，在确定具体谈判人选时，尽量选择“全能型的专家”。所谓“全能”，即通晓技术、经济、法律和语言四个方面的知识，“专家”即指能够专长于某一个方面。第二，在确定谈判小组具体人数时，合理确定谈判小组的规模，同时也要兼顾谈判小组的工作效率。一般情况下，谈判小组由 3 人至 5 人组成。

总体来说，谈判小组的成员应当具有以下几方面的知识和能力：

（1）了解我国有关贸易的方针、政策及我国政府颁布的有关法律法规。

（2）具有丰富的产品知识。这包括与本单位采购物料相关的各种产品的性能、特点和用途；产品的技术要求和质量标准；所采购产品在国内外的生产状况和市场供求关系；产品价格水平及变化趋势的信息；产品的生产潜力及发展的可能性。

（3）熟悉不同供应商谈判者的风格和特点；懂得谈判心理学和行为科学；有丰富的谈判经营，能应付在谈判过程中突然出现的复杂情况等。

(4)熟悉国外有关法律知识,包括贸易法、技术转让法、外汇管理法及有关国家税法的知识;有关国际贸易和国际管理的知识等。

5. 采购谈判地点的选择

一般而言,谈判地点的选择无外乎三种情况:己方所在地、对方所在地、双方之外的第三地。对于最后一种情况往往是双方在参加产品展销会时进行的谈判。三种地点的选择各有利弊(表4-1)。

谈判地点优缺点对比 表4-1

谈判地点	优点	缺点
采购企业所在地	1. 环境熟悉,不会给采购谈判人员造成心理压力,有利于以放松、平和的心态参加谈判。 2. 查找资料和邀请有关专家比较方便,可以随时向本企业决策者报告谈判进展。 3. 由于地利人和等因素可以给对方谈判人员带来一定的心理压力。 4. 以逸待劳,无需熟悉环境或适应环境这一过程;随机应变,可以根据谈判形式的发展随时调整谈判计划、人员、目标等;创造气氛,可以利用地利之便,通过热情接待对方,关心谈判期间生活等问题,显示己方的谈判诚意,创造融洽的谈判氛围,促使谈判成功。	要承担繁琐的接待工作;谈判可能常常受己方领导的制约,不能使谈判小组独立地进行工作。
对方企业所在地	1. 采购方谈判人员可以少受外界因素打扰而以全部精力投入到谈判工作中。 2. 可以与对方企业对策者直接交换意见,可以使对方谈判人员无法借口无权决定而拖延时间。 3. 省去了许多复杂的接待工作,可以全心全意地投入谈判;可以顺便实地考察对方的生产经营状况,取得第一手的资料;在遇到敏感性的问题时,可以推说资料不全而委婉地拒绝答复。	环境不熟悉,易有压力;谈判中遇到困难时,临时需要查找资料和邀请有关专家不方便,难以调整自己,容易产生不稳定的情绪,进而影响谈判结果。
其他地方	对于双方来说在心理上都会感到较为公平合理,有利于缓和双方的关系。双方谈判可以不受外界因素的打扰,保密性强。	由于双方都远离自己的所在地,因此,在谈判准备上会有所欠缺,谈判中难免会产生争论,影响谈判的成功率。双方查找信息和请示领导多有不便,各项费用支出较高。

6. 谈判的分工与合作

在确定了具体谈判人员并组成谈判小组之后,就要对其内部成员进行分工,确定主谈与辅谈。主谈是指在谈判的某一阶段,或者对某一方面或几个方面的议题,以他为主进行发言,阐述我方观点和立场。除主谈以外的小组其他成员处于辅助配合的位置,称之为辅谈。主谈与辅谈人员、辅谈与辅谈人员在谈判过程并不是各行其是,而是在主谈人员的指挥下,互相密切配合,形成目标一致的有机谈判统一体。

7. 谈判方式的选择

谈判方式可以简单地分为两大类:面对面的会谈及其他会谈方式。面对面的会谈又可以分为正式的场内会谈和非正式的场外会谈,其他谈判方式包括信函、电话、电传、电报、互联网等方式。

8. 模拟谈判

为了提高谈判工作的效率,使谈判方案、计划等各项准备工作更加周密,更有针对性,在谈判准备工作基本完成后,应对此项工作进行检查。在实践中行之有效的方法是进行模拟谈判。谈判双方可以由己方谈判人员和己方非谈判人员组成，也可将己方谈判小组内部成员分成两方进行。

有效模拟谈判可以预先暴露己方谈判方案、计划的不足之处及薄弱环节、检验己方谈判人员的总体素质，提高他们的应变能力，达到减少失误、实现谈判目标的目的。

(四)技能训练准备

(1)学生分组，每个小组选一名组长；

(2)教师现场指导。

(五)技能训练步骤

(1)根据导入案例中的情况，分析两方在谈判中应准备的资料和工作。

(2)将谈判应准备的工作填入卡片内。

(3)每组派一位代表谈一下准备谈判的内容。

(六)技能训练注意事项

(1)分工明确。

(2)态度认真，融入情景。

思考练习

一、简　答　题

(1)什么是采购谈判、谈判方案?

(2)就采购谈判地点选择的三种情况，分别阐述各自的利与弊?

(3)谈判小组的成员应当具备哪些知识和能力?

二、案例分析

中国某企业与新加坡联合投资兴办北京风华大理石有限公司。事前中方认为，目前国际国内的大理石供过于求，市场萎缩，应终止谈判。后来，中方对此项目做了深层次的全面而详细的分析研究，了解到国际市场大理石相对饱和，而建材市场尚有潜力，且外商信誉良好，综合平衡分析，认定该项目可行，但在投资规模上适当降低，在国际市场板材看好时再增加投资。最终，谈判获得成功。

思考题：

请归纳案例中采购人员在进行谈判之前做了哪些准备。

项目二　采购谈判的规划与实施

教学要点

(1)利用网络，收集不同类型的企业对采购谈判有哪些规划；

(2)分析讨论各类性质特点不同的产品采购规划方法；

(3)讨论采购实施过程中遇到的问题及解决办法。

教学方法

可采用讲授、情境教学、案例教学等方法。

一、采购谈判的规划

(一)情景设置

某超市决定引进宝洁公司的产品,但是一些具体的问题双方存在着分歧,具体如下:

宝洁:付款周期 14 天,统一进货价,设立最低进货箱数,按不同进货箱数给予不同的进货折让,根据进货产品的系数,给予不同额度的费用作为营销费用。

超市:付款周期 30 天,不按最低进货箱数进货,并享受最大进货箱数的采购价格,营销费用不包含销售折让费用。

双方的谈判在即,请同学分两组扮演宝洁公司和超市方,就采购谈判应做哪些规划进行讨论。

(二)技能训练目标

通过实训使学生掌握谈判的规划。

(三)相关理论知识

采购的主要工作之一,就是要降低采购成本 ,因此必须懂得如何谈判。而成功的谈判必须有妥善的规划。谈判的规划工作,包括预测、学习及分析等三项工作。

1. 做好预测

如果要做预测,则不能遐想,而要在以下工作上下工夫:

1)尽早从供应商处得到协助

供应商对产品的了解,通常较买方为多,要求供应商给予技术、管理、财务等方面的协助。

2)预测好订购量

收集过去使用量的资料,作为未来订购量的参考。同时有了过去及未来的详细采购资料,有助于在谈判时得到较大的折扣。

3)掌握特殊重大事件

如能掌握有关罢工、天灾、坏天气、关税、法令、运输状况等重大事件,将可更准确预测合理价格,而于谈判桌上居于优势。这些重大事件除了由报章杂志收集外,尚可由销售人员处得知。

4)注意价格趋势

(1)过去供应商有多少产品项目价格上涨(何时、上涨幅度、通报方式)。

(2)比较供应商的价格上涨模式与该产业的模式(是否比同业涨得快,涨得多)。

2. 学习谈判模式

从所获得的资讯中学习谈判的问题、对象及内容,是谈判成功的关键。下面分为容易得到(少花钱及时间)的资讯与不易得到(多花钱及时间)的资讯两部分叙述之。

1)容易得到的资讯

(1)谈判及价格的历史资料

找出供应商谈判技巧的倾向;供应商处理上次谈判的方式。

(2)产品与服务的历史资料

价格的上涨有时是隐含于品质及服务水准的降低。工程部门及使用该产品的制造部门不难揭发实情，此点可作为谈判的筹码。

(3)稽核结果

从会计或采购稽核可发现待加强控制之处(例如供应商常发生错误的账款)。

(4)最高指导原则

分析公司政策、政府法令和过去发生的实例，以增强你的谈判力。

(5)供应商的营运状况

从其销售人员及竞争能力可了解供应商的问题与优劣势，知己知彼才能百战不殆。

(6)谁有权决定价格

收集谈判者的个人资料加以运用(卖方通常较易对陌生人抬高价格)。

(7)掌握关键原料或关键因素

运用80/20原理(对非紧要项目可予退让，对重要项目紧守谈判原则)。

(8)利用供应商的情报网络

可从销售人员处得到一些有价值的资讯(例如价格趋势、科技的重要发明、市场占有率、设计的改变等)。

2)不易得到的资讯

(1)寻求更多的供应来源(包括海外)

即使你仍向原来的供应商采购，但更多的供应来源可增强你的议价能力。

(2)有用的成本、价格资料与分析

良好的成本、价格分析是有效的采购谈判工具。必要时应借助成本分析师，这是一种投资而非成本。

(3)供应商的估价系统化整为零

从供应商各个部门的生产过程来推估其合理的成本。

(4)限制供应商的谈判能力

(5)了解供应商的利润目标及价格底线

需耐心地通过各种渠道求得(谈判过程也是渠道之一)。

3. 分析

分析工作分为两个方面，分别是对采购现状的分析和对采购优劣势的分析。

1)分析采购现状

采购员在采购前，应对采购现状进行分析。其具体分析方法如下：

(1)如何建立报价系统

利用专业成本分析师进行成本分析，借以估算底价。

(2)如何比价

①价格分析

相同成分或规格比较其价格或服务。

②成本分析

将总成本分为细项——包含人工、原料、外包、制造费用、管理费用、利润。卖方与买方估计的价差，需要双方讨价还价来达成协议。

③找出决定价格的主要因素

掌握决定价格的主要因素是人工、原料或外包，这可作为谈判的依据。

④价格的上涨如何影响供应商的边际利润

供应商的成本虽然上涨(例如由于通货膨胀),但其价格通常不只反应成本的增加(常有灌水现象)。

⑤实际与合理的价格是多少

⑥对付价格上涨的最好对策

最好的是方法与时机的掌握——最好有专家的协助。

2)对采购优劣势的分析

采购人员必须对供应商的谈判实力进行评估,并分析自身有哪些优势或劣势,才能够选择适当的谈判策略与方法。例如属于谈判优势偏向采购方的状况,有下列各项:

(1)采购数量占供应商的产能的比率大。

(2)供应商产能的成长超过采购方需求的成长。

(3)供应厂商产能利用率偏低。

(4)卖方市场竞争激烈,而买方并无指定的供应来源。

(5)买方最终产品的获利率高。令物料成本占产品售价的比率低。

(6)断料停工损失成本低。

(7)买方自制能力高,而且自制成本低。

(8)采用新来源的成本低。

(9)买方购运时间充足,而卖方急于争取订单。

对采购方与供应方所处实的优劣形式进行分析,从而在谈判中扬长避短,自然可以找出击败供应商的机会。而据此能够发现迫使供应商让步的策略(压榨策略、平衡策略或多角化策略),此等策略将成为采购人员的行动方针。

(四)技能训练准备

(1)分组准备:学生为两个小组,每个小组选一名组长;

(2)卡片若干张;

(3)教师现场指导;

(4)训练时间安排:1 学时。

(五)技能训练步骤

(1)每组学生在卡片上写出应做哪些采购谈判的规划。

(2)以组为单位完成资料的汇总。

(六)技能训练注意事项

(1)一丝不苟,卡片填写认真。

(2)卡片汇总后要进行归类。

(3)填写内容确定要有依据、要准确。

二、采购谈判的实施

(一)正式谈判阶段

1. 摸底阶段

在正式谈判开始前,双方的主要任务是相互摸底,希望得到对方的谈判目标的底线。所以在这一阶段说话往往非常谨慎,通常以介绍自己的来意、谈判人员的情况(姓名、职务、分工等）、本企业的历史以及产品的有关情况为主，并倾听对方的意见和观察其反应。在这一阶段，价格这一敏感问题往往先不在谈判中涉及，而是在倾听对方意见之后，再来决定。另外，在这一阶段切勿只是自己一方喋喋不休地讲话，要遵循“多听、多看、少说”的原则，给对方讲话的机会。

2. 询价阶段

价格是采购谈判的敏感问题，也是谈判最关键的环节，在这一阶段要考虑的问题是：谁先开价、如何开价、对方开价后如何还价等问题。

3. 磋商阶段

磋商阶段主要是双方彼此讨价还价，尽力为己方争取更多利益的阶段。初始报价已经表明了双方分歧的差距，要为己方争取到更多的利益，就必须判断对方为何如此报价，他们的真实意图是什么，可以通过一系列审慎的询问来获得信息。比如这一报价和购买数量的关系，有没有包括运费、零配件费用和其他费用在内等。但是，在这一阶段，不适宜马上对对方的回答予以评论或反驳。

4. 消除分歧

分歧的类型有三种：一是由于误解而造成的分歧；二是出于策略的考虑而人为造成的分歧；三是双方立场相差很远而形成的真正的分歧。在明确了分歧的类型和产生的影响之后，就要想办法消除双方之间的分歧。由误解造成的分歧，通过加强沟通，增进了解，一般是可以消除的。由策略的考虑而人为造成的分歧及双方立场相差很远而形成的真正的分歧，其消除是非常困难和漫长的，需要高明的策略和技巧。

5. 成功阶段

经过磋商之后，双方的分歧得到了解决，就进入了成交阶段。在这个阶段，谈判人员应将意见已经一致的方面进行归纳和总结，并办理成交的手续或起草成交协议文件。

（二）检查确认阶段

这是谈判的最后阶段，在这一阶段应主要做好以下工作：

1. 检查成交协议文本

应该对文本进行一次详细的检查，尤其是对关键的词、句子和数字的检查一定要仔细认真。一般应该采用统一的经过公司法律顾问审定的标准格式的文本，如合同书、订货单等。大宗或成套的项目交易，其最后文本一定要经过公司法律顾问的审核。

2. 签字认可

经过检查审核之后，有谈判小组长或谈判人员进行签字并加盖公章，予以认可。

3. 小额交易的处理

对小额交易的直接进行，在检查确认阶段，应主要做好货款的结算和产品的检查移交的工作。

4. 礼貌道别

无论是什么样的谈判及谈判的结果如何，双方都应该诚恳地感谢对方并礼貌地道别，这有利于建立长期的合作关系。

总之，在谈判过程中，双方都是力求维护本企业的利益，想方设法使对方让步。如果双方都不让步，谈判就进行不下去，就是谈判破裂、失败。如果双方能够逐步让步、协调，最后大体利益均等，这时谈判双方意见达成一致，谈判就获得成功了。

思考练习

一、简 答 题

(1)采购员在采购前,应对哪些内容进行分析?

(2)采购谈判的实施分为哪几个阶段?

(3)分析采购的优劣势应该从哪些方面着手?

二、案 例 分 析

非洲某国两年前开始对其国家某政府部门大批成套设备进行选择性招标采购,金额达几千万美元,投标方涉及英国、德国、南非及中国的十几个大公司。而各大公司各有优势,其中一些与该国家还有一定渊源。如德国以技术过硬、态度严谨、产品质量高著称;而该非洲国家以前曾是英国的殖民地,历史渊源更深;南非公司与当地印巴人关系较好,而印巴人在政府中有一定的势力。在这种情况下,中国A公司准备参与竞争并积极作准备。

在正式谈判前,A公司首先仔细分析了该国的历史背景和社会环境及谈判对手的特点。非洲国家历史上多为英属或法属殖民地,其法律程序较为完善,尤其是原英属殖民地国家,其法律属英美法系,条款细致而成熟,政府工作程序延续英国管理条例,部门分工很细,并相互牵制且配置一系列监察部门,监督各部门工作。

但非洲国家又有自己的一些特点,即当地有势力的部族与上层社会、政府部门有千丝万缕的关系,并熟悉当地法律、法规习惯做法与禁忌,影响着政府部门的各利益集团的决策。如果能有效利用当地有势力的部族为中方的工作服务,就可以四两拨千斤,是达到目的的有效途径。另外,该国存在不同的民族,信仰不同的宗教,在谈判前一定要搞清其宗教派系,避讳其禁忌的话题和其他禁忌。

在分析谈判对手方后,A公司决定一方面组织国内人员按正常程序准备投标文件、联系工厂并报价,一方面派出团组到当地进行商务谈判。

人员配置:公司总经理(副董事长)1人、主谈1人、翻译1人、当地公司负责联络此事的代表1人。

此次派团组首先面见项目决策者,其最主要目的,一是建立正面的联系,二是探询对方意图并尽可能多地掌握各方面情况,以便为下一步工作指明方向。到达该国后,A公司通过正常渠道拜会了项目决策者。

A公司出席人员为公司领导、主谈判手及翻译,对方出席人员为决策者、副手及秘书。见面后,领导说了开场白,回顾了中国与该非洲国家的传统友谊,追忆中国政治上支持其独立及经济上对其长期援助的历史,表明中方的态度:我们是一家人,要互相扶持,共同向前迈进。力图创造良好气氛以便提出要求。

接着主谈开始跟项目决策者及其副手谈A公司对于此项目的兴趣、A公司的实力、产品的质量及价格优势。对方是非洲上层社会的人,受过良好的教育,语速适中、声音平和,英文良好而且很注重礼仪,即便在40℃的高温下,他们见客人都是西装革履。对方的态度很友好,但语气很含糊,只说会按程序办事,应允会把中国公司作为有资格中标的公司之一来考虑。

领导的拜会，结果是积极的，首先接触的目的基本达到，建立了正面的联系，了解到一些情况。但显然，光正面接触是不够的，需侧面做一些工作。领导向国内做了汇报，决定拨出一定的资金，给予谈判手一定的时间及便利来促成这件事。领导安排好公关相关事宜后，留下其他人员继续工作，自己先行回国。

其他人员依计划工作期间，领导不再露面，但并不是不再关注此事，逢该国重大节日，以及对方人事的变动，领导都会发传真祝贺，通过贺电也向对方传递一些中国经济形式的信息，如国内人民币升值压力有可能导致价格的变动，从而造成我们价格优势减弱的可能性，以敦促对方尽快推进此事进程等。

而A公司当地的联系人及代理不断将谈判对方以及竞争者的消息传递给A公司，以便A公司及时掌握对方的第一手资料。A公司留在该国继续工作的人员及当地联系人通过消息灵通人士了解到某部族酋长在当地很有势力，与政府部门上下关系很密切，且长袖善舞，于是就花了一段不短的时间与之接触并建立了基于互相信任基础上的良好私人关系。A公司从开始和他做一些小生意，逐渐过渡到几百万美元的生意。由于给他的利润很丰厚，且A公司对他的承诺都能按时兑现，让他体会到A公司是可以信赖的朋友，然后再逐渐让他了解A公司的想法，即A公司希望得到这个项目，委托他作为这个项目的代理，利益共享，使其有主人的感觉，觉得是一起在完成一项有挑战性的工作。因为项目很大，设备使用部门、合同签订部门，以及资金划拨部门互相牵制，而政府部门也有自己的派别和利益分割，互相不会妥协，这时往往是那些没有政府身份而有相当影响力的人扮演了协调者的角色，由他们出面说服相关部门的官员接受条件，从而达成共识、形成合力，促使合同签订部门推进合同进程。A公司给其代理报价，由他确定最终报价及佣金分配，从而给了他很大的活动空间。而所有游说活动A公司并不出面，以免授人以柄，但代理人创造条件，以非正式会面的形式，使A公司的主谈判手与相关部门的工作人员接触，并就产品的性能、特点等技术问题交换意见。

通过一次次与相关部门的接触和侧面的工作，A公司逐渐浮出水面。这期间有的竞争者采取报低价，并从预计差价中划出一部分利润以现金或贵重礼物的形式以拉拢某些人为其暗中做工作，这些活动虽给A公司的工作进程造成了一定的影响，甚至阶段性阻滞，但另一方面的问题很快就出现了：不同的利益集团与派别，相互之间斗争在所难免，收受贿赂的官员在另一势力的揭发下有的被当地监察部门调查，调离了工作岗位；有的官员因为分赃不均，不停地索要礼物，使行贿公司不堪重负。这对A公司很有利。

A公司眼看时机成熟了，就通过代理穿针引线，顺利地获得选择招标的订单并获得对方政府的正式邀请与其公开正式就合同细节问题展开谈判。此时，公司领导再次出访与对方直接面谈，最终获得了此项目。

思考题：

(1)A公司为什么能获得非洲某国的采购项目？

(2)该案例给你什么启示？

项目三　采购谈判的策略与技巧

教学要点

(1)收集资料，能灵活运用采购谈判的策略；

(2)熟练掌握采购谈判过程中的技巧以及议价技巧。

教学方法

可采用讲授、情境教学、案例教学和分组讨论等方法。

一、采购谈判策略

(一)情景设置

在某次交易会上,我方外贸部门与一客商洽谈出口业务。在第一轮谈判中,客商采取各种招数来摸我们的底,罗列过时的行情,故意压低购货的数量。我方立即中止谈判,搜集相关情报,了解到日本一家同类厂商发生重大事故停产,又了解到该产品可能有新用途。在仔细分析了这些情报以后,谈判继续开始。

我方根据已掌握的情报后发制人,告诉对方;我放的货源不多;产品的需求很大;日本厂商不能供货。对方立刻意识到我方对这场交易的背景的了解程度,甘拜下风。在经过一些交涉之后,最终接受了我方的价格。

(二)技能训练目标

让学生掌握谈判的策略与技巧。

(三)相关理论知识

在采购谈判中,为了使谈判能够顺利进行和取得成功,谈判者应善于灵活运用一些谈判的策略和技巧。谈判策略是指谈判人员通过何种方法达到预期的谈判目标,而谈判技巧则是指谈判人员采用什么具体行动执行谈判策略。在实际工作中,应根据不同的谈判内容、谈判目标和谈判对手等具体情况,选用不同的谈判策略和技巧。

谈判策略是在实施战略时所采取的短期计划和活动,有意造成对方成交位置的改变,影响其他人来实现自己谈判的目标。在谈判过程中,谈判者可以选择合理策略来努力说服对方,以保证双方在希望的特定位置成交。此外,谈判者必须了解对方采取了何种策略,即知己知彼,百战百胜,了解对方策略可以减少自己在谈判中无效性策略的使用。

1. 避免争论策略

谈判中出现分歧是很正常的事。出现分歧时应始终保持冷静,防止感情冲动,尽可能地避免争论。

1)冷静倾听对方的意见

当对方说出你不愿意听或对你很不利的话时,不要感情冲动或生气地立即打断以及反驳对方,应耐心地听完对方的发言,必要时还可承认自己某方面的疏忽。

2)婉转地提出不同意见

不应直截了当地提出自己的否定意见,这样会使对方在心理上产生抵触情绪,反而迫使对方千方百计维护自己的意见;而应先同意对方的意见,然后再作探索性的提议。

3)谈判无法继续时应马上休会

如果某个问题成了彼此继续谈判的绊脚石,使谈判无法再顺利进行,应在双方对立起来之前就及时地马上休会,从而避免引起更进一步地僵持和争论。

休会的策略为固执型的谈判人员提供了请示上级的机会,也可借机调整双方思绪,以利于问题在心平气和的友好氛围中得以最终的圆满解决。

2. 抛砖引玉策略

抛砖引玉策略是指在谈判中，一方主动提出各种问题，但不提供解决的办法，让对方来解决。这一策略不仅能尊重对方，而且又可摸清对方的底细，争取主动。这种策略在以下两种情况下不适用

(1)谈判出现分歧时，对方会误认为你是故意在给他出难题；

(2)若对方是一个自私自利、寸利必争的人，就会乘机抓住对他有利的因素，使你方处于被动地位。

3. 有余地策略

在实际谈判中，不管你是否留有余地或真的没留什么余地，对方总认为你是留有余地的，所以在外商最看重的方面作了让步，可在其他条款上争取最大利益。

例如你的报价即使分文不赚，对方却还是总觉得你利润不薄，你不作让步，他便不会签约。因此在价格上适当的做些让步，你就有可能为自己争取到最好的付款条件。在以下两种情况下尤其需要这种策略：

(1)对付寸利必争的谈判方；

(2)在不了解对方的情况下。

4. 避实就虚策略

避实就虚策略是指你方为达到某种目的和需要，有意识地将洽谈的议题引导到相对次要的问题上，借此来转移对方的注意力，以求实现你的谈判目标。

例如，对方最关心的是价格问题，而你方最关心的是交货问题。这时，谈判的焦点不宜直接放到价格和交货时间上，而是放到运输方式上。

在讨价还价时，你方可以在运输方式上作出让步，而作为双方让步的交换条件，要求对方在交货时间上作出较大的让步。这样，对方感到满意，你方的目的也达到了。

5. 保持沉默策略

保持沉默，是处于被动地位的谈判人员常用的一种策略，是为了给对方造成心理压力，同时也起缓冲作用。但是如果运用不当，易于适得其反。例如在还价中沉默常被认为是默认；沉默时间太短常意味着你被慑服。在对方咄咄逼人时，你方适当地运用沉默可缩小双方的差距。在沉默中，行为语言是唯一的反应信号，是对方十分关注的内容，所以应特别加以运用(倒茶等)，以达到保持沉默的真正目的。

6. 忍气吞声策略

谈判中占主动地位的一方有时会以一种咄咄逼人的姿态表现自己。这时如果表示坚决反对或不满，对方会更加骄横甚至退出谈判。这时你方可对对方的态度不作任何反应，采取忍耐的策略，则可慢慢地消磨对方的棱角，挫其锐气，以柔克刚，反而能变弱为强。因为被动方忍耐下来，对方则得到默认的满足之后，反而可能会因此而通情达理，公平合理地与你谈判。

7. 多听少讲策略

多听少讲是忍耐的一种具体表现方式，也就是让对方尽可能多地发言，充分表明他的观点，这样做既能表示尊重对方，也可使你根据对方的要求，确定你对付对方的具体策略。例如，卖方为了说明自己产品的优越性而滔滔不绝地夸夸其谈，结果让买方觉得是自卖自夸，产生逆反心理。如果让买方先讲，以满足对方需求为前提，再作恰当的介绍，重在说明该产品能给买方带来哪些好处和方便，这样就可大大减少买方的逆反和戒备心理，有助于促成

交易。

8. 情感沟通策略

人有七情六欲，满足人的感情和欲望是人的一种基本需求。在谈判中充分利用感情因素以影响对方，则不失为一种可取的策略。例如可利用空闲时间，主动与谈判对方一起聊天、娱乐、讨论对方感兴趣的话题，也可馈赠小礼品，请客吃饭，提供食宿的方便。还可通过帮助解决一些私人问题，从而达到增进了解、联系感情、建立友谊，从侧面促进谈判的顺利进行。

9. 先苦后甜策略

例如供应商想要在价格上有多些的余地，你方可先在包装、运输、交货、付款方式等多方面提出较为苛刻的方案来作为交换条件。在讨价还价过程中，再逐步地作出让步。供应商鉴于你方的慷慨表现，往往会同意适当地提价。而事实上这些“让步”是你方本来就打算给供应商的。但要注意的是这一策略只有在谈判中处于主动地位的一方才有资格使用。

10. 最后期限策略

处于被动地位的谈判者，总有希望谈判成功达成协议的心理。当谈判双方各持己见、争执不下时，处于主动地位的谈判者就可利用这一心理，提出解决问题的最后期限和解决条件。期限是一种时间通牒，可使对方感到如不迅速作出决定，他会失去机会，从而给对方造成一种心理压力——谈判不成损失最大的还是他自己。只要你处于谈判的主动地位，就不要忘记抓住恰当的时机来适时使用该策略。使用该策略时还应注意：切记不可激怒对方而要语气委婉、措辞恰当、事出有因；要给对方一定的时间进行考虑，让对方感到你不是在强迫他，而是向他提供了一个解决问题的方案，并由他自己决定具体时间；提出最后期限时最好还能对原有条件也有所让步，给人以安慰。

（四）技能训练准备

（1）学生每 5 人为一个小组，每个小组选一名组长；

（2）教师现场指导；

（3）训练时间安排：1 学时。

（五）技能训练步骤

（1）以每位学生为单位，在卡片上写出我方采用了什么谈判策略与技巧。

（2）每组派一位代表陈述我方的心得与收获。

（六）技能训练注意事项

（1）一丝不苟，卡片填写认真。

（2）卡片汇总后要进行归类。

（3）总结内容完整全面，流程正确。

二、采购谈判的技巧

在了解谈判所应遵循的原则的基础上，我们在实际谈判中还可以总结出许多规律性、技巧性的经验和策略，称之为谈判的技巧。

（一）入题技巧

谈判双方刚进入谈判场所时。难免会感到拘谨，尤其是谈判新手，在重要谈判中，往往会产生忐忑不安的心理。为此，必须讲求入题技巧，采用恰当的入题方法。

1. 迂回入题

为避免谈判时单刀直入、过于暴露，影响谈判的融洽气氛，谈判时可以采用迂回入题的方法，如先从题外话入题，从介绍己方谈判人员入题，从“自谦”入题，或者从介绍本企业的生产、经营、财务状况入题等。

2. 先谈细节、后谈原则性问题

围绕谈判的主题，先从洽谈细节问题入题，条分缕析，丝丝入扣，待各项细节问题谈妥之后，也便自然而然地达成了原则性的协议。

3. 先谈一般原则、再谈细节

一些大型的经贸谈判，由于需要洽谈的问题千头万绪，双方高级谈判人员不应该也不可能介入全部谈判，往往要分成若干等级进行多次谈判。这就需要采取先谈原则问题，再谈细节问题的方法入题。一旦双方就原则问题达成了一致，那么，洽谈细节问题也就有了依据。

4. 从具体议题入手

大型谈判总是由具体的一次次谈判组成，在具体的每一次谈判中，双方可以首先确定本次会议的谈判议题，然后从这一议题入手进行洽谈。

(二)阐述技巧

1. 开场阐述

谈判入题后，接下来就是双方进行开场阐述，这是谈判的一个重要环节。

(1)开场阐述的要点。具体包括：

一是开宗明义，明确本次会谈所要解决的主题，以集中双方的注意力，统一双方的认识。二是表明我方通过洽谈应当得到的利益，尤其是对我方至关重要的利益。三是表明我方的基本立场，可以回顾双方以前合作的成果，说明我方在对方所享有的信誉；也可以展望或预测今后双方合作中可能出现的机遇或障碍；还可以表示我方可采取何种方式共同获得利益作出贡献等。四是开场阐述应是原则的，而不是具体的，应尽可能简明扼要。五是开场阐述的目的是让对方明白我方的意图，创造协调的洽谈气氛，因此，阐述应以诚挚和轻松的方式来表达。

(2)对对方开场阐述的反应。具体包括：

一是认真耐心地倾听对方的开场阐述，归纳弄懂对方开场阐述的内容，思考和理解对方的关键问题，以免产生误会。二是如果对方开场阐述的内容与我方意见差距较大，不要打断对方的阐述，更不要立即与对方争执，而应当先让对方说完，认同对方之后再巧妙地转开话题，从侧面进行谈判。

2. 让对方先谈

在谈判中，当你对市场态势和产品定价的新情况不太了解，或者当你尚未确定购买何种产品，或者你无权直接决定购买与否的时候，你一定要坚持让对方先说明可提供何种产品，产品的性能如何，产品的价格如何等，然后，你再审慎地表达意见。有时即使你对市场态势和产品定价比较了解，有明确的购买意图，而且能直接决定购买与否，也不妨先让对方阐述利益要求、报价和介绍产品，然后你在此基础上提出自己的要求。这种先发制人的方式，常常能收到奇效。

3. 坦诚相见

谈判中应当提倡坦诚相见，不但将对方想知道的情况坦诚相告，而且可以适当透露我方的某些动机和想法。

坦诚相见是获得对方同情的好办法，人们往往对坦诚的人自然有好感。但是应当注意，与对方坦诚相见，难免要冒风险。对方可能利用你的坦诚逼你让步，你可能因为坦诚而处于被动地位，因此，坦诚相见是有限度的，并不是将一切和盘托出，总之，以既赢得对方的信赖又不使自己陷于被动、丧失利益为度。

4. 注意正确使用语言

(1)准确易懂

在谈判中，所使用的语言要规范、通俗，使对方容易理解，不致产生误会。

(2)简明扼要，具有条理性

由于人们有意识的记忆能力有限，对于大量的信息，在短时间内只能记住有限的、具有特色的内容，所以，我们在谈判中一定要用简明扼要而又有条理性的语言来阐述自己的观点。这样，才能在洽谈中收到事半功倍的效果。反之，如果信口开河，不分主次，话讲了一大堆，不仅不能使对方及时把握要领，而且还会使对方产生厌烦的感觉。

(3)第一次要说准

在谈判中，当双方要你提供资料时，你第一次要说准确，不要模棱两可，含混不清。如果你对对方要求提供的资料不甚了解，应延迟答复，切忌脱口而出。要尽量避免所使用含上下限的数值，以防止波动。

(4)语言富有弹性谈判过程中使用的语言，应当丰富、灵活、富有弹性

对于不同的谈判对手，应使用不同的语言。如果对方谈吐优雅，我方用语也应十分讲究，做到出语不凡；如果对方语言朴实无华，那么我方用语也不必过多修饰。

(三)提问技巧

要用提问摸清对方的真实需要、掌握对方心理状态、表达自己的意见观点。

1. 提问的方式

(1)封闭式提问；

(2)开放式提问；

(3)婉转式提问；

(4)澄清式提问；

(5)探索式提问；

(6)借助式提问；

(7)强迫选择式提问；

(8)引导式提问；

(9)协商式提问。

2. 提问的时机

(1)在对方发言完毕时提问；

(2)在对方发言停顿、间歇时提问；

(3)在自己发言前后提问；

(4)在议程规定的辩论时间提问。

3. 提问的其他注意事项

(1)注意提问速度；

(2)注意对方心境；

(3)提问后给对方足够的答复时间；

(4)提问时应尽量保持问题的连续性。

（四）答复技巧

答复不是容易的事，回答的每一句话，都会被对方理解为是一种承诺，都负有责任。答复时应注意：

(1)不要彻底答复对方的提问；

(2)针对提问者的真实心理答复；

(3)不要确切答复对方的提问；

(4)降低提问者追问的兴趣；

(5)让自己获得充分的思考时间；

(6)礼貌地拒绝不值得回答的问题；

(7)找借口拖延答复。

（五）说服技巧

1. 说服原则

(1)不要只说自己的理由；

(2)研究分析对方的心理、需求及特点；

(3)消除对方戒心、成见；

(4)不要操之过急、急于奏效；

(5)不要一开始就批评对方、把自己的意见观点强加给对方；

(6)说话用语要朴实亲切、不要过多讲大道理；态度诚恳、平等待人、积极寻求双方的共同点；

(7)承认对方"情有可原"善于激发对方的自尊心；

(8)坦率承认如果对方接受你的意见，你也将获得一定利益。

2. 说服具体技巧

(1)讨论先易后难；

(2)多向对方提出要求、传递信息、影响对方意见；

(3)强调一致、淡化差异；

(4)先谈好后谈坏；

(5)强调合同有利于对方的条件；

(6)待讨论赞成和反对意见后，再提出你的意见；

(7)说服对方时，要精心设计开头和结尾，要给对方留下深刻印象；

(8)结论要由你明确提出，不要让对方揣摩或自行下结论；

(9)多次重复某些信息和观点；

(10)多了解对方、以对方习惯的能够接受的方式逻辑去说服对方；

(11)先做铺垫、下毛毛雨，不要奢望对方一下子接受你突如其来的要求；

(12)强调互惠互利、互相合作的可能性、现实性。激发对方在自身利益认同的基础上来接纳你的意见。

三、采购谈判技巧的应用

在采购谈判中，采购人员应当根据不同的谈判内容、谈判目标和谈判对手等具体情况，运用不同的谈判技巧和战术，以推进谈判的进程，使之取得圆满的结果。在实践中，有以下一些常用的采购谈判技巧：

1. 适时反击

反击能否成功，就要看提出反击的时间是否当掌握得准确。反击只有在对方以“恐怖战术”来要挟你时方能使用，所以，它也可以说是一种以退为进的防卫战。反击正是所谓的“借力使力”，就是利用对方的力量，再加上自己的力量，发挥“相乘效果”，一举获得成功。其次要注意的是，使用反击法时，如果对方不认为你是个“言行一致”的人，那效果就要大打折扣了。

2. 攻击要塞

谈判对手不止一人时，实际上握有最后决定权的，不过是其中一人而已。在此，我们姑且称此人为“对方首脑”，称其余的谈判副将们为“对方组员”。“对方首脑”是我们在谈判中需要特别留意的人物，但也不可因此而忽略了“对方组员”的存在。

当你无法说服“对方首脑”时，就要另辟蹊径，把攻击的矛头指向“对方组员”。这正如古时候的攻城略地一般，只要先拿下城外的要塞，就可以长驱直入了。

3. “白脸”“黑脸”

要使用“白脸”和“黑脸”的战术，就需要有两名谈判者，两名谈判者不可以一同出席第一回合的谈判。两人一块儿出席的话，若是其中一人留给对方不良印象的话，必然会影响其对另一人的观感，这对第二回合的谈判来说，是十分不利的。

第一位出现谈判者唱的就是“黑脸”，他的责任，在激起对方“这个人不好惹”、“碰到这种谈判的对手真是倒了八辈子霉”的反应。而第二位谈判者唱的是“白脸”，也就是扮演“和平天使”的角色，使对方产生“总算松了一口气”的感觉。就这样，二者交替出现，轮番上阵，直到谈判达到目的为止。“白脸”与“黑脸”战术的功效是源自第一位谈判者与第二谈判者的“联线作业”上。第二位谈判者就是要利用对方对第一位谈判者所产生的不良印象，继续其“承前启后”的工作。第一位谈判的“表演”若未成功，第二位谈判者自然也就没戏可唱了。

4. “转折”为先

“不过……”，是经常被使用的一种说话技巧，它具有诱导对方回答问题的作用。在日常用语中，与“不过”同义的，还有“但是”、“然而”、“虽然如此”等等，以这些转折词作为提出质问时的“前导”，会使对方较容易作答，而且又不致引起其反感。

5. 文件战术

在谈判时若要使用“文件战术”，那么，你所携带的各种文件资料，一定要与谈判本身有关。如果你带了大批与谈判无关的资料前去谈判，想“混”的话，一旦被发现，谈判信用便将破产，而谈判信用一旦失去，便将再难挽回，也无法弥补了。

参加任何谈判，都要留意自己所使用的战术或技巧是否适用于谈判的内容，这是非常重要的。所使用的战术或技巧要是不够高明、不适合于谈判内容，都将使谈判难以顺利地展开。“文件战术”的效果，多半产生在谈判一开始，也就是双方隔着谈判桌一坐下来时。

在对方的阵营中谈判时，除了必要的，以及在谈判中将使用到的文件资料外，最好什么都不要携带。这么做，除了乐得轻松以及不致让对方起疑外，对信用的提升，也有无形的帮助。而信用，正是谈判成功的关键所在。

6. 期限效果

从统计数字来看，谈判人员可以发现，有很多谈判，尤其较复杂的谈判，都是在谈判期限即将截止前才达成协议的。不过，未设定期限的谈判也为数不少。

谈判若设有期限，那么，除非期限已到，不然的话，谈判者是不会感觉到什么压力存在的；所谓“不见棺材不掉泪”就是这种道理。你的谈判对手或许会在有意无意中透露一个

“截止谈判”的期限来，譬如“我必须在一个小时内赶到机场”。在这种情况下，你只需慢慢地等，等着那“最后一刻”的到来便行了。当距离飞机起飞或开会的时间愈来愈近，对方的紧张不安想必也愈来愈严重，甚至巴不得双方就在一秒钟内达成协议。此时此刻，你就可以慢条斯理地提出种种要求。

在谈判时，不论提出“截止期限”要求的是哪一方，期限一旦决定，就不可轻易更改。所以，无论如何，你都必须倾注全力，在期限内完成所有准备工作，以免受到期限的压力。如果对方提出了不合理的期限，只要你抗议，期限即可获得延长。

7. 调整议题

有时候，谈判双方或单方会急欲获得某种程度的协议。譬如，你想买进对方所持有的某种颇具影响力的资产，那么，为了使“换档”的技术在谈判中发挥效果，最重要的，就是不让对方察觉到你的意图。你可以顾左右而言他，可以装作漠不关心的样子，也可以声东击西。总之，如果被对方察觉到你“购买欲极强”的意图，他必然会想尽办法来对付你，使你难遂所愿。

在非重要的谈判中，当你想改变话题时，应事先向对方说明之所以改变话题的理由，以取得其谅解，进而毫无异议地接受你的提议。

8. 打破僵局

谈判的内容通常牵连甚广，不只是单纯的一项或两项。在有些大型的谈判中，最高纪录的议题便多达70项。当谈判内容包含多项主题时，可能有某些项目已谈出结果，某些项目却始终无法达成协议。这时候，你可以这么“鼓励”对方，“看，许多问题都已解决，现在就剩这些了。如果不一并解决的话，那不就太可惜了吗?”这就是一种用来打开谈判僵局的说法，它看来虽稀松平常，实则却能发挥莫大的效用，所以值得作为谈判的利器，广泛地使用。

牵涉多项讨论主题的谈判，更要特别留意议题的重要性及优先顺序。

9. 声东击西

这一策略在于把对方的注意力集中在采购方不甚感兴趣的问题上，使对方增加满足感。

具体的运用方法是，如果谈判人员认为对方最注重的是价格，而己方关心的是交货时间，那么我们进攻的方向，可以是付款条件问题，这样就可以支对方从两个主要议题上引开。这种策略如果能够运用得熟练，对方是很难反攻的。它可以成为影响谈判的积极因素，而不必负担任何风险。

10. 金蝉脱壳

当谈判人员发觉他正被迫作出远非他能接受的让步时，他会声明没有被授予达成这种协议的权力。这通常是谈判人员抵抗到最后时刻而亮出的一张“王牌”。在这时，双方都很清楚，这是为了不使谈判破裂。

然而，如果用直截了当的方式使用“职权有限”，这个策略还是有危险性的。因为，为使谈判得以顺利进行，就要求双方共同以适当的速度朝着预期的方向努力，要求共同交换条件，共同得到满足，共同作出让步。

11. 欲擒故纵

在一个由两人组成的谈判小组中，其中一个成员在谈判的初始阶段起主导作用，另一个人在结尾阶段扮演主角。这样做的好处，在于洽谈开始时，小组某一成员(硬派)则保持沉默，寻找解决问题的办法，然后建议作出让步。这当然须在不会损害第一个主人的“面子”的原则下。这样做的不利之处，在于使谈判工作更加复杂化。因为按上述做法行事，两个谈判人员要密切配合，这是很费力的事情。

这个策略是很难对付的。相应的反措施是：首先，另一方应该放慢让步速度，不要很快就在持强硬态度的人面前让步。但是，当持温和态度的人上场演主角时，若要使对方作出过分的让步是很困难的。

12. 缓兵之计

谈判进行了一段时间以后，可以休息5至10分钟。在休息期间，让双方走出会谈大厅，回顾一下谈判的进展情况，重新考虑自己，或者让头脑清醒一下再进入洽谈，这些都是有必要的。

一般情况下，休息的建议是会得到对方积极响应的。休息不仅有利于自己一方，对双方，对共同合作也十分有益。休息是有积极意义的。它使双方有机会重新计划甚至提出新的构想和方案，可以使双方在新的气氛下再聚一堂，使精力和注意力再度集中起来。有人担心休息会有消极作用，担心会破坏刚才的谈判气势，会使良好有效的谈判气氛受到干扰，或者会给对方改变方针的机会。实际上，这种担心是多余的。

13. 草船借箭

采取"假定……将会"的策略，目的是使谈判的形式不拘泥于固定的模式。比如，在谈判中，不断地提出如下种种问题："如果我再增加一倍的定货，价格会便宜一点吗？…如果我们自己检验产品质量，你们在技术上会有什么新的要求吗？"

在试探和提议阶段，这种发问的方法，不失为一种积极的方式，它将有助于双方为了共同的利益而选择最佳的成交途径。因此，"假定……将会"这个策略，用在谈判开始时的一般性探底阶段，较为有效。

14. 赤子之心

我们讲的"赤子之心"是指向对方透露90%的情况。

有些人认为，在谈判过程中，毫无保留无异于"自杀"。事实却不是如此，这离"自杀"还远着呢！有的谈判人员的性格特别直爽和坦率。他们不但有与对方达成协议的能力，还能够不断地为对方提供情况，提出建设性意见。这种性格很值得奖励，它能使对方与我方积极配合。因此，如果能够把"赤子之心"和"达成协议"的其他技巧联系起来使用，并使其发挥作用，这对双方都是有利的。

15. 走为上策

当谈判小组长认为，双方需要在某种新环境中非正式地见面，用以鼓励为谈判建立一种信任和坦率的气氛的时候，也要采用这种策略。众所周知，"交际场所"里充满了愉快的气氛。这种策略，对于双方重新建立一种合作精神是十分有帮助的，如果有足够时间、机会和新的建议，它能使大家意见合一。这个策略的价值在于：避开正式的谈判场所，把谈判转到轻松的环境中。当然，如果把全部谈判都搬到俱乐部来进行，也是不合宜的。但只要小心谨慎，这不失为一个有效的策略。

思考练习

一、简 答 题

(1) 简述采购谈判策略。

(2) 简述采购谈判的技巧。

(3) 简述采购谈判中议价的技巧。

二、实　　训

实训项目：价格谈判策略和技巧的运用。

实训目的：学习运用价格谈判策略和技巧。

实训背景：

北京现代汽车有限公司生产的索纳塔轿车的轮胎一直是从米其林公司采购的，而另一款价位略低的伊兰特轿车的轮胎则是从固特异公司采购的，因为米其林公司生产的轮胎价格高于固特异轮胎。

现在北京现代汽车有限公司的采购部希望与米其林公司通过采购谈判，进一步合作，将伊兰特轿车也采用米其林的轮胎，但米其林公司给予的报价依然是每只100元，于是双方开始展开谈判（此内容为作者自编，假设北京现代汽车有限公司全年生产伊兰特轿车需要用轮胎4000只，存储费率为10%，供应商报价每只轮胎100元，每次订货成本为50元）。

北京现代汽车有限公司与米其林公司在谈判过程中，在价格上发生争执，北京现代汽车有限公司想让对方降低价格，但米其林公司一直不肯妥协。

实训要求：

将参加实训的学生分成若干谈判小组，分别代表北京现代汽车有限公司和米其林公司，谈判小组运用价格谈判策略和技巧，尽可能为本方争取更多的利益，并使得谈判能获得成功。

任务五 采购合同拟定与管理

内容简介

采购合同管理是采购管理的一个重要方面。本模块主要介绍了合同和采购合同的一些基本知识，采购合同的类型，采购合同管理的内容，包括采购合同的谈判与签订、履行与担保、变更、终止解除、违约责任与索赔等内容。采购合同管理既要明确采购方、供应方的责任和义务，又要有一系列严密的、行之有效的管理手段。

教学目标

1. 知识目标：

(1) 掌握采购合同的内容和编制步骤；

(2) 掌握采购合同管理的内容；

(3) 熟悉采购合同纠纷的处理；

(4) 了解采购合同管理的方法。

2. 技能目标：

(1) 能够熟练进行采购单的编制；

(2) 具备管理采购合同的基本技能；

(3) 能够对合同中出现的纠纷进行妥善处理。

案例导入

2008年至2010年间，甲厂多次向乙厂供应毛条，累计价款1194万余元。双方每次供货、提货时，均记载了买条的数量和价款，但始终未签订书面采购合同，也未约定价款的具体期限。期间，甲厂曾多次向乙厂催收部分货款，但未提出清偿全部货款及利息的要求。与此同时，双方间供、提毛条的业务仍在继续进行；乙厂在提货时也曾多次向甲厂支付过部分货款。至今，两厂间仍有590万余元货款为结清。甲厂遂向法院提起诉讼，要求乙厂清偿全部货款和利息，并赔偿其经济损失。

引导思路

(1) 你认为甲乙两厂的买卖行为有合同吗？

(2) 你从本案例中得到哪些启示？

项目一 采购合同的拟定与签订

教学要点

(1) 掌握采购合同拟定的内容和形式；

(2)了解采购合同签订的过程；

(3)分组讨论合同签订过程中应注意的问题。

教学方法

可采用讲授、情境教学、案例教学和分组讨论等方法。

采购合同是经济合同的一种。采购合同在社会经济生活中是最常见、最基本、最典型的商品交换形式和法律关系，它在国民经济各个环节中起着重要的桥梁和纽带作用。

一、采购合同的概念

1. 合同的概念

合同也叫契约，有广义、狭义之分。广义的合同是指发生一定债权债务的协议；狭义的合同是双方当事人之间为实现某特定目的而确定、变更、终止双方债权债务关系的协议。

2. 合同的特点

(1)订立合同的双方当事人法律地位平等。

这是合同作为民事法律关系的一个重要特征。当事人法律地位平等，首先，要求主体双方在乎等的基础上充分协商，自愿订立合同。合同的内容要反映当事人的真实意志，而不允许一方当事人强迫对方与自己订立合同。其次，合同当事人无论是法人、其他组织还是公民，也无论其所有制和隶属关系如何，在订立合同时双方的法律地位也都是平等的。再次，法律地位平等还要求合同当事人双方平等地享受权利承担义务。

(2)合同是双方当事人之间意思表示一致的结果。

(3)订立合同是一种法律行为，合同的内容必须合法，否则合同自始至终无效。

(4)合同具有法律约束力，双方必须全面履行合同所规定的各自义务。

合同的法律效力主要表现在两个方面：一是合同一经依法成立，就受到国家法律的保护，当事人必须全面履行；二是对于依法成立的合同，当事人任何一方均不得擅自变更或解除，否则就要承担违约责任。

3. 经济合同

是指法人之间、法人与其他经济实体之间或其他经济实体之间为实现一定的经济目的，明确相互间权利义务关系的协议。

经济合同的特征是：

(1)经济合同的主体主要是法人。法人是具有民事权利能力和民事行为能力的，依法独立享有民事权利和承担民事义务的组织。这里的法人主要是指企业法人。

(2)经济合同是为实现一定经济目的而鉴定的协议，因此，经济合同区别于一般的民事合同。经济合同是有偿合同。

(3)经济合同一般都应采取书面形式。

经济合同受到国家经济政策的影响。

4. 商业合同

是指零售企业在经营活动中，其他企业(生产企业、其他零售企业、交通、银行等)，为实现一定经济目的，明确相互权利义务关系，自愿平等签订的一种具有法律效力的书面契约。

5. 采购合同

采购合同是供需双方在进行正式交易前为保证双方的利益,对供需双方均有法律约束力的正式协议,有的企业也称之为采购协议。这是指物资流通企业根据市场需要,向物资的生产企业或其他物资流通企业购买某种物资而签订的协议。物资的采购方向物资出卖方支付一定量的金额,而物资的出卖方按照约定时间、期限、数量与质量、规格交付物资给采购方。物资采购有时涉及订购物资的生产周期较长,因此物资采购合同的期限一般较长,有时是分期分批地成交。

采购合同具有合同的一般法律特征,这些特征表现了合同的共同属性。但是,采购合同还具有自己的个别属性,或叫特征,使其又与其他种类的合同相区别。采购合同主要有以下特征:

(1)物流采购合同是转移财产所有权或经营权的合同。

所谓转移所有权是指双方当事人在采购合同中,约定一方当事人在交付物资时,同时将该物资的财产所有权(即占有权、使用权和处分权)转移给另一当事人。这样,一方当事人就失去所有权,而另一方当事人获得所有权,所谓转移经营权是指在国有企业之间发生采购合同关系时,由于财产属于全民所有,因此,一方交付物资,只是向对方转移财产的经营管理权,所有权仍属于国家:这一特征是物流采购合同的主要的和本质的法律特征。

(2)物流采购合同是典型的双务有偿合同。

所谓双务合同是指合同当事人双方相互享有权利、互相负有义务的合同。在物流采购合同中,一方的权利,正是对方的义务,反之亦然。所谓有偿合同是指双方当事人要按照等价有偿的原则,一方须给予对方相应的利益方可取得自己的利益。如果一方不给予对方相应的利益就无权取得对方的相应利益。

(3)采购合同是诺成合同。

所谓诺成合同是指双方当事人意思表示一致即告成立的合同。也就是说,双方当事人就采购合同的主要条款,通过协商取得一致意见,合同即告成立。此外,根据法律规定或当事人约定,须经鉴证、公正或主管机关核准登记,才能产生法律效力的合同,通常认为也是诺成合同。

(4)物品采购合同的主体比较广泛。

从国家对物品流通市场的管理和物品采购的实践来看,除生产企业外,流通企业也是物品采购合同的重要主体,其他社会组织和具有法律资格的自然人也是物品采购合同的主体。

(5)物品采购合同与物品流通过程密切联系。

物品流通是社会再生产的重要环节之一,对国民经济和社会发展有着重大影响,重要的工业品生产资料的采购关系始终是国家调控的重要方面。采购合同是物品采购关系的一种法律形式,它以物品采购这一客观经济关系作为设立的基础,直接反映物品采购的具体内容,与物品流通过程密切相连。

二、采购合同的种类

采购合同的分类方法很多,从不同的角度可以进行不同的分类。

1. 按采购合同的主体分类

按采购职能的范围和目标分类可分为:商业采购合同、政府采购合同和制造业采购合同。

商业采购是商业领域为转售而进行采购和储存货物，是以赢利为目的，如批发商、零售商的进货采购等。商业采购中最大的部分是零售贸易采购，它将大宗货物从农场或工厂采购过来然后销售给最终消费者。采购是所有商品零售组织中极其重要的职能。

政府采购是指中央和地方政府以及其他公共服务部门，为提供公共服务而采购，不以转售和赢利为目的。

制造业采购是为了制造、加工货物或材料进行采购和销售。采购也是制造业中的重要环节，制成品的大部分成本来自于所采购的原料。

2. 按采购标的物的产业归属分类

(1)工矿产品采购合同。工矿产品采购合同是指当事人就采购工矿产品而明确双方权利义务关系所签定的合同。

(2)农副产品采购合同。农副产品采购合同是指当事人就采购农副产品而明确双方权利义务关系所签定的合同。

(3)易货贸易合同。易货贸易合同指当事人双方就以货换货，而明确双方权利义务关系所签定的合同。

(4)补偿贸易合同。补偿贸易合同是指当事人用提供设备或技术的方式换取该设备或技术生产的产品进行补偿所签订的明确双方权利义务关系的合同。

(5)特殊采购合同。这主要指样品采购、试用采购、分期付款采购、拍卖和连续供货采购合同等。

三、采购合同的内容和形式

(一)采购合同的内容

一份完整的采购合同包含了很多内容，从大的方面来讲包括三部分：首部、正文和尾部。

1. 首部的主要内容

(1)合同名称，如设备采购合同；

(2)合同编号；

(3)采购双方的企业名称；

(4)签约地点；

(5)签约时间；

(6)合同序言等。

2. 正文的主要内容

(1)商品名称

商品名称是指所要采购物品的名称。

(2)品质规格

品质是指商品所具有的内在质量与外观形态的结合，包括各种性能指标和外观造型。该条款的主要内容有技术规范、质量标准、规格和品牌等。

品质控制的方法有两种：一是使用实物或样品，二是使用设计图纸或说明书。在使用实物或样品确定商品品质时，供应商提供的物品品质要与样品的品质完全一致；使用设计图纸或说明书来确定商品品质时，供应商提供的物品品质要符合设计图纸或说明书的要求。

(3)数量

数量是指用一定的度量制度来确定买卖商品的重量、个数、长度、面积、容积等。该条款的主要内容有交货数量、单位、计量方式等,必要时还应该清楚地说明误差范围及交付数量超出或不足等。

(4)单价与总价

价格是指交易物品每一计量单位的货币数值。如一台计算机6000元。该条款的主要内容包括计量单位的价格金额、货币类型、国际贸易术语(如FOB、CIF、CPT等)、物品的定价方式(固定价格、变动价格等)。

(5)包装

包装是为了有效地保护商品在运输存放过程中的质量和数量,并有利于分拣和环保而把货物装进适当容器的操作。该条款的主要内容有包装标志、包装方法、包装材料要求、包装容量、质量要求、环保要求、规格、成本、分拣运输成本等。

(6)装运

装运是把货物装上运输工具并运送到交货地点。该条款的主要内容包含有运输方式、装运时间、装运地与目的地、装运方式(分批、转运)和装运通知等。在FOB、CIF和CFR合同中,卖方只要按合同规定把货物装上船或者其他运输工具,并取得提单,就算履行了合同中的交货义务。提单签发的时间和地点即为交货时间和地点。

(7)到货期限

到货期限是指约定的到货最晚时间,到货期限要以不延误企业生产为标准。

(8)到货地点

到货地点是货物到达的目的地。到货地点的确定并不一定总是以企业的生产所在地为标准,有时为了节约运输费用,在不影响企业生产的前提下,也可以选择交通便利的港口等。

(9)付款方式

国际贸易中的支付是指采用一定的手段,在指定的时间、地点、使用确定的方式方法支付货款,付款条款的主要内容有支付手段、付款方式、支付时间、支付地点。

(10)保险

保险是企业向保险公司投保,并交纳保险费;货物在运输过程受到损失时,保险公司向企业提供经济上的补偿。该条款的主要内容包括确定保险类别及其保险金额,指明投保人并支付保险费。根据国际惯例,凡是按照CIF和CIP条件成交的出口物资,一般都有供应商投保;按照FOB、CFR和CPT条件成交的进口物资由采购方办理保险。

(11)商品检验

商品检验是指商品到达后按照事先约定的质量条款进行检验,对于不符合要求的产品要及时处理。

(12)纷争与仲裁

仲裁条款是以仲裁协议为具体体现,是指买卖双方自愿将其争议事项提交第三方进行裁决,仲裁协议的主要内容有仲裁机构、适用的仲裁程序、仲裁地点、裁决效力。

(13)不可抗力

不可抗力是指在合同执行过程中发生的、不能预见的、人力难以控制的意外事故,如战争、洪水、台风、地震等，致使合同执行被迫中断。遭遇不可抗力的一方 可因此免除合同责任。不可抗力条款的主要内容包括不可抗力的含义、适用范围、法律后果、双方的权利义务等。

3. 合同的尾部包括：

(1)合同的份数；

(2)使用语言及效力；

(3)附件；

(4)合同的生效日期；

(5)双方的签字盖章。

(二)采购合同的形式

(1)口头合同。

(2)书面合同：合同书、信件、数据电文、确认书。

(3)其他形式：例如某商店安装自动售货机，顾客将规定的货币投入机器内，买卖合同即成立。表 5-1 和 5-2 为采购合同样本。

原材料采购合同

表 5-1

兹有买方　　　公司和卖方　　　公司于　　年　　月　　日 签订合同，各方同意买卖有关商品，并遵守各项条件如下：
1. 商品　　　代码　　　说明　　　备注
2. 原产地　　　生产厂商
3. 质量：
4. 订单安排：
5. 价格及付款　　单价　　币种　　数量范围　　总计
6. 支持与合作：
7. 包装：　　每件数量　　包装方法
8. 发运及交货：
9. 保险：
10. 检验：
11. 索赔：
12. 不可抗力：
13. 违约或取消会员：
14. 纷争解决：
15. 其他：
签字 (买方)　　　(卖方)
日期：

国际贸易合同 表 5-2

商业合同
合同号：
日期：

买方： 电报： 电传：
卖方： 电报： 电传：

按本合同条款，买方同意购入、卖方同意出售下述货品，谨此签约。

1. 品名、规格：
单位、数量、单价、总价、总金额

2. 原产国别和生产厂：
3. 包装：
4. 包装标记：
5. 装运日期：
6. 装运港口：
7. 卸货港口：
8. 保险：装运后由买方投保
9. 支付条件：
10. 单据：海运 空运 航邮
11. 装运：
12. 装运通知：
13. 质量保证：
14. 索赔：
15. 不可抗力：
16. 合同延期和罚款：
17. 仲裁：
18. 附加条件：

四、采购合同的签订

(一) 情景设置

某学校超市准备和一个新的供应商签订采购合同，该供应商是可口可乐的地区代理商。请学生分组，分别扮演学校超市和供应商，模拟采购合同的准备及签订工作。

(二) 技能训练目标

掌握企业签订采购合同的相关技能。

(三) 相关理论知识

采购合同的订立，是买方和卖方双方当事人在平等自愿的基础上，就合同的主要条款经过协商取得一致意见，最终建立起物品采购合同关系的法律行为。

1. 准备工作

合同依法订立后，双方必须严格执行。因此，采购人员在签订采购合同前，必须审查卖方当事人的合同资格、资信及履约能力，按经济合同法的要求，逐条订立采购合同的各项必备条款。

1) 审查资格

为了避免和减少采购合同执行过程中的纠纷，在正式签订合同之前，采购人员首先应审查卖方当事人作为合同主体的资格。所谓合同资格，是指订立合同的当事人及其经办人，必须具有法定的订立经济合同的权利。审查卖方当事人的合同资格，目的在于确定对方是否具有合法的签约能力，这一点直接关系到所签订的合同是否具有法律效力。

(1) 法人资格审查

认真审查卖方当事人是否属于经国家规定的审批程序成立的法人组织。法人是指拥有独立的必要财产、有一定的经营场所、依法成立并能独立承担民事责任的组织机构。判断一个组织是否具有法人资格的标志，主要看其是否持有工商行政管理局颁 发的营业执照。经工商登记的国营企业、集体企业、私营企业、各种经济联合体、实行独立核算的国家机关、事业单位和社会团体，都具有法人资格，都可以成为合法的签约对象。

在审查卖方法人资格时应注意：

没有取得法人资格的社会组织及已被取消法人资格的企业或组织，无权签订采购合同。要特别警惕一些根本没有依法办理工商登记手续或未经批准的所谓"公司"，它们或私刻公章，冒充法人，或假借他人名义订立合同，旨在骗取买方的贷款或定金；同时，要注意识别那些没有设备、技术、资金和组织机构的"四无"企业，它们往往在申请营业执照时弄虚作假，以假验资、以假机构骗取营业执照，虽签订供货合同并收取贷款或定金，但根本不具备供货能力。

(2) 法人能力审查

审查卖方的经营活动是否超出营业执照批准的范围。超越业务范围以外的经济合同，属无效合同。法人能力审查还包括对签约的具体经办人的审查。采购合同必须由法人的代表人或法定代表人授权证明的承办人签订。法人的法定代表人就是法人的主要负责人，如厂长、经理等。他们对外代表法人签订合同。法人代表也可授权业务人员如推销员、采购员作为承办人，以法人的名义订立采购合同。承办人必须有正式授权证明书，方可对外签订采购合同。

法人的代表人在签订采购合同时，应出示身份证明、营业执照或副本；法人委托的经办人在签订采购合同时，应出示本人的身份证明、法人的委托书、营业执照或副本。

2) 审查资信和履约能力

资信，即资金和信用。审查卖方当事人的资信情况，了解当事人对采购合同的履行能力，对于在采购合同中确定权利义务条款，具有非常重要的作用。

(1) 资信审查

具有固定的生产经营场所、生产设备和与生产经营规模相适应的资金，特别是拥有一定比例的自有资金，是一个法人对外签订采购合同起码的物质基础。在准备采购合同签订，采购人员在向卖方当事人提供自己的资信情况说明的同时，要认真审查卖方的资信情况，从而建立起相互依赖的关系。

(2) 履约能力审查

履约能力是指当事人除资信以外的技术和生产能力、原材料与能源供应、工艺流程、加工能力、产品质量、信誉高低等方面的综合情况。总之，就是要了解对方有没有履行采购合同所必需的人力、物力、财力和信誉保证。

如果经审查发现卖方资金短缺、技术落后、加工能力不足，无履约供货能力，或信誉不佳，都不能与其签订采购合同。只有在对卖方的履约能力充分了解的基础上签订采购合同，才能有可靠的供货保障。

审查卖方的资信和履约能力的主要方法有通过卖方的开户银行,了解其债权债务情况和资金情况;通过卖方的主管部门,了解其生产经营情况、资产情况、技术装备情况、产品质量情况;通过卖方的其他用户,可以直接了解其产品质量、供货情况、维修情况;通过卖方 所在地的工商行政管理部门,了解其是否具有法人资格、注册资本、经营范围、核算形式;通过有关的消费者协会和法院、仲裁机构,了解卖方的产品是否经常遭到消费者投诉,是否曾经牵涉到诉讼。对于大批量的性能复杂、质量要求高的产品或巨额的机器设备的采购,在上述审查的基础上,还可以由采购人员、技术人员、财务人员组成考察小组,到卖方的经营加工场所实地考察,以确知卖方的资信和履约能力。采购人员在日常工作中,应当注意搜集有关企业的履约情况和有关商情,作为以后签订合同的参考依据。

2. 采购合同签订的程序

签订采购合同的程序根据不同的采购方式而有所不同,这里主要谈采购合同订立的一般程序。普遍运用的采购合同的签订要经过要约和承诺两个阶段。

1)要约阶段

这是指当事人一方向他方提出订立经济合同的建议。提出建议的一方叫要约人。要约是订立采购合同的第一步,要约应具有如下特征:

(1)要约是要约人单方的意思表示,它可向特定的对象发出,也可向非特定的对象发出。当向某一特定的对象发出要约,要约人在要约期限内不得再向第三人提出同样的要约,不得与第三人订立同样的采购合同。

(2)要约内容必须明确、真实、具体、肯定,不能含糊其辞,模棱两可。

(3)要约是要约人向对方作出的允诺,因此要约人要对要约承担责任,并且要受要约的约束。如果对方在要约一方规定的期限内作出承诺,要约人就有接受承诺并与对方订立采购合同的义务。

(4)要约人可以在得到对方接受要约表示前撤回自己的要约,但撤回要约的通知必须不迟于要约到达。对已撤回的要约或超过承诺期限的要约,要约人不再承担法律责任。

2)承诺阶段

承诺表示当事人另一方完全接受要约人的订约建议,同意订立采购合同的意思表示。接 受要约的一方叫承诺人,承诺是订立合同的第二步。它具有如下特征:

(1)承诺由接受要约的一方向要约人作出。

(2)承诺必须是完全接受要约人的要约条款,不能附带任何其他条件。即承诺内容与要约内容必须完全一致,这时协议即成立。如果对要约提出代表性意见或附加条款,则是拒绝原要约,提出新要约,这时要约人与承诺人之间的地位发生了交换。在实践中,很少有对要约人提出的条款一次性完全接受的,往往要经过反复的业务洽谈,经过协商,取得一致的意见后,最后达成协议。

供需双方经过反复磋商,经过要约与承诺的反复,形成具有文字的草拟合约,再经过签订合同和合同签证两个环节,一份具有法律效力的采购合同便正式形成了。签订合同是在草拟合约确认的基础上,由双方法定代表签署,确定合同的有效日期。合同签证是合同管理机关根据供需双方当事人的申请,依法证明其真实性与合法性的一项制度。在订立采购合同时,特别是在签订金额数目较大及大宗商品的采购合同时,必须经过工商行政管理部门或立约双方的主管部门签证。

3）写合同文本

4）行签约手续

5）请签证机关签证

有的经济合同，法律规定还应获得主管部门的批准或工商行政管理部门的签证。对没有法律规定必须签证的合同，双方可以协商决定是否签证或公证。

3. 采购合同签订的形式

1）口头合同形式

即指合同双方当事人只是通过语言进行意思表示，而不是用文字等书面表达合同内容而订立合同的形式。采用口头形式订立物品采购合同的优点是：当事人建立合同关系简便、迅速，缔约成本低。但这类合同发生纠纷时，当事人举证困难，不易分清责任。

《合同法》在合同形式的规定方面，放松了对当事人的要求，承认多种合同形式的合法性，将选择合同形式的权利交给当事人，对当事人自愿选择口头形式订立物品采购合同的行为予以保护，体现了合同形式自由的原则，这与旧合同法的规定有很大不同。但是《合同法》同时规定："法律规定采用书面形式的合同，必须采用书面形式。"这是法律从交易安全和易于举证的角度考虑，对一些重要合同要求当事人必须签订书面合同。

2）书面合同形式

《合同法》明确规定："书面形式是指合同书、信件和数据电文（包括电报、电传、传真、电子数据交换和电子邮件）等可以有形地表现所载内容的形式。"简单地说，书面形式是以文字为表现形式的合同形式。所谓"有形地表现所载内容"是相对于口头形式而言的，口头合同只有当事人内心知道合同内容，如果不告知，外界无法知道合同内容；而书面合同不同，人们只要看到书面载体，就会了解合同的内容。书面合同的优点是：有据可查、权利义务记载清楚，便于履行，发生纠纷时容易举证和分清责任。

书面合同是物品采购实践中采用最广泛的一种合同形式。《合同法》规定："法律、行政法规规定采用书面形式的，应当采用书面形式；当事人约定采用书面形式的，应当采用书面形式。"可见，书面形式是一种十分重要的合同形式。

3）其他合同形式

是指除口头合同与书面合同以外的其他形式的合同，主要包括默示形式和推定形式。

（四）技能训练准备

（1）学生为两个小组，每小组选一名组长；

（2）教师现场指导；

（3）训练时间安排：1 学时。

（五）技能训练步骤

（1）以每组为单位，展开对签订采购合同的准备工作和签订工作的讨论。

（2）相应准备工作做好后，两小组开始采购合同的签订工作。

（3）各小组对本次的工作过程进行总结。

（4）教室各小组情况进行总评。

（六）技能训练注意事项

（1）认真讨论，形成讨论结果。

（2）讨论的结论要有条理、有依据。

思考练习

一、简　答　题

(1)采购合同由哪几部分组成?

(2)采购合同主要有哪些形式?

(3)简述采购合同订立的过程。

二、案 例 分 析

某电视机购销合同

北京某电视机公司推销员张三与南京某家电百货公司采购员李四在参加广交会时候，双方对空调买卖达成一致，就在广州签订了以下合同:

供方:北京蓝天电视机有限公司 上海分公司

签订地点:广州市　　需方:南京白云百货有限公司家电中心

签订时间:2010 年 4 月 18 日

第一条　产品名称、商标、型号、数量、金额、供货时间及数量:

电视机　蓝天牌　32 寸液晶　100 台　1500 元/台　150000 元　争取三季度交货

第二条　质量要求技术标准:

按有关标准执行。

第三条　供方对质量负责的期限、条件:

按国家有关规定执行。

第四条　交(提)货方式:

供方仓库交货。

第五条　运输方式及到达站(港)的费用负担:

需方负责。

第六条　合理损耗计算方法:

无。

第七条　包装标准、包装物的供应与回收和费用负担:

空白。

第八条　验收方式及提出异议期限

当场验收合格后 10 天。

第九条　随机备品、配件工具数量及供应办法:

配件为:每台电视机遥控器 1 件。

第十条　结算方式及期限:

贷款提货,现金结算。

第十一条　如需提供担保,另立合同书担保书,作为本合同附件。

第十二条　违约责任:

需方应当预付定金款 50000 元,违约金 30000 元。违约方负责赔偿对方全部经济损失。

第十三条　解决合同纠纷的方式:

按照合同法执行。

第十四条　其他约定事项：无。

思考题：

(1)请同学们分组讨论，上述合同有哪些不足之处？

(2)请根据所学到的知识拟定一份新的合同。

项目二　采购合同管理

教学要点

(1)掌握采购合同管理的内容；

(2)分小组讨论采购合同管理过程中应注意的问题。

教学方法

可采用讲授、情境教学、案例教学和分组讨论等方法。

采购合同的管理的内容

(一)情景设置

某学校的超市和可口可乐供应商签订采购合同到期了。在续签合同前，供应商提出由于物价的上涨，要求变更原来的采购合同。请学生扮演学校超市方，分析本次采购合同续签时应注意的问题，并总结在合同管理时应采取什么措施来使得自己的利益受到保护。

(二)技能训练目标

掌握采购合同管理的方法和技巧。

(三)相关理论知识

1. 采购合同管理

采购合同管理涉及从合同签订到合同终止期间内，供应商或者采购方的关于合同的所有活动。合同管理的目标是解决合同期间出现的任何问题，确保供应商履行合同规定的义务。

(1)加强采购合同签订的管理。加强对采购合同签订的管理，一是要对签订合同的准备工作加强管理，在签订合同之前，应当认真研究市场需要和货源情况，掌握企业的经营情况、库存情况和合同对方单位的情况，依据企业的购销任务收集各方面的信息，为签订合同、确定合同条款提供信息依据。另一方面是要对签订合同过程加强管理，在签订合同时，要按照有关的合同法规规定的要求，严格审查，使签订的合同合理合法。

(2)建立合同管理制度。合同管理机构和管理制度是用来保证合同的履行，企业应当设置专门机构或专职人员，建立合同登记、汇报检查制度，以统一保管合同、统一监督和检查合同的执行情况，及时发现问题，采取措施，处理违约，提出索赔，解决纠纷，保证合同的履行。同时，可以加强与合同对方的联系，密切双方的协作，以利于合同的实现。

(3)处理好合同纠纷。当企业的经济合同发生纠纷时，双方当事人可协商解决。协商不成时，企业可以向国家工商行政管理部门申请调解或仲裁，也可以直接向法院起诉。

(4)信守合同，树立企业良好形象。合同的履行情况好坏，不仅关系到企业经营活动的顺利进行,而且也关系到企业的声誉和形象。因此,加强合同管理,有利于树立良好的企业形象。

2. 采购合同的变更和解除

当一方要求变更基础合同时,在新的协议未达成之前,原合同仍然有效。要求变更或解除合同的一方应采取书面形式及时通知对方。对方在接到通知后15天内(另有规定或当事人另外商定期限者除外)予以答复,逾期不答复的视为默认。

变更或解除合同的日期,以双方达成协议的日期为准;须报经上级主管部门批准的,以批准日期为准。

另外,签订合同有笔误需要修正的,须经双方协商同意后才生效。

3. 采购合同的履行

订立采购合同的目的是让买卖双方的行为都受到一定约束以保护双方的利益不受侵害,一份好的采购合同对双方都是平等的、公正的。

1)采购合同的履行的一般规则

采购合同生效后,当事人就质量、价款、履行期限和地点等内容没有约定或者约定不明确的,可以协议补充,不能达成补充协议的,按照合同有关条款或者交易习惯确定。如果按照合同有关条款或者交易习惯不能确定的,适用以下规定:

(1)质量要求不明确的,按照国家标准行业标准履行;没有国家标准、行业标准的,按照通常标准或者符合合同目的的特定标准履行。

(2)价格或者报酬不明确的,按照订立合同时履行的市场价格履行;依法应当执行政府定价或者政府指导价的,按规定履行。

(3)履行地点不明确的,在履行义务一方所在地履行。

(4)履行期限不明确的,债务人可以随时履行,债权人也可以随时要求履行,但应当给对方必要的准备时间。

(5)履行方式不明确的,按照有利于实现合同目的的方式履行。

(6)履行费用的负担不明确的,由履行义务一方负担。

2)采购合同标的物的权属转移

(1)标的物的交付时间依据《合同法》规定,按照下列规定处理:

①送货标的物的交付时间。卖方负责标的物送货的,应以卖方将标的物送到指定地点交买方接收的时间为标的物交付时间,此时标的物所有权随之转移。

②代运代邮标的物的交付时间。卖方代办运输或代邮的,卖方办理完托运或者邮寄手续的时间为标的物的交付时间。

③提货标的物的交付时间。买方自己提货的,应以卖方通知和买方提货的实际日期为标的物的交付时间。

④事先占有标的物的交付时间。标的物在订立合同之前已为买方占有的,双方在合同中约定的交付时间即为标的物的交付时间。如合同没有约定的,合同生效即为标的物的交付时间。

⑤必须履行特定手续的标的物的交付时间。法律要求必须履行特定手续的,以履行完特定手续时间为标的物的交付时间。

(2)确定标的物交付地点依据《合同法》按照下列步骤进行:

①当事人在合同中有约定的,以其约定。

②当人事未约定或约定不明确的,可以协议补充。

③达不成协议补充的,当事人可以根据合同的有关条款或交易习惯确定交付地点。

④按照以上方法均不能确定交付地点的，且合同标的物不需要运输的，以卖方将标的物交给第一承运人的地点为交付地点。

按照以上方法均不能确定交付地点，且合同标的物不需要运输的，如果当事人在订立合同时知道标的物在某一地点，则该地点为交易地点；当事人不知道标的物的在某一地点的，则以订立合同卖方营业地点为交付地点。

3）标的物质量、数量、包装条款的履行

（1）标的物质量条款的履行

关于标的物质量条款的履行，应首先以当事人在合同中的约定为准，如没有明确约定，但出卖人提供了质量说明的，该说明可以作为质量要求。另外，出卖人的产品介绍，产品说明书等，均构成对标的物的质量的明示担保，如果实际交付的标的物与这些说明不符，即构成违约。

（2）标的物量条款的履行

在采购合同的履行中，出卖人多交付标的物的，买受人可以有两种处理办法：第一，接收出卖人多交付的标的物，此时买受人应当按照合同约定的价格支付多交付标的物的货款；第二，拒绝接收出卖人多交付的标的物，此时买受人应及时通知出卖人。

（3）标的物包装条款的履行

当事人应在合同中对标的物的包装要求作出明确规定，没有约定或约定不明确的，可以协议补充，达不成补充协议的，按照交易习惯的确定；仍不能确定的，卖方有义务提供通用的包装方式，没有通用包装方式的，卖方有义务提供足以保护标的物的包装方式，如因卖方提供的包装不符合要求导致标的物损坏的，卖方应承担责任。

（四）技能训练准备

（1）学生分为两个小组，每个小组选一名组长；

（2）教师现场指导；

（3）训练时间安排：1 学时。

（五）技能训练步骤

（1）以每组为单位，展开对本次合同变更和管理的讨论。

（2）两个小组分别代表超市方和供应商模拟演练本次合同的变更过程。

（3）模拟完后，两个小组派代表进行总结陈述。

（4）教师对两个小组完成情况进行评价。

（六）技能训练注意事项

（1）认真讨论，形成讨论结果。

（2）讨论的结论要有条理、有依据。

思考练习

一、简　答　题

（1）采购合同管理的内容包括哪几个方面？

（2）采购合同的履行包括哪几个方面？

（3）采购合同的变更应注意哪些问题？

二、案 例 分 析

2010 年 12 月 15 日，江苏省某县土特产品公司（需方）和山东省某项贸易公司（供方）的业务员王某和李某在本单位法定代表人的授权范围内签订了一份购销红枣合同。合同约定供方向需方提供红枣 2 万千克，单价每千克 1.28 元，总价款为 25600 元，质量标准为混合等级；在合同订立后 10 天内交货，由供方发货，交货地点为山东省某县东关火车站；红枣的质量和数量由需方在交货车验收站验收，过秤为准，标包发货。

合同订立后，双方开始着手合同的履行。从 2010 年 12 月 20 日起，双方在交货地点对货物进行了验收、过秤、标包。供方分别于 2010 年 12 月 27 日和 2011 年 1 月 4 日两次向需方发出已验收的红枣 299 包，共计 2 万千克。需方于 2011 年 1 月 7 日和 2011 年 1 月 14 日分别收货后，发现红枣存在严重的质量问题。经推销，仅销出 1.3 万千克，其余 7000 千克因质量问题销不出去，发生霉烂，共计损失货款 8960 元。2011 年 2 月 20 日供方因不满需方不付款便发电催讨货款。需方在 2011 年 3 月 4 日复函，以“红枣质差、腐烂”为由拒付货款，供方无奈，遂诉至人民法院，要求：（1）需方立即偿付全部货款及预期利息。（2）支付违约赔偿金 5000 元。

需方辩称：不付款的理由是供方的货物不符合质量要求，给需方造成很大的经济损失。现愿意支付推销出去的那部分货款，损失部分的货款不予支付。另外，违约金在合同中没有约定，因而没有支付的理由，供方的损失和自己的损失相抵消，故拒绝赔偿。

思考题：

（1）需方的要求是否合理？

（2）试述采购合同履行的一般规则。

项目三　采购合同纠纷处理

教学要点

（1）利用网络，收集有关采购合同纠纷管理的相关资料；

（2）分小组讨论关于解决采购合同纠纷的方法和技巧。

教学方法

可采用讲授、情境教学、案例教学和分组讨论等方法。

争议与索赔的处理

（一）情景设置

学校超市和一个面包生产厂商签订了面包的采购合同。按合同约定生产厂商提供给超市的某款面包单价是 5 角钱一个，现生产厂商以成本上升为由要求将单价提高至 7 角钱。请帮助该超市解决这次的合同纠纷问题。

(二)技能训练目标

掌握采购合同管理的方法和技巧。

(三)相关理论知识

1. 违约责任

在采购过程中,买卖双方往往会因彼此之间的责任和权利问题引起争议,并由此引发索赔、理赔、仲裁及诉讼等。为了防止争议的产生,并在争议发生后能获得妥善的处理和解决,买卖双方通常都在签订合同时,对违约后的索赔、免责事项等内容事先作出明确规定。

这些内容反映在合同内,就是违约责任条款。

采购业务中处理好争议和索赔是一项重要工作。索赔一般有三种情况:买卖双方间的贸易索赔,向承运人的运输索赔,向保险人的保险索赔。

当采购合同履行过程中,采购商品未能按合同要求送达采购方时,首先应分清是供、需方责任还是运输方责任,认清索赔对象。

1)违反采购合同的责任

供方的责任主要有以下两个方面的内容:

(1)商品的品种、规格、数量、质量和包装等不符合合同的规定,或未按合同规定日期交货,应偿付违约金、赔偿金。

(2)商品错发到货地点或接货单位(人),除按合同规定负责运到规定的到货地点或接货单位(人)外,并承担因此而多支付的运杂费;如果造成逾期交货,偿付逾期交货违约金。

需方的责任有以下三个方面的内容:

(1)中途退货应偿付违约金、赔偿金。

(2)未按合同规定日期付款或提货,应偿付违约金。

(3)错填或临时变更到货地点,承担因此多支出的费用。

2)违反货物运输合同的责任

当商品需要从供方所在地托运到需方收货地点时,如果未能按采购合同要求到货,应分清是货物承运方责任还是托运方责任。

承运方的责任主要有以下五方面内容:

(1)不按运输合同规定的时间和要求发运的,偿付托运方违约金。

(2)商品错运到货地点或接货人,应无偿运至合同规定的到货地点或接货人;如果货物运到时已逾期,偿付逾期交货的违约金。

(3)运输过程中商品的灭失、短少、变质、污染、损坏,按其实际损失(包括包装费、运杂费)赔偿。

(4)联运的商品发生灭失、短少、变质、污染、损坏,应由承运方承担赔偿责任的,由终点阶段的承运方按照规定赔偿,再由终点阶段的承运方向负有责任的其他承运方追偿。

(5)在符合法律和合同规定条件下的运输,由于下列原因造成商品灭失、短少、变质污染、损坏的,承运方不承担违约责任:如不可抗力的地震、洪水、风暴等自然灾害;商品本身的自然性质;商品的合理损耗;托运方或收货方本身的过错。

托运方的责任主要有以下三个方面的内容:

(1)未按运输合同规定的时间和要求提供运输,偿付承运方违约金。

(2)由于在普通商品中夹带、匿报危险商品,错报笨重货物重量等而招致商品摔损、爆炸、腐蚀等事故,承担赔偿责任。

(3)罐车发运的商品,因未随车附带规格质量证明或化验报告,造成收货方无法卸货时,托运方需偿付承运方卸车等费用及违约金。

3)已投财产保险时,保险方的责任

对于保险事故造成的损失和费用,在保险金额的范围内承担赔偿责任。被保险方为了避免或减少保险责任范围内的损失而进行的施救、保护、整理、诉讼等所支出的合理费用,依据保险合同规定偿付。

2. 索赔和理赔应注意的问题

发生合同争议后,首先分清责任属供方、需方,还是运输方。如需方在采购活动中因供方或运输方责任蒙受了经济损失,就可以通过与其协商交涉,进行索赔。索赔和理赔既是一项维护当事人权益和信誉的重要工作,又是一项涉及面广、业务技术性强的细致工作。因此,提出索赔和处理理赔时,必须注意下列问题:

(1)索赔的期限。索赔的期限是指,争取索赔的当事人向违约一方提出索赔要求的违约期限。关于索赔期限,《合同法》有规定的必须依法执行;没有规定的,应根据不同商品的具体情况作出不同的规定。如果逾期提出索赔,对方可以不予理赔。一般地说,农产品、食品等索赔期限短一些,对于一般商品索赔期限长一些,机器设备的索赔期限则定得更长一些。

(2)索赔的依据。提出索赔时,必须出具因对方违约而造成需方损失的证据(保险索赔另外规定),当争议条款为商品的质量条款或数量条款时,该证明要与合同中检验条款相一致,同时出示检验的出证机构。如果索赔时证据不全、不足或不清,以及出证机构不符合规定,都可能遭到对方的拒赔。

(3)索赔额及赔偿办法。关于处理索赔的办法和索赔的金额,除了个别情况外,通常在合同中只做一般笼统的规定,而不做具体规定。因为违约的情况较为复杂,当事人在订立合同时往往难以预计。有关当事人双方应根据合同规定和违约事实,本着平等互利和实事求是的精神,合理确定损害赔偿的金额或其他处理的办法,如退货、换货、补货、整修、延期付款、延期交货等。

当商品因质量出现与合同规定不符造成采购方蒙受经济损失时,如果违约金能够补偿损失,则不再另行支付赔偿金;如违约金不足以抵补损失,还应根据所蒙受经济损失的情况,支付赔偿金以补偿其差额部分。

国际贸易中发生索赔时,根据联合国际货物销售合同规定:一方当事人违反合同应付的损害赔偿额,应与另一方当事人因其违反合同而遭受的包括利润在内的损失额相等;如果合同被宣告无效,而在宣告无效后一段合理时间内,买方已以合理方式购买替代货物,或者卖方已以合理方式把货物转卖,则要求损害赔偿的一方可以取得合同价格和替代货物交易价格之间的差额。

3. 仲裁

经济仲裁是指签订经济合同的当事人双方发生争议时,如通过协商不能解决,当事人一方或双方自愿将有关争议提交给双方同意的第三者依照专门的裁决规则进行裁决,裁决的结果对双方都有约束力,双方必须依照执行。

当采购方与供应商发生纠纷需要仲裁时,可按照一般的仲裁程序到相应的受理机构提出仲裁申请,仲裁机构受理后,经调查取证,先行调解,如调解不成,进行庭审,开庭裁决。

（四）技能训练准备

（1）学生分为两个小组，每个小组选一名组长；

（2）教师现场指导；

（3）训练时间安排：1 学时。

（五）技能训练步骤

（1）以每组为单位，展开对本次合同纠纷的讨论。

（2）两个小组分别代表超市方和供应商模拟演练本次合同的纠纷解决过程。

（3）模拟完后，两个小组派代表进行总结陈述。

（4）教师对两个小组完成情况进行评价。

（六）技能训练注意事项

（1）认真讨论，形成讨论结果。

（2）讨论的结论要有条理、有依据。

思考练习

一、简 答 题

（1）什么是违约责任？解决合同纠纷主要有哪些方法？

（2）索赔和理赔应注意哪些问题？

二、案 例 分 析

甲乙双方于 2009 年 8 月 12 日签订了一份简单的购销合同，约定乙向甲方购买 50 万米涤纶哔叽。由于当时货物的价格变化大，不便将价格在合同中定死，双方合同价格只写明以市场价而定，同时双方约定交货时间为 2009 年年底，除上述简单约定，合同中便无其他条款。

合同签署后，甲方开始组织生产，到 2009 年 10 月底甲方已经生产 40 万米的货物，为防止仓库仓储货物过多，同时为便于及时收取部分货款，甲方遂电告乙方，要求向乙方先交付已生产的 40 万米货物，乙方复函表示同意，货物运至乙方后，乙方根据相关验收标准进行了初步验收，认为货物中有跳丝、接头太多，遂提出产品质量问题，但乙方同时认为考虑到该产品在市场上仍有销路，且与甲方有多年的良好合作关系，遂同意接受这批货物，并对剩余的 10 万米提出了明确的质量要求。在收取了货物的 15 天后，乙方向甲方按 5 元/米的价格汇去了 200 元人民币货款。甲方收到货款后，认为价格太低，提出按照市场价格 6.5 元/米，按照双方合同中约定的价格确定方式，乙方应该按照市场价格 1.5 元/米补足全部货款，但是乙方一直未予回复。

2009 年 12 月 20 日，甲方向乙方发函提出剩下货物已经生产完毕，要求发货并要求乙方补足第一批货物货款。乙方提出该批货物质量太差，没有销路，要求退回全部货物。双方因此发生纠纷并诉至法院。

思考题：

（1）案例中甲乙双发在所签订的合同中有哪些问题？

（2）本案例对你有何启示？

任务六 物料验收与不合格品处理

内容简介

在采购活动中，我们要进行详细的市场调查、慎重地选择供应商、有效地谈判以及签订正式的采购合同，我们这样做的目的是为了事前控制，确保采购产品能够达到要求。但是这还不够，采购的产品是否真正符合需求，从接收物料的那一刻起这个最终的检验才开始。在本部分中我们要学习物料接收的程序和方法、物料验收的办法、不合格品的处理措施以及采购货款结算的方式及结算流程。

教学目标

1. 知识目标：

(1)掌握收料的步骤和物料验收的方法；

(2)掌握不合格品的处理办法；

(3)了解采购货款结算的主要方式。

2. 技能目标：

(1)能熟练进行收料操作；

(2)具备验收各种物料的基本技能；

(3)能对验收中出现的不合格物料进行妥善处理；

(4)能对供应商的交货期进行有效的控制；

(5)熟悉常用的采购货款结算方式及流程。

案例导入

某企业进货验收管理办法

第一条　本公司对物料的验收以及入库均依本办法作业。

第二条　待收货。物料管理收货人员于接到采购部门转来已核准的“采购单”时，按供应商、物料类别及交货日期分别依序排列存档，并于交货前安排好存放的库位以利收货作业。

第三条　收货。

1. 内购收货

(1)物料进厂后，收货人员必须依“采购单”的内容，并核对供应商送来的物料名称、规格、数量和送货单及发票并清查数量无误后，将到货日期及实收数量填记于“请购单”，办理收货。

(2)如发觉所送来的物料与“采购单”上所核准的内容不符时，应即时通知采购部门处理，并通知主管，原则上非“采购单”上所核准的物料不予接受，如采购部门要收下该物料时，收货人员应告知三管，并于单据上注明实际收货状况，并会签采购部门。

2. 外购收货

(1)物料进厂后，收货人员即会同检验单位依“装箱单”及“采购单”开柜(箱)，核对物料名称、规格并清点数量，并将到货日期及实收数量填到“采购单”上。

(2)开柜(箱)后，如发觉所载的物料与“装箱单”或“采购单”所记载的内容不同时，通知办理进口人员及采购部门处理。

(3)如发觉所装载的物料有倾覆、破损、变质、受潮等异常时，经初步计算损失将超过5000元以上者，收货人员应即时通知采购人员，联络公证处前来公证或通知代理商前来处理，并尽可能维持异常状态以利于公证作业，如未超过5000元者，则依实际的数量办理收货，并于“采购单”上注明损失数量及情况。

(4)对于由公证或代理商确认、物料管理收货人员开立的“索赔处理单”呈主管核实后，送财务部门及采购部门督促办理。

第四条　货物待验。进厂待验的货物，必须于物料的外包装上贴材料标签并详细注明料号、品名、规格、数量及入厂日期，且与已检验者分开存储，并规划“待验区”用以区分。收货后，收货人员应将每日所收货品汇总填入“进货日报表”以作为入账清单的依据。

第五条　超交处理。交货数量超过“订购量”的部分应予退回，但属买卖惯例，以重量或长度计算的材料，其超交量的3%(含)以下，由物料管理部门于收货时，在备注栏注明超交数量，经请购部门主管(含科长)同意后，始得收货，并通知采购人员。

第六条　短交处理。交货数量未达订购数量时，以补足为原则，但经请购部门主管(含科长)同意者，可免补交，短交如需补足时，物料管理部门应通知采购部门联络供应商处理。

第七条　急用品收货。紧急材料于厂商交货时，若物料管理部门尚未收到“请购单”时，收货人员应先洽询采购部门，确认无误后，始得依收货作业办理。

第八条　货物验收规范。为利于物料检验、收货的作业，质量管理部门就材料重要性及特性等，适时召集使用部门及其他有关部门，依所需的材料质量制定“货物验收规范”，呈总经理核准后公布实施，作为采购及验收的依据。

第九条　货物检验结果的处理。

(1)检验合格的货物，检验人员于外包装上贴合格标签，以示区别。物料管理人员再将合格品入库定位。

(2)不合验收标准的，检验人员于物料的包装上贴不合格标签，并于“材料检验报告表”上注明不良原因，经主管核实处理对策并转采购部门处理及通知请购单位，再送回物料管理部门凭此办理退货，特别采购时则办理收货。

第十条　退货作业。对于检验不合格的货物退货时，应开立“货物交运单”，并附有关的“材料检验报告表”，呈主管签认后，凭此出厂。

第十一条　实施修正。本办法呈总经理核准后实施，修订时亦同。

引导思路

(1)案例中该企业验收的基本步骤是什么？

(2)进货检验时货品质量不合格或数量与订购需求不符应如何处理？

项目一　收料的处理和采购交货期控制表的编制

教学要点

(1)利用网络,收集不同企业包括生产制造企业及流通企业的收料及采购交货控制案例或相关资料;

(2)分析讨论案例或资料中收料的要点及基本步骤;

(3)能够模拟进行收料作业处理及交货期控制。

教学方法

可采用讲授、情境教学、实地参观、案例教学等方法。

一、收料的处理方法

(一)情景设置

收料,顾名思义即是接收来自本企业生产部门生产的半成品、零部件等物资或外部供应商的采购进料。寻找供应商、签订合同固然重要,但是它们都是在为准时准确地物料接收奠定基础,物料按照企业的预期顺利接收才是我们最终的目标。收料的工作至关重要,它决定了企业下一步的生产计划能否顺利进行。因此一定要慎重对待。假如我们是企业的收料员,我们应该如何进行收料处理呢?

(二)技能训练目标

能够正确地履行岗位职责,明确收料的要点,做好收料准备,熟练收料处理的流程。

(三)相关理论知识

1. 物料接收要点

在进行物料接收作业时,采购员应对提早交货作出限制,处理好验收的速度,注意平稳交货的流量,管理好物料的验收,以及对收货绩效进行考核,同时必须避免使供应商的交货期意识降低。

(1)订购信息的处理

订购信息的范围应包含订单内容、替代品、供应商评审等级及生产制造能力等相关资料,资料的分类可以依交易对象、能力、产品等加以区分,其目的是为了有正确的信息。因此,订购信息处理得恰当与否,将影响整个交货期管理的绩效。

(2)限制提早交货

提早交货不仅会使库存增多,而且会扰乱遵守交货期的规定,因此,必须规定明确容许期限的范围,严格加以限制,尤其需避免提前付款。

(3)验收的速度

对于收到的物料必须迅速进行验收。验收的迟滞,不仅会使供应商的交货期意识降低,而且占用验收场地,使物料的下落不够明确,有时候还可能出现由于生锈、腐蚀、变质等而引起品质劣化的情形。因此须明确规定验收作业的程序及时限。

(4)交货流量的平衡

验收部门的编制是固定的，交货时间和物料的流量应尽可能地保持均衡，防止有时候物料堆积如山，验收时间延长，或有时候交货数量很少，造成工作量不平衡的情形。因此，在订购阶段，必须考虑交货时间及数量，避免劳逸失衡。

(5)物料的验收管理

供应商交来的物料，如与订单上记载的数量不符，则不予签收。同时要注意在清点物料数量时，采用分别点收的方法很麻烦。现在多数企业，都利用数箱数或计算秤等来确认物料的数量。另外，经验收后的部分不合格物料，可能需要进行退货、整修再重新交货等的必要作业。

然而，随着JIT、看板方式等的引入，采购员应增强定时购入需要数量的理念，交货则以时、日、周的量处理，因此需增加交货次数、减少每批的交货数量。

(6)绩效管理

采购员可以根据供应商的交货时间设定相应指标借以衡量交货期管理的绩效，其主要指标有以下几种：

①交货延迟率

交货延迟率 = 每月迟延总批数/每月交货总批数 ×100%

②延迟件数率

延迟件数率 = 每月交期迟延件数/每月订单件数 ×100%

③延迟日数率

延迟日数率 = 自订购日起至实际交货日止的日数/自订购日起至合约交货期止的日数 ×100%

不过，对JIT交货来说，供应商绩效指标，还必须包括"每天交货次数"。

2. 物料接收标准

为了对所接收的物料进行有效控制，采购员有必要根据自身所在企业及供应商情况制定一套规范的作业程序及作业标准(表6-1)，在报上级批准后，并让相关部门对之也都有所了解。

××公司物料接收作业标准 表6-1

流 程	作业标准	控制重点	相关文件
采购通知收货部门	1. 采购部门在确定采购内容及交期后应通知仓库 2. 仓库在收到经核对的订购单或请购/验收单时，应依采购类别、数量及日期等预作仓位安排及准备卸货工具(如堆高机、垫板)		1. 请购单 2. 订购单 3. 请购/验收单
供应商交货	1. 供应商应在交货日备妥送货资料、发票(三联式)在指定地点交货 2. 供应商交货时，应依本公司进出厂规定及卸料方式作业，交货卡车、司机或随车人员均应接受执勤警卫监督管理		1. 出入厂管理办法 2. 送货凭证 3. 请购/验收单

续上表

流　程	作业标准	控制重点	相关文件
点收 （核对数量）	1. 卸货完毕后，仓库人员应依请（订）购单据实计数并核对数量 2. 点收无误后，仓库人员应立即开立进货验收单通知质量检验人员进行检验作业		1. 进货验收单 2. 请购/验收单
物料检验作业	1. 质量部收到仓库转来的进货验收单时，应立即派人员至物料暂存区依检验规范实施检验工作 2. 物料检验规范应包括： （1）取样规定及方法 （2）质量标准及检验方法 （3）允收方法 3. 质量部应就检验结果评定物料是正常或异常，并就瑕疵品情形加以复检研判及说明，以作为最后收用与否的参考	1. 属一般性质的物品可由目测判定其规格、质量的，可直接由仓库或采购部门会同使用单位在收货时检验的，不必送质量部检验 2. 不经质量部检验的依合同进行	1. 物料检验规范 2. 瑕疵检验作业规定 3. 物料瑕疵检验报告表
入库记账	检验合格时，质量部应将检验结果通知仓库办理入库。并转记物料库存账卡进货栏内，同时在备注栏内注明进货验收单的号码		物料库存账卡
请款	检验合格时，质量部应将检验结果通知仓库，仓库应将发票及送货有关凭证等转送采购部门办理请款		请款单
索赔	1. 若检验不合格时，则依判定结果办理退款、扣款或索赔的手续 2. 依“与合约不符作业”规定办理		

3. 收料的工作流程

（1）收料预约

供应商在送料前一般要通过打电话或其他形式进行预约，此时仓库收料员应根据送料信息查询对应的采购订单是否有效。若该订单过期，应请供应商与采购部门联系，确认是否能延期或有其他新订单。若该订单有效但未收货，则同意预约。在预约表上填上订单号码、公司名称、物料说明、数量等信息，并向供应商提供一个预约号。

（2）打印收料单

仓库收料员在每天下班前应把第二天要收料的收料单打印出来，并在收料记录本上登记收料单号码、订单号码、公司名称等。

收料单是一次性的自制原始凭证，是购货方对供应商送料或送检时提供的货品所进行描述（名称、数量、来源）的单据，以便于购货方后期对货物分拣、入库、上架管理。收料单既是交接完成的证明，也是报税的依据。收料单主要项目有：供应商名称、单据编号、材料类别、材料编号、材料名称、规格、单位、数量、单价、总价等；企业根据实际收到的原材料进行记录，最后由相关人员进行签字或盖章。

收料单（表6-2）一般为一式多联：一联验收人员留存，一联交仓库保管人员据以登记明细账，一联连同发票交财会部门办理结算。

采购收料单 表6-2

收料日期	工程编号		本单编号	请购部门		订单编号	
年 月 日							
会计科目	品名规格	项次	材料编号	单位	数量	单价	金额
备注				点收	检验	经办部门	
						主管	经办

(3)收料单交仓库主管

供应商送料前，把所有当天要收料的验货单、核查单交仓库主管。

(4)单据收回

仓库主管把已收料的单据交回仓库，整套单据包括收料单、送料单和核查单。

(5)单据核对

①单据是否填写完整。

②送料单、核查单是否已盖章。

③收料单应有核查人的签名，核查单应有卸料员、核查员、供应商、仓库主管的签名，送料单位应有仓库主管的签名。

④比较核查单、收料单的收料单位、收料数量是否一致，若不符，应向相关人员求证核实。

⑤核对完毕后在右上角签字，注明日期。

(6)核对每日收料报告

①仓库员工每天早上整理每日收料报告与昨天的收料单据进行核对。核对时，在报告上找出相应的收料单号码，用荧光笔在报告的订单号、收料单号、物料号上做标记。

②比较收料单的"实收数量"与报告上的"实收数量"是否相符，若不符，查询原因，再做"校正报告"，待部门经理签字后，再校正。

③确认收料单上已收物料的每一项在报告上有显示，若出现某一项遗漏，须填写"校正报告"，待部门经理签字后更正。

④核对报告的收料单标记。

⑤报告核对完，核对人签名，并写上日期。

⑥报告核对完，按日期顺序进行归档。

(7)单据处理、归档

把整套单据(收料单、送料单、核查单)分成两套，其中一套(含送料单原件)交财务部门，并填写"支出单"，另一套(如缺少送料单，请在收料单上注明)按收料单号码归档。

(8)作废收料单处理

供应商预约送料，因特殊原因未能当天送料，应把收料单作废，在收料单和收料记录本上写上"作废"，注明作废原因。

（四）技能训练准备

（1）学生每 6 人为一个小组，每个小组选一名组长；

（2）教师现场指导；

（3）训练时间安排：1 学时。

（五）技能训练步骤

（1）分组准备，分配角色。有供应商的送货员，采购部门经理、仓库主管、收料员、核查员、文档处理员。

（2）各组通过卡片问询法，收集要调研哪些问题，问题汇总后确定要调研的内容。

（3）以组为单位完成收料处理的流程。

（4）每组派一位代表谈模拟心得体会。

（六）技能训练注意事项

（1）分工明确。

（2）态度认真，融入情景。

二、交货期控制

（一）交货期的组成

交货期是指从采购方下达订单至供应商送货至指定地点间的时间间隔。构成交货期的时间由以下几部分构成：

1. 行政作业前置时间

行政作业所包含的时间是存在于采购与供应商之间，共同为完成采购行为所必需进行的文书及准备工作。

在采购方包括了选择或开发供应商；准备采购订单；取得采购授权；签发订单等。

在供应方则包括采购订单进入生产流程；确认库存；客户信用调查；生产能力分析等等。

2. 原料采购前置时间

供应商为了完成客户订单，也需要向他自己的供应商采购必要的原材料，如塑胶、金属原料、纸箱等，需要花费一定的时间。在订单生产型模式下，产品的生产是等收到客户订单之后才开始的。依订单生产的形态，原料的采购占总交期时间相当大的比例。

另需注意的是，供应商的供应商也有处理订单的前置作业时间。组合生产模式下，产品的组合生产也是等客户订单受到后才开始生产，所不同的是一些标准零件或次组装已事先准备妥当。主要标准零配件、材料和次组装已在订单接到之前完成，并放入半成品区。一旦接到订单，即可按客户的要求从标准件或次组装中快速生产出所需产品。而在存货生产型模式下，产品在客户订单收到前已经被作好存入仓库。这种形态的生产对原料采购前置时间的考虑一般很少。通常，下了订单后就可安排运送并知道到货时间。

3. 生产制造前置时间

这是供应商内部的生产线制造出订单上所定货物的生产时间。基本上包括生产线排队时间；准备时间；加工时间；不同工序等候时间以及物料的搬运时间，其中非连续性生产中，排队时间占总时间的一大半。

在订单生产型中，非加工所占时间较多，所需的交期较长。在存货生产型因生产的产品是为未来订单做准备的，采购交期相对缩短。组合生产型对少量多样的需求有快速反应的能力。交期较存货生产型为长,较订单生产型则短。

4. 运送前置时间

当订单完成后,将货物从供应商的生产地送到客户指定交货点所花费的时间为运送前置时间。运送时间的长短与供应商和客户之间的距离、交货频率,以及运输方式有直接关系。

5. 验收与检验前置时间

该时间包括:

卸货与检查时间:主要在检查是否有不完整的出货;数量是否有误;有否明显的包装损坏。

拆箱检验时间:确认交货物料是否与订单一直致;同时检查数量与外观瑕疵。

完成验收文件的时间。

将物料搬运到适当地点的时间。

6. 其他零星的前置时间

包括一些不可预计的外部或内部因素所造成的延误以及供应商预留的缓冲时间。

(二)交货期控制的意义

交货期的长短对产品总成本将产生直接或间接的影响。在物品的采购活动中,采购员并不是发出订单后就万事大吉了,还必须对物品进行跟催,确保供应商在适当的时间内交货。催货是对采购人员来说是再普通不过的事情了。有些采购人员甚至要花费五分之一的工作时间在收效甚微的催货上。事实上,占用采购人员时间还算事小,重要的是交货期长短本身在无形中会对采购成本产生不小的影响。

据国外资料统计,交货期对采购成本造成的影响是:每一周的交期将使采购成本增加1.5%。也就是说,单价10元的产品交期若为一周,则实际对该产品的采购成本应为10.15元。这额外的成本来源于供应商交货期对采购方的安全库存等因素所带来的附加成本。通常,供应商交货期越长,购买方的安全库存量也越大,由此产生的库存成本;管理成本;风险成本;资金成本也越高。因此对交货期的控制非常重要。

(三)交货期控制的方法

1. 制订合理的购进时间

将请购、采购、供应商准备、运输、检验等各项作业所需的时间,予以合理地规划,避免造成供应商爱莫能助,强人所难。

2. 销售、生产与采购部门加强联系

由于市场的状况变化莫测,因此生产计划若有调整的必要,必须告知并征询采购人员的意见,以便采购员对停止或减少采购的数量、应追加或新订的数量,作出正确的判断,并尽快通知供应商,使其减少可能的损失,以提高其配合的意愿。

3. 准备替代来源

供应商不能如期交货的原因颇多,且有些是属于不可抗力。因此,采购员应未雨绸缪,多联系其他来源;平时也可留意寻求相关的替代品,以备不时之需。

4. 预定流程进度

采购员在与供应商签订合同时,应在采购订单或合同中明确规定供应商应编制预定时间流程进度表。

所谓预定时间流程进度表,应包括全部筹划供应作业的时程,例如,企划作业、设计作业、采购作业、工具准备、组件制造、次装配作业、总装配作业、完工试验及装箱交运等全部过程。此外，采购方应明确规定供应商必须编制实际进度表，将进度并列对照，并说明延误原因及改进措施。

5. 加强双方沟通

关于供应商准时交货的管理，采购员还可使用“资源共享计划”，即采供双方应有综合性的沟通系统，使企业的需要一有变动，立即可通知供应商，供应商的供应一有变动，也可通知企业，交货适时问题，即能顺利解决。

6. 利用奖惩

采购员在与供应商签订买卖合约时，就应加重违约罚款或解约责任，使供应商不敢心存侥幸。若需求急迫时，对如期交货的供应商则应向企业申请给予奖励或较优厚的付款条件。

（四）采购交货期控制表

在实践中，制定采购交货期控制表（表6-3）是非常有效的一种办法。采购交货期控制表主要包括供货厂商、预定交货期、实际交货期、延迟天数、实际天数等项目，还包括编号、日期、跟踪人签字等内容。通过该表我们可以指导我们的跟催工作并能对每个供应商的交期进行及时记录并建立相关档案。便于以后对不同的供应商作出不同的采购决策。

如果物品供应进度落后，会影响正常的生产运作，此时要及时采取以下措施：

（1）与供应商联系，得到确切的进货时间。

（2）通过物品控制人员，告知准确的进货时间。

（3）与技术人员和物品控制人员协商，有无替代品。

（4）在必要的情况下改变生产计划。

对一些非常重要的供应商，或者是经常出现问题的供应商，可以往供应商处派驻常驻机构和人员，常驻人员要深入生产线、工序和管理过程，及时发现问题，沟通信息，提出规范要求，进行技术指导、监督检查。对于一般的供应商，可以采取定期和不定期检查的办法，或者由供应商提供检验记录、质量检验报告来进行跟踪管理。

采购交货期控制表 表6-3

编号____________		______月______日至______月______日		
供货厂商	预定交货期	实际交货期	延迟天数	实际天数
跟踪人				

思考练习

一、简答题

（1）物料接收的要点是什么？

（2）简述收料的操作流程。

(3) 交货期控制的方法有哪些?

(4) 交货期控制表的主要内容是什么?

二、案 例 分 析

刘宝红是一位在美国硅谷从事供应链管理的专家。他提到两个故事：

第一个故事：他有一个供应商 C，地处美国东海岸，该供应商的按时交货率一直在 70% 左右徘徊。访问中得知，其生产进度计划编排有问题，但更重要的是，该供应商的主要客户都在航空业，节奏相对半导体行业较慢，对按时交货率的要求也相对较低，或者不像刘先生所在的公司那样严格地统计按时交货率。70% 对刘先生的公司来说绝对不可忍受，但在供应商 C 看来却是“行业标准”。一旦发现认识上的差距，供应商 C 就决心向新的标准迈进，制定的目标是 100% 按时交货。而在刘先生这边，每周都查看该供应商的上周、上月、上季度按时交货率。一有问题，就通知供应商。当然如果其按时交货率一直在 95% 以上，刘先生也适时表扬。这样一年多下来，习惯成自然，供应商 C 内部也养成了按时交货的习惯，其交货率一直在 95% 以上。

第二个故事：刘先生的一个同事管理几十个机械加工件供应商。他设计了一个系统，每周向供应商发出上周的按时交货情况，敦促改进。每周在网上公布供应商的交货、质量状况，供应商管理业务经理也亲自敦促供应商定期查看，与其自己的统计对比。其核心是让供应商知道，买方在统计、管理这些指标，从而能引起他们的注意力。效果也很显著，他们公司采购额五六亿美金，总体按时交货率在 2005 年达到 96%，从而大大提高了公司对其客户的按时交货率。相应地，整体库存在下降，资金周转率大幅提升，公司也成为行业中的佼佼者。

思考题：

(1) 请问以上 2 个故事对你有何启示?

(2) 2 个故事中供应商交货率保持高水平的原因是什么?

项目二　物料验收方法

教学要点

(1) 利用网络，收集不同类型的产品如原材料、半成品及成品的验收资料；

(2) 分析讨论各类性质特点不同的产品食品、日用品、电子产品等验收方法；

(3) 能够进行常见商品的验收作业。

教学方法

可采用讲授、情境教学、案例教学等方法。

一、物料检验的方法和要点

(一) 物料检验的方法

1. 全数检验与抽样检验

检验方法必须与被验产品的特点、检验的成本等相联系。

常见的检验方法有全数检验与抽样检验。全数检验与抽样检验，是按检验的数量特征划分的两种检验方式。

(1)全数检验

全数检验就是对待检产品批百分百地逐一进行检验，又称全面检验或百分百检验。

①全数检验的特点。全数检验存在如下的一些缺点或局限性：

a. 检验工作量大，周期长，成本高，占用的检验人员和设备较多，难以适应现代化大生产的要求。

b. 虽然投入了很大的检验力量，都由于受检个体太多，往往导致每个受检个体检验标准降低，或检验项目减少，因此，反而削弱了检验工作的品质保证程度。

c. 检验的品质鉴别能力受到各种因素的影响，差错难以完全避免。在全数检验中，这个问题往往更加突出。由于错检和漏检的客观存在，全数检查的结果并不像人们想象中的那么可靠。

d. 不能适用破坏性的或检验费用昂贵的检验项目。

e. 对批量大，但出现不合格品不会引起严重后果的产品，全数检验在经济上得不偿失。

②全数检验适用范围。由于上述原因，在品质检验中，如无必要一般不采用全数检验的方式。全数检验常用于下述场合：

a. 精度要求较高的产品和零部件。

b. 对后续工序影响较大的品质项目。

c. 品质不太稳定的工序。

d. 需要对不合格交验批进行百分百重检及筛选的场合。

(2)抽样检验

抽样检验，是按照数理统计原理预先设计的抽样方案，从待检总体（一批产品、一个生产过程等）取得一个随机样本，对样本中每个个体逐一进行检验，获得品质特性值的样本统计值，并和相应标准比较，从而对总体品质作出判断（接受或拒受、受控或失控等）。

①抽样检验的特点。由于抽样检验只检验总体中的一部分个体，其优点是显而易见的。可以认为，全数检验的缺点或局限性恰恰是抽样检验的优点和长处。

然而，抽样检验也有其固有的缺点。抽样检验的缺点主要反映在两个方面。一方面，在被判为合格的总体中，会混杂一些不合格品，或反之；另一方面，抽样检验的结论是对整批产品而言，因此错判（如将合格批判为不合格批而拒收，将不合格批判为合格批而接收）造成的损失往往很大。虽然运用数理统计原理精心设计抽样方案可能减少和控制错判风险，但不可能绝对避免。

②抽样检验适用范围。一般来说，抽样检验适用于全数检验不必要、不经济或无法实施的场合，应用非常广泛。

2. 破坏性检验与非破坏性检验

破坏性检验与非破坏性检验是按检验对象检验后的状态特征划分的检验方式。

(1)破坏性检验

破坏性检验后，受检物的完整性遭到破坏，不再具有原来的使用功能。如寿命试验、强度试验以及爆炸试验等往往是破坏性检验。破坏性检验只能采用抽样检验方式。

(2)非破坏性检验

随着检验技术的发展，破坏性检验日益减少，而非破坏性检验的使用范围在不断扩大。

3. 数量检验和质量检验

数量检验即点收数量，即凭点数或用度量衡器具查明物料的数量；质量检验即检验品质，即凭经验或用简单的仪器，以鉴定或测度物料的外表及内容，或凭物理试验或化学分析，以鉴定或测度物料的性质和成分。

数量检验的方法有：

(1)计数检验

计数检验的计数值品质数据不能连续取值，如不合格数、疵点数、缺陷数等。对于计数值品质数据，若只能按“件”计数时，可称为计件值数据，如一批产品中的不合格品数等；若必须按“点”计数时，可称为计点值数据，如一块布上的疵点数或一个工件表面的缺陷数等。计数值类型的品质特性值的统计规律可用离散型随机变量来描述。在统计品质控制中常见的离散型随机变量有超几何分布、二项分布、泊松分布等。

(2)计量检验

计量检验的计量值品质数据可以连续取值，如长度、容积、重量、浓度、温度、强度等。计量值类型的品质特性值的统计规律可以用连续性随机变量来描述。正态分布是统计品质控制中常见的连续性随机变量。

计数检验适用于品质特性值为计点值或计件值的场合；计量检验适用于品质特性值为计量值的场合。

质量检验方法有：

(1)理化检验

理化检验是应用物理或化学的方法。依靠量具、仪器及设备装置等对受检物进行检验。理化检验通常测得检验项目的具体数值，精度高，人为误差小。

理化检验是各种检验方式的主体，随着现代科学技术的进步，理化检验的技术和装备不断得到改进和发展。如过去的破坏性试验有些已用无损检测手段来代替；钢材化学成分的快速分析小于光谱分析技术的发展而得以实现等。

(2)感官检验

感官检验就是依靠人的感觉器官对品质特性或特征作出评价和判断。如对产品的形状、颜色、气味、伤痕、污损、锈蚀和老化程度等，往往要靠人的感觉器官来进行检查和评价。感官品质的判定基准不易用数值表达，感官检验在把感觉数量化及比较判断时也常受人的自身“个性及状态”的影响。因此，感官检验的结果往往依赖于检验人员的经验，并有较大的波动性。虽然如此，但由于目前理化检验技术发展的局限性以及品质检验问题的多样性，感官检验在某些场合仍然是品质检验方式的一种选择或补充。

(3)实用性检验

某些产品的检验是依据该产品能否达到特定的使用效果或满足特定的使用需求来对产品的质量作出评价和判断。比如某些机电产品及设备等。这些产品的检验有时并不是在很短的时间内就可以完成的，如有的大型设备需要安装运行一段较长的时间后不出现问题才能证明检验合格。

(二)物料验收的要点

1. 确认供应商

物料来自何处，有无错误或混乱，尤其是向两家以上的供应商采购的物料应分别验收。

2. 确定送到日期和验收日期

前者用以确定供应商是否如期交货，以作为延迟罚款的依据；后者用以督促验收时效，避免借故推迟并作为将来付款的依据。

3. 确定物料的名称和品质

确定是否与合约或订单的要求相符，以免偷工减料、鱼目混珠。

4. 清点数量

实际交料数量是否与运送凭单或订单相符。

5. 通过验收结果

使用部门据此安排生产进度，采购部门据此结案，会计部门据此登记入账付款或扣款、罚款。

6. 处理短损

根据验收结果若发生短损，应立即向供应商要求赔偿，向运输单位索赔，或是办理内部报损手续等。

7. 退还不合格品

表示拒收，或等补救后再行验收。

8. 处理包装材料

准备加以利用或积存到一定数量后对外售出，对于无法再用或售出的，最好由供应商收回。

9. 标识

对于已验收的物料必须加以标识，以便查明验收经过及时间，并易于与未验收的同类物料加以区分。

二、物料验收的原则

物料验收的目的，在于确保交货的安全。若忽略了采购验收，则一切采购成果可能就此落空。所以采购员应明了采购的任务及责任，才能扎实地做好验收工作。采购验收时采购员应注意的基本原则有：

1. 制定合理的标准化规格

企业在进行物料采购时，一定要让自己的检验规格合理化、标准化，并要以经济实用为原则，切勿要求过严。所以，采购员在协助企业制定标准化规格时，要提议企业既要考虑到供应商的供应能力，又要顾及到交货后是否可以检验。否则，一切文字上的约束都会因无法检验而流于形式。当然，也不能过于宽泛，否则会导致供应商以次充好，从而影响到企业采购物料的正常使用。

2. 合同条款应写明验收标准

规格虽属技术范畴，但是招标时仍要列作审查的要件，因为涉及品质优缺与价格高低，所以不能有丝毫含混，因此，采购员应注意招标单上所列的项目是否做到了详尽明确地订立，同时，有些关键的地方要附带详图说明；这样才能避免供应商发生误会。

另外，在合同中对验收标准要加以详细说明，使交货验收时，不至于因内容含混而引起纠纷。

3. 设置健全的验收组织

由设计、品质、财务和采购组成的验收小组，制定出一套完善的采购验收制度， 同时对专业验收人员进行培训，使其具有良好操守、丰富的知识与经验，然后对验收人员给予绩效评估，以发挥验收小组应有的作用。

4. 采购与验收各司其职

现代采购讲究分工合作，通常企业会规定：直接采购人员不得主持验收，以免徇私舞弊发生。一般用料品质与性能由验收者负责，其形状、数量则由收货人员负责。只有采购、检验、收货人员分工负责，各司其职才能达到预期效用。

5. 讲求效率

无论是国内采购还是国外采购，验收工作都应力求迅速准确，尽量减少供应商不必要的麻烦，因为方便也是互利互惠的。

6. 做好验收准备

在物料采购验收中，采购员应做好采购物料验收前的准备工作。通常，验收准备工作包括以下几个方面的内容：

(1)交货验收时间

采购合同应写明时限要求，包括：生产过程所需的预备操作时间；供应物料的交货日期；特殊器材技术验收时所需时间，或者采用分期交货的时间及如果发生延期交货的处理。

(2)交货验收地点

交货验收的地点，通常依合同指定地点为主。若预定交货地点因故不能使用，需移转其他处办理验收工作时，也应事先通知供应商。

(3)数量验收

采购员依合同所订数量加以点收。

(4)交货手续

交货时由供应商列具清单一式若干份，在交货当天或交货前若干天送交采购员。在清单上要注明交付物料的名称、数量、商标编号、毛重量、净重量，以及运输工具的牌照号码、班次、日期及其他需要注明的信息，以备采购企业人员做准备验收工作之用。同时，采购合同的统一号码、分区号码、合同签订日期及通知交货日期等，也应注明，以供参考。

(5)供应商的责任

供应商对交货有两个责任：

①交货前的责任。应负责至采购方对所交物料验收入库。如在采购企业入仓库储藏期间发生缺少或损坏，而属于不可抗力或属于采购企业过失的，供应商可不负赔偿的责任。

②交货后的责任。一般处理方法有差异，视其实际情况即合同而定。

(6)验收职责

一般而言，国内采购物料的验收工作，是由买卖双方共同办理的，以显示公平。如有争执，就提交仲裁。国外采购因涉及国际贸易，通常委托公证机构办理。至于涉及理化生物性能或品质问题的，则抽样送请专门化验机构，凭其检验报告书作为判定的依据。如果买卖双方或一方具有化验能力的，则经双方同意后，也可由双方共同或一方化验。

(7)实际验收工作时间

验收的时间，视实际需要而定，一般以尽快尽善为准，不要拖延太久。所以在合同里应明确规定验收工作时间。

(8)拒绝收货的物料处理

凡不合规定的物料，应一律拒绝接收。合同规定准许换货重交的，等交妥合格品后再予发还。

(9)验收证明书

采购员在物料验收之后，应给供应商验收证明书。如因交货不符而拒收，必须详细写明原因，以便洽谈办理其他手续。验收结果应在约定期间内通知供应商。

三、物料验收的内容和流程

（一）情景设置

我们已经明白了验收的方法和要点以及验收原则，假设供应商送货已经收到，此时我们作为采购方的物料检验员应对货物的数量及质量等进行验收。

（二）技能训练目标

我们应该能够根据不同的供应商，不同的商品特性和商品数量以及其他具体情况进行全面、合理的验收并确保验收结果的准确性。

（三）相关理论知识

1. 商品检验前相关文件的验证与处理

（1）验收送料文件

对于所采购的物料，采购员必须对供应商或货运公司的下列文件进行验证：

若供应商直接送货，通常所需的文件有：供应商装箱清单 2 份，另附上本企业采购订单复印件 2 份。

若货运公司送货，通常所需的文件有货运公司装箱托运清单 2 份。

货运员应持供应商装箱清单 2 份及公司订单复印件 1 份（装在封口信封内）交付负责收货的采购员。

如货运公司未持供应商装箱清单，该清单必须附在所送物料包装箱内，货运公司人员由负责收货的采购员陪同开箱取出，然后由采购员签收。

（2）订单复印件查验

收料员在供应商装箱清单上查验供应商代号和订单编号，有两种方式可用来查验订单复印件：

经由前日打印的“物料订单明细表”，或者经由电脑输入供应商装箱清单所载的订单编号。

（3）填写“收货清单”

通常收货清单上记载的资料有：供应商（名称或供应商代号），物品（品名型号及目的地），运送者（司机姓名/货运公司及车牌号码），验收号码（已指定的物品验收号码）。其具体格式见表 6-4。

采购收货清单 表 6-4

<table>
<tr><td>收货日</td><td colspan="2">工程编号</td><td>本单编号</td><td colspan="2">请购部门</td><td colspan="2">订单编号</td></tr>
<tr><td>年　月　日</td><td colspan="2"></td><td></td><td colspan="2"></td><td colspan="2"></td></tr>
<tr><td>会计科目</td><td>品名规格</td><td>项次</td><td>材料编号</td><td>单位</td><td>数量</td><td>单价</td><td>金额</td></tr>
<tr><td></td><td></td><td></td><td></td><td></td><td></td><td></td><td></td></tr>
<tr><td></td><td></td><td></td><td></td><td></td><td></td><td></td><td></td></tr>
<tr><td></td><td></td><td></td><td></td><td></td><td></td><td></td><td></td></tr>
<tr><td></td><td></td><td></td><td></td><td></td><td></td><td></td><td></td></tr>
<tr><td></td><td></td><td></td><td></td><td></td><td></td><td></td><td></td></tr>
<tr><td rowspan="3">备注</td><td colspan="3" rowspan="3"></td><td rowspan="2">点收</td><td rowspan="2">检验</td><td colspan="2">经办部门</td></tr>
<tr><td>主管</td><td>经办</td></tr>
<tr><td></td><td></td><td></td><td></td></tr>
</table>

(4)粘贴验收标签

然后将打好编号的四联“物品验收标签”贴在供应商的装箱清单上。

一份标签贴在供应商装箱单第一联上或货运公司装箱单上(如经由货运公司的话)。

另一份标签由仓库留底,贴在装箱单的第二联上。

一份贴在订单复印件上;

一份贴在收货清单上。

在装箱单和线联上需盖上戳记,内容为:“货已收,品质、货品待验”。

(5)发还文件

在将装箱单第一联交还供应商/货运公司时,同时告知送货者到卸货区等候通知,准备卸货。

2. 物料验收的流程

(1)检验程序及质量标准的约定

物料检验程序及质量标准的约定一般都要在采购合同中确定,检验日期及地点等细节问题也要在采购合同中事先约定。

(2)进行物料检验

检验信息传送至检验部门之后,由主管人员统一进行安排,并由专人负责,物料质检要给出明确的结果,检验人员要认真仔细地完成质检单的填写工作并交专人处理和存档。

(3)进料验收单的填制(表6-5)。

进料验收单 表6-5

进料时间	料号	厂商名称	订购数	交货数
订单号码	发票号码	品名规格	点收数	实收数
检验项目	检验规格	检验状况	数量	判定
AQL值	严重	一般		轻微
检验数量	不良数		不良率	
判定	允收口 拒收口 特采口 全检口			
备注:				
仓库主管:	仓管:	收料:	IQC(Incoming Quality Control)主管:	IQC:

(4)处理检验问题

针对不同的检验结果,根据质检的相关规定采取不同的处理措施:

对于有严重缺陷的物料,应要求供应商换货。

对于有轻微缺陷的物料,应与认证人员、质量管理人员、设计工艺人员协商,同时考虑生产的紧急情况,确定是否可以代用。

对于DPPM(百万分之不良数值)数据经常超出允许范围的,或出现重大质量问题的,需召开专题会议进行讨论，找出问题的根源并提出解决办法。

(5)采购物料验收报告的填制(表6-6)。

采购物料验收报告

表6-6

1. 基本信息 检验时间：	检验地点：	
采购物料名称		
供应商名称		
合同号		
采购部门负责人		
供应方负责人		
验收人员		
2. 采购物料验收报告		
验收范围		
验收方法		
验收标准		
辅助工具		
采购物料名称	测试人员，时间	测试结果(合格/不合格)
3. 验收问题处理		
问　题	处理措施	
验收部门负责人签字：		
供应方负责人签字：		
验收负责人签字：		

(6)来料检验月报表的填制(表6-7)

来料检验月报表

表6-7

年　　月

来料检验报告汇总							
供应商							
检查批数							
不合格批数							
不良率							

续上表

批退报表汇总							
物料异常报告编号	料号	品名规格	批量	不良率	不良原因	供应商	处理结果

审核________ 制表________ 日期________

(7)物料采购记录表的填制(表6-8)

表6-8

物料采购记录表

日期________

请购日期	请购单号	料号	品名规格	供应商	单价	数量	订购日期	验收日期	品质记录

(四)技能训练准备

(1)学生每5人为一个小组,每个小组选一名组长;

(2)卡片若干张;

(3)教师现场指导;

(4)训练时间安排:1学时。

(五)技能训练步骤

(1)以每位学生为单位,在卡片上写出采购物料验收的内容。

(2)以组为单位完成某项物料的验收。

(3)填写采购物料验收报告并针对验收中出现的质量问题给出处理建议。

(六)技能训练注意事项

(1)一丝不苟,卡片填写认真。

(2)卡片汇总后要进行归类。

(3)填写内容确定要有依据、要准确。

思考练习

一、简答题

(1)抽样检验和全数检验的特点是什么?

(2)简述物料验收的原则。

(3)物料验收的要点是什么?

二、案 例 分 析

齐二药假药出笼始末　采购检验环节问题多多

沸沸扬扬的齐齐哈尔假药案目前已暂告一段落。为彻底了解这起危及生命安全的公共卫生事件真相,《财经》杂志记者分为四路,在黑龙江省齐齐哈尔市、江苏省泰兴市、广州市和北京市四地同时展开调查。

采访中发现,这起看来极为偶然的事故背后,实则聚合了很多因治理和体制弊端所引致的必然因素。一个获得国家 GMP 认证的药厂,生产出表面上安全合格的药品,堂而皇之地通过合法的流通渠道,走向亟待得到救助的患者,最终成为杀人的毒药,如此漫长的安全关卡逐个失守,生产者之治理混乱、自律缺失令人痛心,其间的监管缺位更令人愕然。5 月 29 日一期的《财经》杂志以封面文章的形式全面详尽地披露了这一事件的诸多真相。

《财经》报道,齐二药假药案的直接原因,就是该厂出产的亮菌甲素注射液,在生产过程中用有毒的工业原料二甘醇取代了丙二醇作为药用辅料。

据调查,齐二药采购员纽忠仁通过互联网上的供求信息找到江苏泰兴的王桂平。王在专业网站上发布的“药用丙二醇”的供货价格明显低于市场平均价格,吸引了纽忠仁的注意。双方从洽商到成交十分顺利,其间虽屡有电话往来,但始终未曾谋面。而王桂平实际上是以工业二甘醇冒充药用丙二醇。

据一位大型药厂的负责人介绍,一般而言,药厂在采用一种新的原料或确定一家新的供货商时,第一步是要求对方先送样品,企业要对样品进行检测,确认是否符合企业标准(一般高于国家标准);第二步是验厂,即相关负责人要实地考察原材料生产厂家,包括其资质、生产流程以及设备等是否符合国家标准,能不能达到质量标准要求。他再三强调,“验厂”是药企每签订一份供货合同前都必须要经过的程序。

有业内人士透露,实际上,真正能够做到上述要求的药企并不多见。之所以省去验厂环节,无非是为了“节约生产成本”的考虑。在齐二药假药案中,悲剧的种子就此埋下。

有关调查显示,作为采购员,纽忠仁唯一的“验厂”程序,是向千里之外的王桂平索要了一套其有关证照的复印件。事后证明,这套由王桂平提供的所谓证照,均系王桂平伪造。

据知情人士介绍,纽忠仁对王桂平提供的证照也并非完全放心。但他并没有通过药监或工商部门进行核对,而是给他在泰兴的一位“朋友”打电话,询问王桂平的情况。

王桂平的 1 吨二甘醇以丙二醇之名,经过数天辗转到达齐二药。疏漏再一次发生——检验环节的实效,最终为大祸的酿成开放了绿灯。

按规定,原料进入生产环节之前,必须经过检测。业内专家告诉《财经》记者,规范的药品企业都会备有丙二醇的标准样品,检验时,将标准样品和待检物质同时做红外光吸收测试,然后把两份图谱进行对照。此外,也可以购买一本国家发行的标准图谱集,将待检物质的红外图谱与之对照。

据企业内部工作人员透露,齐二药的检验室中根本就没有可比对物——既没有丙二醇的标准样品留存,也没有标准图谱集。于是,所谓的“检验”——没有结果的对照,便十分荒诞,完全流于形式。

从采购到进厂后的检验，齐二药有制度规章而无人监督执行，于是，检验报告单上有时任齐二药室主任陈桂芬最终签字、标注了“符合规定”的五桶二甘醇，以丙二醇的名义轻轻松松地进入了齐二药的库房。

“对于一个通过了药品GMP认证的企业来说，采购、检验环节所出现这些问题简直就是不可思议。”一位业内专家指出。

《财经》在采访中获悉，齐二药在GMP认证过程实则存在造假行为。

一位在齐二药生产车间负责半成品检测的老职工向记者透露，生产时普遍存在使用原料的规格不符合国家标准规定的现象，即“降标使用”；以及为节约成本对药品最基本的活性原料采取“低限投料”等问题。但GMP认证过程时，这些真实的情况全部被掩藏起来，“我们有时甚至不得不在检查前连夜编造(符合规定的)检验记录。”

齐二药的职工承认，GMP助了齐二药一臂之力，成为其打开市场的重要砝码。获得GMP认证并未对其规范生产起到实效，而只是为其披上了一层护身符。

思考题：

(1)请分析本案例中齐二药的验收环节存在哪些问题?

(2)作为该厂的药品采购员应该在验收时怎样做才能避免此类事件再次发生?

项目三　不合格品处理

教学要点

(1)收集资料，汇总不同企业对采购验收不合格品的处理办法；

(2)由小组讨论，不合格品对企业生产经营的影响并设法使损失降至最低；

(3)熟练掌握不合格品的处理程序，能够根据不同的情景进行恰当的处理。

教学方法

可采用讲授、情境教学、案例教学和分组讨论等方法。

一、不合格品的发现

尽管收货检验的结果大部分都是合格的，但是偶尔也有可能会出现不合格品，客观地判定和处理不合格品非常重要。

产生不合格品的原因很多，如设备损坏、原材料不合格、工艺控制不严格、人员疏忽、包装防护不够、搬运过程中的损坏、安装调试不当等，依据不合格品产生的原因，质量责任的归属也不尽相同，不合格品发现往往发生在商品的使用和检验中，进行厂零部件抽样检验，发现产品达不到可接受的质量水平，根据合同和协议规定可以拒绝接受，如果已经发现了不合格品，但达到了所要求的AQL值，该批产品可以接收。但从概率上讲，该批合格产品中肯定存在不合格的产品。这些不合格的产品和后来由于企业自身搬运不当、装配不合理及其他意外因素造成的不合格品的判定是否恰当，会影响供需关系。

二、不合格品的处理方式

对不合格品的处理方式有退货返工、退货返修、特采和退换货等几种方式。

1. 退货返工

可以通过再加工和其他措施使不合格产品完全符合规定要求。如机轴直径偏大,可以通过机械加工使其直径到达公差范围成为合格品。返工后必须经过检验人员的复验确认。

2. 退货返修

对不合格品采取补救措施后,仍不能完全符合质量要求但能满足基本使用要求时,判定为让步回用品。合同环境下,修复程序应得到需方的同意。修复后,必须经过复验确认。

3. 特采

所谓特采,即采购货物经采购检验专员检验,其质量低于允许接收的标准,虽然采购检验专员提出"退货"要求,但是由于生产急需或其他原因,生产部作出"特别采用"的要求。若非迫不得已,生产部应尽可能不采用"特采"。即使采用,也应按严格的程序办理。

4. 退换货

如不能采用上述种种处置时,只能退货或者换货。

不论采取哪种方式,费用的分担肯定是双方协调的关键。费用应根据不合格品比例的大小和不合格品影响的程度确定,应在协议或合同的相关条款中作出明确的规定。企业可利用统计方法,分析出供需双方都可接受的不合格品比例,从而确定合理的费用分担方式。如某电器公司根据统计资料发现外购电器配套件的投入使用合格率一般在99.66%以上,这样可在双方签署的协议中规定合格率指标为99.66%,并要求达不到该指标的供应商负责不合格品的处理费用。

三、不合格品的管理

(一)情景设置

假如我们接收了一批货物但在检验中发现了某一项不合格品,我们应该能够对出问题的货物进行妥善安排和处理。

(二)技能训练目标

能够根据该批物料检验的结果以及具体的影响程度与供应商沟通,并恰当灵活地进行下一步的退货及其他处理。

(三)相关理论知识

1. 对不合格品的处置

不合验收标准的,检验人员于物品的包装上贴不合格标签,并于"材料检验报告表"上注明不良原因,按照不合格品控制程序的规定处置。

不合格品不允许入库,一般由收料员移入不合格品库,经主管核实处理对策并转采购部门处理及通知请购单位(不合格通知单如表6-9所示)。

不合格通知单　　表 6-9

编号：　　填表日期：　　年　　月　　日

交验单位				交验日期			
物料名称				料号			
交验数量				检验日期			
抽样数量				检验结果			
不良情形及简图							
处理意见							
呈核		经理		审核		检验	
重检流程及不良统计							
改善对策							
品管确认		主管		审核		填表	

采购单位还可根据实际情况决定是否需要特采：

(1)如不需要特采，则将采购货物用红色标示“退货”，并与检验记录表、验收单内注明退货，由库管人员及采购单位办理退货手续。如果和供应商协商并同意换货则办理换货手续。

(2)如需要特采，则将采购货物用蓝色标示“特采”，并与检验记录表、验收单内注明特采处理情况，并通知有关单位办理入库、部分退回或扣款等有关手续。

对于检验不合格的材料退货时，应开立材料交运单并附有关的“材料检验报告表”，呈主管签字后，不合格材料出厂。

2. 换货的流程

(1)提出退货申请，填制换货申请单

必须在供应商送货前将换货申请单填好，换货单据数量必须与货物的实际数量相符，并送至收货部，等到收货时办理。换货申请单的格式见表 6-10。

换货清单　　表 6-10

供应商：　　年　　月　　日

货物编号	货物名称	数量	单价	金额	换货原因

部门：　　供应商：　　收货部：　　安全员：

(2)送换货商品

供应商在送货时，将需要换货的商品送到收货的现场。

(3)进行换货

收货部现场就换货的商品进行检验，执行换货手续。

(4)安全员核查

所有的换货必须经过安全员的监督和检查。

3. 退货的流程

(1)确定退货商品

依据退货标准确定退货,清点整理退货商品,进行登记。

(2)开出退货单

退货单一式五联。所开的退货单一定要填写"商品差异表"上的编号。除此之外,退货单还需包含以下内容:

①供应商资料:名称、地址及邮政编码、供应商代号。

②商品资料:品名、商品货号、包装单位的数量(如果是以质量计的货物,以千克表示)、附注(说明)。

③用于管理的资料:日期、填表人、核准人、验收人、输入人。

退货申请单的格式见表6-11。

退货申请单

表6-11

供应商:

日期:

货物编号	货物名称	数量	单价	金额	退货原因
总金额					

部门　　　　　　收货部　　　　　　安全员

(3)寄送退货单

退货单应及时送给供应商,通知其来办理退货。

①第一联:当天寄给供应商。

②第二联、第三联:连同交货文件送总公司财务部门。

③第四联:交供应商或货运公司司机带回。

④第五联:部门留底。

(4)办理退货

供应商接到退货通知后,到采购单位取退货单,并凭退货单到仓库登记、取退货商品,经验收人员查验、登记后放行。如供应商接获通知10天内未办理退货手续,则视同意放弃该退货商品,由采购人员通知仓管人员报请主管裁决处理。

(5)办理结算

验收人员完成退货商品查验后,将退货单呈报主管核定,由采购人员编制退货报表,送往财务部门扣款,完成退货手续。

(四)技能训练准备

(1)学生每5人为一个小组,每个小组选一名组长;

(2)角色分配:验收员、仓库主管、供应商、采购员;

(3)教师现场指导;

(4)训练时间安排:1学时。

(五)技能训练步骤

(1)以每位学生为单位,在卡片上写出自己所扮演的角色的岗位职责。

(2)以组为一个单位模拟某种商品的退货流程。

(3)每组派一位代表陈述模拟的心得与收获。

(六)技能训练注意事项

(1)一丝不苟,卡片填写认真。

(2)卡片汇总后要进行归类。

(3)总结内容完整全面,流程正确。

思考练习

一、简　答　题

(1)不合格通知单的主要内容是什么?

(2)简述换货的流程。

(3)简述退货的流程。

二、案 例 分 析

某超市商品退货标准

1. 可以退货的标准

生鲜食品:

(1)符合合同的退换货条件。

(2)商品自身不符合商品的质量标准或合同规定的标准。

(3)顾客投诉有质量问题的商品。

(4)国家质检部门检查出有质量问题或不符合标准的商品。

(5)包装破损、冷冻食品解冻后不能食用、超过保质期等。

家电类商品:

(1)有质量问题,符合《消费者权益保护法》的相关规定。

(2)国家质检部门检查出有质量问题或不符合标准的商品。

(3)符合合同的退货条件。

(4)属于季节性的商品。

其他商品:

(1)有质量问题,符合《消费者权益保护法》的相关规定。

(2)国家质检部门检查出有质量问题或不符合标准的商品。

(3)符合合同的退货条件。

(4)达到最小的退货金额的。

(5)质量变质、包装损坏等。

2. 不能退货的例外

(1)不符合退货条件的,如在商场销售过程中死亡的虾、蟹等。

(2)家电类商品的包装、配件、说明书等不全或损坏的。

(3)陈列的样品。

(4)非供应商原因而产生瑕疵的商品。

(5)过期的商品(生鲜除外)。

(6)已经用过或开包装的卫生用品,已经使用或开包装的电池、胶卷等消耗性商品。

(7)不够组合包装的最小包装数量的。

(8)因顾客因素而损坏的商品。

(9)退货的总金额太小,达不到退货的标准。

思考题:

(1)该超市的退货标准有可以改进的地方吗?

(2)请参考以上案例为该企业设计退货流程。

项目四 采购货款的结算

教学要点

(1)利用网络查阅相关资料,补充有关货款结算方式的相关知识;

(2)调查不同企业(如连锁超市或生产企业等)采购货款结算的流程。

教学方法

可采用讲授、情境教学和分组讨论等方法。

一、采购货款结算的程序

一般情况下,采购付款之前都要确认到货,同时要核对发票。确认到货信息由验收货物环节产生。付款的基本流程包括:依据合同到货情况生成合同付款单,并依据合同中规定的付款计划表生成实际付款通知书,经审批后通知财务部门付款。

付款前,采购部可根据“请购单”或“订购单”、“采购合同”、“进料验收单”向财务部请款。付款方式一般依合同规定,付款环节一般要控制付款额度,保证实际付款金额不得超出计划付款金额,累计付款金额不得超过合同标的金额,并在合同标的金额履行完毕前,自动扣除合同预付款项,确保企业资金的安全,确保企业利益不受损失。

国内采购一般采用一次性付款方式,即供应商的物料验收合格后,一次性付清该订单的货款,特殊情况需经理核准。国外采购一般采用信用证的付款方式,特殊情况需经理核准。

二、货款的结算方式

(一)支票

支票是出票人签发一定的金额,委托银行或其他金融机构见票无条件支付给收款人或持票人的票据。支票可分为现金支票、转账支票、定额支票。

1. 现金支票结算的付款方法

开户单位用现金支票提取现金时,由单位出纳人员签发现金支票并加盖银行预留印鉴,然后到开户银行提取现金；开户单位用现金支票向外单位或个人支付现金时，由付款单位出纳人员签发现金支票，并加盖银行预留印鉴和注明收款人后交收款人，收款人持现金支票到付款单位开户银行提取现金，并按照银行的要求交验有关证件。

2. 转账支票结算的付款方法

由签发人交收款人办理结算，其付款方法如下：

(1)付款人签发转账支票交收款人。

(2)收款人持票并填进账单到开户行办理入账。

(3)银行间办理划拨。

(4)收款人开户银行下收款通知。

由签发人交签发人开户银行办理结算，其付款方法如下：

(1)签发转账支票并填进账单办理转账。

(2)银行间办理划拨。

(3)收款人开户银行下收款通知。

单位将转账支票送存开户行进账、汇款，或将现金送存开户行，均应填写进账单并向银行办理进账手续。进账单第一联为回单或收款通知联，是收款人开户行交给收款人的回单；第二联为收入凭证联，此联由收款人开户行作收入传票。

3. 定额支票结算的付款方法

(1)款项交存银行申请签发定额支票。

(2)银行签发后交给付款人。

(3)付款人将定额支票交收款人。

(4)收款人将定额支票交银行。

(5)收款人是个人的，银行支付给收款人现金；收款人是单位的，款项通过银行划拨。

(二)汇票

汇票是由出票人签发的，委托付款人在见票时或指定日期无条件支付一定金额给收款或持票人的票据。汇票是一种支付命令。汇票的当事人一般有出票人、付款人和收款人，票对收款人资格不加限制。

银行汇票结算的付款方法：

(1)汇款人委托银行办理汇票。

(2)银行签发汇票。

(3)汇款人使用汇票结算。

(4)持汇票进账或取款。

(5)通知汇票已解付。

(6)银行结算划拨。

(三)本票

本票是出票人签发并承诺自己在见票时无条件支付确定的金额给收款人或持票人的票据。本票的当事人即出票人与收款人，出票人始终是债务人，本票是一种无条件支付的承诺，是自付证券。

银行本票的付款方法：

银行本票见票即付。申请人持银行本票可以向填明的收款单位或个体经济者办理结算。收款人为个人的，也可以持转账的银行本票经背书向被背书的单位或个体经济者办理结算。具有“现金”字样的银行本票可以向银行支取现金。未在银行开立账户的收款人,凭具有“现金”字样的银行本票向银行支取现金时,应在银行本票背面签字或盖章,并向银行交验有关证件。

兑付银行在接到收款人或被背书人交来的本票和两联进账单时,应审查本票是否真实,本票上的收款人或被背书人名称是否为该收款人,背书是否连续,内容是否符合规定,是否在付款期内,印章是否齐全,金额是否为压数机压印,大小写金额是否一致,进账单与本票是否相符等,确认无误后办理兑付手续。如是转账支取的,应在第一联进账单上加盖转讫章作收款通知交给收款人或被背书人,第二联进账单作收入传票。如是现金支取的,由收款人填制一联支款凭条,经审查本票上填明收款人姓名和具有“现金”字样,并查验收款人的身份证后,办理现金支付手续。

(四)汇兑

汇兑是汇款人委托银行将款项汇给异地收款人的结算方式。汇兑分为信汇和电汇两种。汇兑结算的付款方法:

(1)汇款人委托开户银行办理汇款。

(2)银行间划拨。

(3)收款开户银行通知收款人汇款已到。

(五)异地托收承付

异地托收承付是指收款人根据购销合同发货后,委托银行向异地付款人收取款项,并由付款人向银行承认付款的结算方式。

异地托收承付的有关规定:

(1)办理异地托收承付结算的款项,必须是商品交易以及因商品交易而产生的劳务供应的款项。代销、寄销、赊销商品的款项不得办理托收承付结算。

(2)收付双方使用托收承付结算必须签有符合《经济合同法》的购销合同,并在合同上明确使用异地托收承付结算方式。

(3)收付双方办理托收承付结算必须重合同、守信用。收款人对同一付款人发货托收累计3次收不回货款的,银行应暂停其向该付款人办理托收;付款人累计3次无理由拒付的,银行应暂停其向外办理托收。

(4)收款人办理托收,必须具有商品确已发运的证件。

异地托收承付结算的付款方法:

(1)收款人发运商品。

(2)收款人委托银行收款。

(3)收款人开户行将托收凭证传递给付款人开户行。

(4)付款人开户行通知付款人承付。

(5)付款人承认付款。

(6)银行间划拨款项。

(7)通知收款人货款收妥入账。

(六)委托银行收款

委托银行收款是收款人向银行提供收款依据,委托银行向付款人收取款项的结算方式。

1. 委托银行收款的适用范围

这种结算方式在同城和异地均可使用,便于单位主动收款,既适用于在银行开立账户的单位和个体经济户的各种款项结算，也适用于水电、邮电、电话等款项的结算。

2. 委托银行收款的有关规定

委托银行收款不受金额起点限制，分为邮寄和电报划回两种，由收款人选择使用。付款期为3天，付款期满，付款人存款余额不足，按无款支付办理，不予延期。对于拒付的情况，银行不负责审查拒付理由。

两方交易直接结算的付款方法：

(1)付出商品或劳务供应。

(2)收款人委托银行收款。

(3)接收委托回单。

(4)收款人开户银行将"委托收款凭证"传递给付款人开户银行。

(5)通知付款。

(6)划拨款项。

(7)通知款已收到。

(七)信用证

信用证(letter of credit，简称L/C)是银行作出的有条件的付款承诺，即银行根据开证申请人的请求和指示，向受益人开具的有一定金额，并在一定期限内凭规定的单据承诺付款的书面文件；或者是银行在规定金额、日期和单据的条件下，愿代开证申请人承购受益人汇票的保证书。

信用证方式是银行信用介入国际货物买卖价款结算的产物。它的出现不仅在一定程度上解决了买卖双方之间互不信任的矛盾，而且还能使双方在使用信用证结算货款的过程中获得银行资金融通的便利，从而促进了国际贸易的发展。因此，被广泛应用于国际贸易之中，以致成为当今国际贸易中的一种主要的结算方式。

信用证的结算程序：

(1)订立合同，确定以信用证结算。

(2)缴纳手续费，申请开立信用证。

(3)开立信用证。

(4)受益人取得信用证，完成装货，开具汇票。

(5)议付货款。

(6)寄单索汇。

(7)单据审核无误，开证行(或付款行)付清货款。

(8)通知进口商付款赎单。

思考练习

一、简 答 题

(1)简述银行汇票结算的付款方式。

(2)简述异地托收承付结算的付款方式。

(3)简述信用证的结算程序。

二、案例分析

山东省基本药物货款集中结算流程及操作说明

1. 基本药物货款集中结算流程

(1)基层医疗卫生机构建立订单、退货单(订单原则上不超过4次/月)。

(2)在订单建立后24小时内,相关基本药物经营企业予以确认(或拒绝)。

(3)在订单建立后72小时内,基本药物供货企业将已确认订单的药品配送到基层医疗卫生机构,同时提供同批次所配送药品的销售发票。

(4)基层医疗卫生机构接收并验收药品,验收合格后,立即根据实际验收情况予以网上签收确认;基本药物供货企业确认(拒绝)退货单。

(5)签收完毕的订单、退货单按结算期生成基本药物货款结算单。

(6)结算单生成20日内,基层医疗卫生机构将基本药物货款通过银行账户上缴至县(市、区)卫生行政部门基本药物货款结算专户。

(7)县(市、区)卫生行政部门查收货款并进行收款确认;

(8)结算单生成25日内,县(市、区)卫生行政部门通过结算专户将全县(市、区)基本药物货款汇缴至省药品集中采购服务中心基本药物货款结算专户。

(9)省药品集中采购服务中心查收货款并进行收款确认。

(10)结算单生成30日内,省药品集中采购服务中心通过结算专户将全省基本药物货款集中支付给基本药物供货企业。

(11)基本药物供货企业查收货款并进行收款确认,一个结算周期结束。

2. 省药品集中采购平台基本药物货款集中结算相关操作说明

1)"结算单"生成

省药品集中采购平台根据相应结算期及纳入结算的订单、退货单定期生成相关机构的付款及收款结算单。

2)"结算单"相关操作

(1)付款操作:①付款人点击"财务结算管理"/"基本药物付款管理"进入"结算单"页面,"结算状态"显示"纳入结算";②点击首列"详细信息"进入操作页面;③点击"同意付款"按钮并确定后,"结算状态"显示"同意付款";④再次点击首列"详细信息"进入操作页面;⑤点击"转账(支付)"按钮并确定后,"结算状态"显示"已经付款";⑥付款操作完成。

(2)收款确认操作:①收款人点击"财务结算管理"/"基本药物收款管理"进入"结算单"页面;②点击首列"详细信息"进入操作页面;③点击"资金到账"按钮并确定后,"结算状态"显示"结算完成";④收款确认操作完成。

(3)药品经营企业确认配送情况操作:①点击"财务结算管理"/"基本药物收款管理"进入结算单页面;②点击首列"详细信息"进入操作页面;③点击"对账确认"并确定后,结算单"配送确认情况"显示"已确认";④确认配送情况操作完成。

3)药品经营企业维护银行账号等结算信息的相关操作

①点击"综合资源管理"/"本单位信息管理"/公司资料维护;②点击"修改"按钮进入"企业详细信息"页面;③填写结算相关信息各栏目内容;④点击"保存"按钮;⑤在变动内容页面中选择相关的变动信息前面的复选框;⑥点击"发送到审核部门"按钮送审;⑦查看审核

情况：审核通过后会有消息提示，或者通过查看变动内容中的变动信息状态确定是否通过审核。⑧若审核通过，则维护完成；若未通过审核，则需重新填写正确内容并再次送审。

4）县（市、区）卫生局维护银行账号等结算信息的相关操作

①点击“综合资源管理”/“本单位信息管理”/“结算中心资料维护”，进入维护页面；②填写相关信息；③点击“保存”按钮；④维护完成。

3. 基本药物货款集中结算相关事项说明

1）结算期

基本药物货款每个结算期为 1 个月，时间范围为：公历每月 1 日起至每月最后一日止。

2）基本药物货款结算单生成时间

每个结算期最后一日 24 时。

3）订单“纳入结算”须满足的两个条件

（1）订单显示状态为“成交完成”（订单所载明的所有药品全部签收（撤销）完毕后，才能视为该订单“成交完成”）。

（2）订单“成交完成”时间在结算期规定的时间范围内。

4）退货单“纳入结算”须满足的两个条件

（1）退货单显示状态为“退货完成”。

（2）退货单“退货完成”时间在结算期规定的时间范围内。

5）付款金额计算

（1）“应付金额”：当期“纳入结算”订单的到货金额合计数。

（2）“退货金额”：当期“纳入结算”退货单的退货金额合计数。

（3）“实付金额”：“应付金额”减去“退货金额”。

6）备注

上述订单及退货单是指实施基本药物制度的基层医疗机构在山东省药品集中采购平台上为采购基本药物而建立的订单及退货单。

4. 其他注意事项

1）支付条件

省药品集中采购服务中心向基本药物经营企业支付货款另需具备的 2 个条件：

（1）基本药物经营企业在省采购平台上对本单位银行账号等结算信息予以正确、完整的维护。

（2）基本药物经营企业对本单位结算单的“配送确认情况”及时予以对账确认。

2）操作

县（市、区）卫生局结算人员以县（市、区）卫生局结算中心用户登陆山东省药品集中采购平台后，才能进行基本药物货款收付的相关操作。

思考题：

请根据以上案例绘制该药品采购货款结算流程图。

任务七 采购项目绩效管理

内容简介

采购作为企业生产运作的一个重要环节，它的绩效对企业整体目标的实现起着很重要的作用。采购在制定了采购方针、战略、目标及实现相应目标的行动计划后，在计划实施时还需有相应的绩效指标，用于对采购过程进行检查控制，并在一定的阶段对工作进行总结。在此基础上再提出下一阶段的行动目标与计划，以便循环改进。

教学目标

1. 知识目标：

(1) 了解采购绩效考核方法；

(2) 了解考核指标；

(3) 了解考核技巧。

2. 技能目标：

(1) 熟悉绩效评估中的各种考核指标；

(2) 能够根据采购项目数据进行指标分析；

(3) 能够根据绩效考核需要，组织考核人员，选择适合的绩效考核方法，并提出相应的改进方法。

案例导入

某礼品公司是一家专门生产贺卡和其他礼仪产品的公司。其下属机构一直是各自独立运作，缺乏统一采购的功能。在公司总经理的领导下，公司制定了采购管理的远景目标和改变采购能力的规划，并深化采购管理绩效改革，开发并实施采购绩效评估。

新的采购机制注意平衡全球战略和本地实施，提高配合优秀供应商和执行战略采购合同的质量，确定聘雇的绩效类型、制定 KPI 指标等，以及通过招聘、培训和提供恰当的工具等改善采购人员的工作绩效，提高了采购部的整体绩效水平。3 年后，该公司节省了 3200 万元的采购费用。

引导思路

(1) 该公司对采购进行的绩效管理对你有何启示？

(2) 请为该公司设计采购绩效考核的工作流程。

项目一　采购绩效考核体系构建

教学要点

(1) 知道采购绩效评估的相关内容；

(2)掌握采购绩效评估指标体系的设定。

教学方法

可采用讲授、情境教学、案例教学和分组讨论等方法。

一、采购绩效评估概述

(一)情景设置

在老师统一指导下,对有关采购部门(如超市)进行调查,了解采购绩效方面的相关资料,并以小组为单位组织研讨、分析,在充分讨论基础上,形成小组的课题报告。

(二)技能训练目标

(1)了解采购绩效评价的概念和目的;

(2)会选择采购绩效评估的参与人员。

(三)相关理论知识

1. 采购绩效评估的含义

采购绩效,简单地讲,就是采购工作质量的好坏;具体来讲,就是指从数量和质量上来评估采购的职能部门和采购工作人员达到规定目标和实现具体目标的程度。企业采购工作在一系列的作业程序完成后,是否达到了预期的目标,企业对采购绩效是否满意,是需要经过考核评估完成后才能下结论。

采购绩效评估是为了全面反映和检查采购部门工作实绩、工作效率和效益,运用科学、规范的绩效评估方法,对照一定的标准,按照绩效的内在原则,对企业采购行为过程及其效果进行科学、客观、公正的衡量比较和综合评价。采购绩效评估,即对企业采购活动组织实施、监督管理等全过程进行分析、评价和提出改进意见的专项评估和考核行为。

采购绩效评估可以分为对整个采购部门的评估和对采购人员个人的评估。对采购部门绩效评估可以有高层管理者来进行,也可以由外部客户来进行;而对采购人员的评估常由采购部门的负责人来进行。

对采购绩效的评估师围绕采购的基本功能来进行的。采购的基本功能可以从两方面描述:一是把所需的商品及时买回来,保证销售或生产的继续进行;二是开发更优秀的供应源,降低采购成本,实现最佳采购。

2. 采购绩效评估的目的

在许多企业与机构里,至今仍然把采购人员看成"行政人员",对他们的工作绩效还是以"工作品质"、"工作能力"、"工作知识"、"工作量"、"合作"、"勤勉"等一般性的项目来考核,使采购人员的专业功能与成果,未受到应有的尊重与公正的评价。同时,对采购绩效进行评价是为了及时进行总结,有利于改进今后的采购工作,从而进一步提高工作绩效。另外,采购部门作为企业一个重要的部门,其工作绩效对于整个企业的生产、决策、规划等都具有重要的意义,实际上,若能对采购工作做好绩效评估通常可以达到下列的目的:

(1)确保采购目标的实现

各企业的采购目标互有不同,例如政府的采购单位偏重"防弊",采购作业以"如期"、"如质"、"如量"为目标;企业的采购单位则注重"兴利",各个企业要针对自己的主要采购目标对设计时间期限、质量规格、物流服务工作除了维持正常的产销活动外,非常注重产销成本的降低。因此，各企业可以针对采购单位所应追求的主要目标加以评估，并督促它的实现。

(2)提供改进绩效的依据

绩效评估制度，可以提供客观的标准来衡量采购目标是否达成，也可以确定采购部门目前的工作表现如何。采购绩效的测量可以产生更好的决策，因为这可以从计划实施后产生的结果中鉴别不同的差异。通过对这些差异的分析，可以判断产生差异的原因，并可以及时采取措施防止未来的突发事件。

(3)作为个人或部门奖惩的参考

采购绩效评价能够作为评价部门和采购人员工作状况的参考，产生良好的激励效果。采购工作绩效评估显然能够清楚地反映采购部门和采购人员的工作表现，一方面可以将采购部门的绩效彰显出来；另一方面良好的绩效评估方法，能将采购部门的绩效，独立于其他部门而凸现出来，并反映采购人员的个人表现，作为各种人事考核的参考资料。同时采购部门人员也将清楚地了解自己的工作状态和工作效率，及时总结采购工作中的不足与成绩，从而产生更高的工作热情。依据客观的绩效评估，达成公平的奖惩，使整个部门发挥合作效能。

(4)协助人员甄选与训练

根据绩效评估的结果，可针对现有采购人员工作能力的缺陷，拟订改进的计划，如安排参加专业性的教育训练。若发现整个部门缺乏某种特殊人才(如成本分析员或机械制图人员等)，则可经由公司内部甄选或向外界招募。

(5)增强业务的透明度

正确地衡量和评价采购绩效使采购工作更加透明。采购绩效评价信息的共享有利于采购部门与设计、仓储、销售、售后等其他部门的沟通和合作。另外，定期的采购计划内容和实际执行的结果，作为销售、售后等部门的一份宣传资料，可以使客户能够核实他们的意见是否被采纳，这可以向客户提供建设性的反馈意见；并且，通过向管理部门提供个人和部门的业绩，有利于增强采购部门的认可程度。

(6)促进部门之间的沟通

采购部门的绩效，受其他部门能否配合的影响很大。故采购部门的职责是否明确，表单、流程是否简单、合理，付款条件及交货方式是否符合公司管理制度，各部门的目标是否一致等，均可透过绩效评估来判定，并可以改善部门间的合作关系，增进企业整体的运作效率。如通过分析那些需要特别检查的发货单，可使付款程序得到更加合理的安排，从而增强采购部门同管理部门之间的协调。

(7)能有效的控制采购过程

对采购绩效的有效评价是有效控制采购过程的前提，又是提供改进绩效的依据。绩效评价制度，可以提供客观的标准来衡量采购目标是否达成，也可以确定采购部门目前的工作表现如何。建立起一套完善的绩效评价机制，有利于及时发现和总结采购过程中的问题，从而兴利除弊，使采购工作按照计划顺利地进行。

总之，采购绩效的评价有利于采购部门及时发现问题、改进工作，从而降低采购过程中产生的成本费用，减少采购货物废品的数量，进一步提高采购部门的绩效，提高采购部门在公司中的地位。

3. 采购绩效评估的要求

美国采购专家威尔兹对采购绩效评估的问题，曾提出下列看法。

(1)采购主管必须具备对采购人员工作绩效进行评估的能力

采购主管对商品采购工作负有领导和监督的责任，因此采购主管的业务素质和道德素质对整个采购工作的优劣起到非常重要的作用，有效合理地对采购人员工作绩效进行评估是一名采购主管所必备的能力。

(2)采购绩效评估必须遵循的基本原则

①持续性。评估必须持续进行，要定期地检讨目标达成的程度，当采购人员知道会被评估绩效，自然能够致力于绩效之提升。

②整体性。评估必须以企业整体目标的观点，来进行绩效评估。

③开放性。采购作业的绩效，会受到各种外来因素所左右。评估时，不但要衡量绩效，也要检讨各种外来因素所产生的影响。

④评估尺度。评估时，可以使用过去的绩效为尺度，也可作为评估的基础，更可以与其他企业的采购绩效比较的方式，来进行评估。

4.采购绩效评估涉及的人员及部门

采购绩效评估涉及很多部门和人员，其评估过程比较复杂，要求参与的部门和人员主要有：

(1)采购部门主管

采购部门的主管是整个采购工作的直接部署者和执行者，他对于所有采购工作任务和环节的情况都非常了解，包括人员的分配、员工的工作状态、各项工作的执行过程及出现的问题等，且所有工作的指派或工作绩效的优劣，均在其直接指导之下，因此，由采购主管负责评估，可以注意到采购人员的表现，体现公平客观的原则。但使应用主管进行评估会包含很多个人情感因素，而使评估结果出现偏颇。

(2)财务部门

当采购金额占公司总支出的比例较高时，如大型设备的采购、主要原材料的长期采购、项目采购等，采购成本的节约对公司利润的贡献非常大。尤其在经济不景气时，采购成本节约对资金周转的影响也十分明显。财务部门不但掌握公司产销成本数据，对资金的获得与付出也进行全盘管制，因此，财务部门也可以对采购部门的工作绩效进行评估。

(3)工程部门或生产主管部门

对于设备采购、原材料和零配件采购及项目采购等，采购货物的质量、数量时间对企业生产的顺利进行、最终产品的品质等都有影响，因而生产主管部门或工程指挥部门也要参与采购工作绩效评价。

(4)供应商

供应商是采购过程中与企业采购部门合作最多、最频繁的一方，对于采购部门的运作方式、工作状态有较真实、详尽的了解。因而，有些企业通过正式或非正式渠道，向供应商探询其对本企业采购部门或人员的意见，以间接了解采购作业绩效和采购人员素质。

(5)外界专家或管理顾问

为避免公司各部门之间的本位主义或门户之见，可以特别聘请外部采购专家或管理顾问，针对企业全盘的采购制度、组织、人员及工作绩效，做客观的分析与建议。

(四)技能训练准备

(1)学生每6~8人为一个小组，每个小组选一名组长；

(2)卡片若干张;

(3)教师现场指导;

(4)训练时间安排:1学时。

(五)技能训练步骤

(1)以每位学生为单位,在卡片上写出要调研的内容。

(2) 各组通过卡片问询法,收集要调研哪些问题,问题汇总后确定要调研的内容。

(3)以组为单位完成公司调研内容的确定。

(4)每组派一位代表陈述结果。

(六)技能训练注意事项

(1)一丝不苟,卡片填写认真。

(2)卡片汇总后要进行归类。

(3)调研内容确定要有依据、要准确。

二、采购绩效评估体系

采购作业必须达成适时、适量、适质、适价及适地等基本任务,因此,采购绩效评估一般均以"5R(质量、数量、时间、价格、效果)"为中心,并以数量化的指标作为衡量采购绩效的指标。

具体地,商品采购绩效的衡量可根据采购工作范围的划分、采购能力与采购结果等概括成采购效率指标及采购效果指标两大类。商品采购效率指标是与采购能力相关的衡量采购人员行政机构、方针目标、程序规章等指标,具体包括质量、数量、时间及价格四大类绩效指标;而采购效果指标是指与采购结果,如采购成本、原材料质量、交货等相关的指标,这一类的指标称为采购效果指标。

1. 数量绩效指标

当采购人员为争取数量折扣,以达到降低价格的目的时,可能导致存货过多,甚至发生呆料、废料的情况。

1)储存费用指标

储存费用是指存货利息及保管费用之和。企业应当经常考核现有存货利息及保管费用与正常存货水准利息及保管费用的差额。

2)呆料、废料处理损失指标

呆料、废料处理损失是指处理呆料、废料的收入与其采购成本的差额。存货积压的利益及保管的费用愈大,呆料、废料处理的损失愈高,显示采购人员的数量绩效愈差。不过此项数量绩效,有时受到公司营业状况、物料管理绩效、生产技术变更或投机采购的影响,并不一定完全归咎于采购人员。

2. 质量绩效指标

质量绩效指标主要是指供应商的质量水平以及供应商所提供的产品或服务的质量表现,它包括供应商质量体系、来料质量水平等方面。

1)来料质量

来料质量包括批次质量合格率、来料抽检缺陷率、来料在线报废率、来料免检率、来料返工率、退货率、对供应投诉率及处理时间等。

2)质量体系

质量体系包括通过 IS0 9000 的供应商比例、实行来料质量免检的供应商比例、来料免检的价值比例、开展专项质量改进(围绕本公司的产品或服务)的供应商数目及比例、参与本公司质量改进小组的供应商人数及供应商比例等。同时,采购的质量绩效可由验收记录及生产记录来判断。验收记录指供应商交货时,为公司所接受(或拒收)的采购项目数量或百分比;生产记录是指交货后,在生产过程发现质量不合格的项目数量或百分比。

进料验收指标 = 合格(或拒收)数量/检验数量

若以进料质量控制抽样检验的方式进行考核,拒收或拒用比率愈高,显示采购人员的质量绩效愈差。

3. 时间绩效指标

这项指标是用以衡量采购人员处理订单的效率,及对于供应商交货时间的控制。延迟交货,固然可能形成缺货现象,但是提早交货,也可能导致买方发生不必要的存货储存费用或提前付款的利息费用。

1)紧急采购费用指标

紧急运输方式(如空运)的费用是指因紧急情况采用紧急运输方式的费用。将紧急采购费用与正常运输方式的差额进行考核。

2)停工断料损失指标

停工断料损失是指停工生产车间作业人员工资及有关费用的损失。除了前述指标所显示的直接费用或损失外,还有许多间接损失。例如,经常停工断料,造成顾客订单流失、员工离职,以及恢复正常作业的机器必须做的各项调整(包括温度、压力等);紧急采购会使购入的价格偏高,质量欠佳,连带也会产生赶工时间,必须支付额外的加班费用。这些费用与损失,通常都没有估算在此项指标内。

4. 价格绩效指标

价格绩效是企业最重视及最常见的衡量标准。透过价格指标,可以衡量采购人员议价能力以及供需双方势力的消长情形。采购价差的指标,通常有下列数种:

1)实际价格与标准成本的差额

实际价格与标准成本的差额是指企业采购商品的实际价格与企业事先确定的商品采购标准成本的差额,它反映企业在采购商品过程中实际采购成本与采购标准成本的超出额或节约额。

2)实际价格与过去移动平均价格的差额

实际价格与过去移动平均价格的差额是指企业采购商品的实际价格与已经发生的商品采购移动平均价格的差额,它反映企业在采购过程中实际采购成本与过去采购成本的超出额或节约额。

3)使用时的价格与采购时的价格之间的差额

使用时的价格与采购时的价格之间的差额是指企业在使用材料时的价格与采购时的价格差额。它反映企业采购材料物资时是否考虑市场价格的走势,如果企业预测未来市场的价格走势是上涨的,那么应该在前期多储存材料物资;如果企业预测未来市场的价格走势是下跌的,那就不应该多储存材料物资。

另外,将当期采购价格与基期采购价格的比率与当期物价指数与基期物价指数的比率相比较,该指标是动态指标,主要反映企业材料物资价格的变化趋势。

5. 采购效率指标

以上质量、数量、时间及价格绩效是就采购人员的工作效果来衡量的,此外还可以就采购效率来衡量。

1)年采购金额

年采购金额是企业一个年度商品或物资的采购总金额,包括生产性原材料与零部件采购总额、非生产采购总额(包括设备、备件、生产辅料、软件、服务等)、原材料采购总额占总成本的比例等。其中最重要的是原材料采购总额,它还可以按不同的材料进一步细分为包装材料、电子类零部件、塑胶件、五金件等,也可按采购类型不同确定其采购额度。原材料采购总额按采购成本结构又可划分为基本价值额、运输费用及保险额、税额等。此外,年采购额还可分摊到各个采购员及供应商,算出每个采购人员的年采购额、年人均采购额、各供应商年采购额、供应商年平均采购额等。

2)年采购金额占销售收入的百分比

年采购金额占销售收入的百分比是指企业在一个年度里商品或物资采购总额占年销售收入的比例,它反映企业采购资金的合理性。

3)订购单的件数

订购单的件数是指企业在一定时期内采购商品的数量,主要是按 ABC 管理法,对 A 类商品的数量进行反映。

4)采购人员的人数

采购人员的人数是指反映企业专门从事采购业务的人数,这是反映企业劳动效率指标的重要因素。

5)采购部门的费用

采购部门的费用是一定时期采购部门的经费支出,它反映采购部门的经济效益指标。

6)新供应商开发个数

新供应商开发个数是指企业在一定期间采购部门与新的供应商的合作数量,它反映企业采购部门工作效率。

7)采购计划完成率

采购计划完成率是指一定期间内企业商品实际采购额与计划采购额的比率,它反映企业采购部门采购计划的完成情况。

8)错误采购次数

错误采购次数是指一定时期内企业采购部门因工作失职等原因造成错误采购的数量,它反映企业采购部门工作质量的好坏。

9)订单处理的时间

订单处理的时间是指企业在处理采购订单的过程中所需要的平均时间,它反映企业采购部门的工作效率。

6. 采购绩效评估指标体系

1)综合指标体系

主要包括质量、供应、实力、服务、成本、柔性、效率、稳定性等内容。

2)管理指标

主要包括人员流动比率,采购专家/员工比率,信息系统配置/效率,流程匹配度,监控力度,服务满意度等内容。

3)计划指标

主要包括认证计划准确率,订单计划准确率,紧急订单准确率,库存合理度等内容。

4) 认证指标

主要包括物料质量，物料成本，采购周期，付款周期，独家供应商比例，供应商流动比例，供应饱和度，采购柔性等内容。

5) 订单处理指标

主要包括及时供应率，紧急订单完成率，库存周转率，组织效率，订单周期等内容。

6) 开发指标

主要包括采购质量，采购周期，采购成本，项目完成及时率，设计方案更改次数等内容。

7) 国际物流指标

主要包括年国际物流量，国际物流周期，付款及时率，物流错误比率，投诉件数等内容。

思考练习

一、简 答 题

(1) 简述采购绩效评估的目的。

(2) 请分析采购绩效评估涉及哪些人员和部门。

(3) 如何购建企业采购绩效评估的指标体系？

二、案 例 分 析

Flora 公司是为一个大型鲜花供应商提供鲜花的商家。它的主要买家希望能够建立一个联合绩效评估行动小组，作为新的五年计划的一部分。买方已经建立了供应商等级评定系统，运作了多年，并且在内部 Flora 公司已经建立了一个跨职能小组，和买方紧密合作，通过这套系统几经解决了一些问题。

Flora 公司的销售经理 John 和他的团队认为被评估对他们的业务是一个好机会，而且会从中获益。而且，他还认为通过这种联合做法能够获得显著的好处，特别是在减少销售的工作量、提高财务的稳定性以及长期计划方面。

但是，他的新主管 Shirley 不这样看。她认为联合小组会争取和买方一样的地位，而且会利用这一机会来压迫 Flora 公司提高更好的服务和更低的价格。

思考题：

你如何说服新主管 Shirley 接受建立这个联合绩效评估行动小组？

项目二　采购项目绩效的评价

教学要点

(1) 掌握采购绩效考核的程序。

(2) 掌握采购绩效考核的方式方法和实施步骤。

教学方法

可采用讲授、情境教学、案例教学和分组讨论等方法。

一、采购绩效考核的程序

采购绩效评估系统的开发需要领导的支持和高层管理者的承诺，他们需要提供系统必需的财务资源。管理层也要求所有的采购点尽量运用相同的系统结构，这能减少重复的工作并节约开发与实施成本。开发并实施采购绩效评估包括如下一系列活动：

1. 确定需要评估的绩效类型

在采购绩效测量中，第一步就要确定公司所需评估的绩效类型。一个企业要根据自身的实际情况选择不同的绩效类型进行组合，所选择的绩效类型必须与公司及采购部门的目标和任务相结合。选择绩效类型是开发采购绩效评估系统的关键一步。

采购绩效通常分为三个方面测量：采购职能部门绩效测量、采购人员绩效测量和供应商绩效测量。这三个方面的绩效均包括多个绩效类型，例如，采购职能部门的绩效类型包括财务节约、客户服务和采购系统能力，每个绩效类型可以设定不同的指标进行测量。

2. 具体绩效测量指标设定

一旦确定了绩效测量类型，接下来的工作就是确定具体的绩效测量指标，成功的采购绩效测量指标必须清晰、可衡量。所谓的清晰就是员工必须正确理解该指标的含义，并认同该指标，这样才能引导绩效按期望的结果发展。所谓可衡量是指建立的估计指标必须是能够准确测量、估计和计算的。

3. 建立绩效测量标准

为每一项指标建立相应的绩效标准也是十分重要的，制定得不可能完成的标准会打消积极性，太容易达到的标准又不能发挥潜能，因此，好的绩效评估标准一定要适度。绩效测量标准必须是现实的，能够反映企业内外部的实际情况，这意味着标准是具有挑战性的，并且经过刻苦努力是可以实现的。

采购绩效测量标准通常有四种设定方法：

(1)历史绩效

选择公司历史绩效作为评估目前绩效的基础，是相当正确、有效的做法。但是只有当公司的采购部门，无论是组织、职责或人员等，在均没有重大变动的情况下，才适合使用此项标准。由于现在公司的发展变化都比较快，历史绩效标准往往要经过适当调整后才可以更好地被应用。

(2)预算或标准绩效

若过去的绩效难以取得或采购业务变化很大，则可以预算或已标准绩效作为衡量基础。标准绩效的设定，有以下三种原则：

①固定的标准：标准绩效的指标设立后不能轻易变动，至少在一段时期内，尤其是一个采购项目内不能变动。

②有挑战性的标准：标准绩效不能是一套平均水平上的指标，而要有一定的难度，要经过采购部门人员的努力才能完成。这样的标准才能激励工作热情，促进采购目标的实现。

③可达成的绩效：可达成的标准是指在现有内外环境和条件下经过努力确实应该可以达到的水平，如果标准设定过高，一方面会增大采购部门和人员的压力，另一方面其激励效果也会降低。因此，通常依据当前的绩效加以衡量设定。

（3）同行业平均绩效

如果其他同行业公司在采购组织、职责以及人员等方面与本企业相似，则可与其绩效进行比较，以辨别彼此在采购工作成就上的优劣。数据资料既可以使用个别公司的相关采购结果，也可以应用整个行业绩效的平均标准。

（4）目标绩效

预算或标准绩效是代表在现有情况下，“应该”可以达成的工作绩效；而目标绩效则是在现有情况下，非经过一番特别的努力，就无法完成的较高境界。目标绩效代表公司管理人员对工作人员追求最佳绩效的“期望值”。一般说来，目标绩效的制定有助于鼓舞相关人员的士气，目标绩效的确定要有一定的挑战性，但千万不能高不可攀。

4. 选定评估人员

采购绩效的评估需要多方面的人员参与，这在前面已经做过详细讲述，在这里需要强调的是，选定评估人员的时候一定要避免公司各部门中本位主义严重的员工，而且所选的专家要了解企业的实际情况。

5. 确定评估时间和评估频率

好的采购绩效评估系统要对不同的绩效类型设定不同的评估时间和频率，这样才能保证评估结果及时有效。因此，管理者必须确定什么样的频率对不同的绩效类型更有效。比如一个对入库运输状况的评价就必须是频繁的（每天或是实时的），而对于供应商绩效的总评价则可以按每周一次或每月一次的频率进行，时间可在每周一或月初。

6. 实时评估并将结果反馈

实施评估是一个系统性的工作，需要很多部门的良好沟通与配合，实施的结果要及时反馈。这时候管理者要思考的问题是如何才能更好地利用反馈的结果。结果一方面表明了采购部门所取得的成绩，另一方面也揭示了采购中存在的诸多问题。在肯定成绩的同时也要着力解决发现的问题。只有这样才达到了实施采购绩效评价的目的。

二、采购绩效考核的方式方法和实施步骤

（一）情景设置

如何对学校超市的采购绩效进行评价？请同学们需要选择适合的评估方式，然后按照实施步骤进行模拟评估。

（二）技能训练目标

（1）掌握绩效考核的方式方法和实施步骤。

（2）能根据实际情况，选择合适的方式方法，并按照实施步骤进行操作。

（三）相关理论知识

1. 评估方式

越来越多的企业管理者认识到一个采购部门在整个企业中发挥的巨大作用，尤其是一个配备了有能力的雇员和恰当组织的采购部门。定期合理地评价采购部门的绩效可以节省费用，直接增加企业利润。采购人员工作绩效的评估方式，可以分为定期和不定期两种评估方式。

（1）定期评估

定期评估是配合公司年度人事考核制度进行的，是以人的表现，如工作态度、学习能力、

协调精神、忠诚程度为考核内容。其对采购人员的激励及工作绩效的提升并无太大作用。一般而言,如果能以目标管理的方式,也就是从各种工作绩效指标中选择年度重要性比较高的项目中的几个定位绩效目标,年终按实际达到的程度加以考核,那么一定能够提升个人或部门的采购绩效。并且,这种方法因为摒除了"人"的抽象因素,以"事"的具体成就为考核重点,也就比较客观、公正。

(2)不定期评估

定期绩效评估,是以专案的方式进行的。比如公司要求某项特定产品的采购成本降低10%。当设定期限一到,评估实际的成果是否高于或低于10%,并就此成果给予采购人员适当的奖励或处分。此种评估方法对采购人员的士气有巨大的提升作用,此种不定期的绩效评估方式,特别适用于新产品开发计划、资本支出预算、成本降低的专案。

2. 采购绩效评估方法

采购绩效评估方法直接影响评估计划的成效和评估结果的正确与否。常用的评估方法有:

(1)直接排序法

在直接排序法中,考核负责人按照绩效表现从好到坏的顺序依次给被考核者排序,这种绩效表现既可以是整体绩效,也可以是某项特定工作的绩效。

(2)两两比较法

两两比较法指在某一绩效标准的基础上把一个被考核者与其他被考核者相比较来判断谁"更好",记录每一个被考核者和任何其他被考核者比较时认为"更好"的次数,根据次数的多少给被考核者排序。

(3)等级排序法

等级排序法能够克服上述两种方法的弊端。这种方法由评估小组或主管先拟定有关的评估项目,按评估项目对被考核者的绩效做出粗略的安排。

(4)利润中心法

利润中心法适用于对采购部门的考核,这种方法把采购职能看作是企业的一部分,它控制企业的资产,不仅仅负责企业的开支,也负责企业的收入。这一方法的目的是要表明采购只能是一个利润中心而不是成本中心。

这种方法涉及要建立一个控制企业资产的集中化的从事采购的机构。采购职能集中化处理是十分有利的,因为采购部门采购到的货物和服务以高于相应实际的直接成本价为内部财务转账到其他职能部门。事实上是采购部门以转账价卖给了其他职能部门。因此,采购部门要执行基于利润原则的决定,并由职能部门所产生的利润来衡量。

(5)目标管理法

目标管理法(Management by Objective, MBO)的目的是确定的目标,即要求被考核对象在给定的时间内达到目标,也就是这样,在该时间段结束时,实际的绩效能与期望的结果进行比较。目标也能与期望的结果进行比较。目标是有关负责人与被考核者商议后决定的。

实际上,实现目标管理的一种方法是所谓的关键结果分析(Key Results Analysis),它要求只能部门的负责人确定他们的关键任务、绩效标准和管理控制的信息,所有这些是为了对他们个人的绩效如何改进提出意见和建议。这种分析将构成于他们的直接上级和下级讨论的基础。与上级的讨论是为了确定职能部门的目标。当这些都达成一致意见后,与下级的讨论将决定:如果职能部门要达到目标,每个人必须达到什么样的目标。因此,总的目标可以贯穿整个组织机构，自上而下逐级分解下去。同时，因为职能部门和个人都参与了他们的目标制定，所以MBO既有“从底部向上”的工作方式，又有“从顶部向下”的工作方式。

3. 采购绩效评估的实施

图7-1中，虚线框中是采购绩效评估的实施阶段，一般包括：

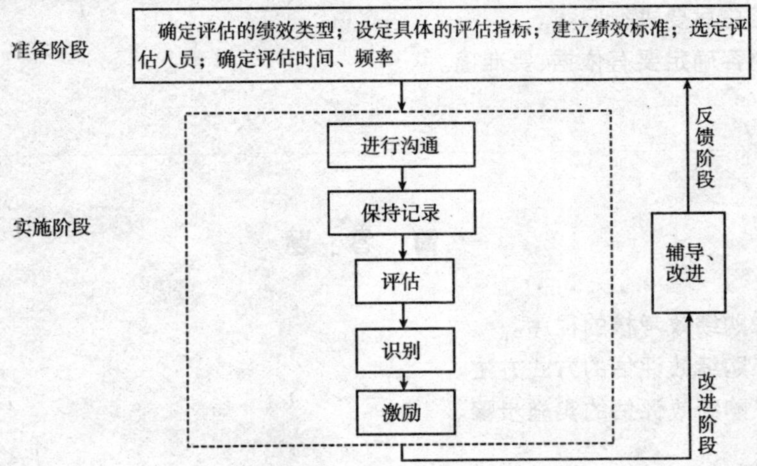

图7-1 采购绩效评估流程图

(1)进行沟通

评估参与各方进行有效的、持续的、正式的和非正式的评估沟通，这在评估的实施阶段是非常重要的，良好的沟通是后续工作的基础。

(2)保持记录

观察绩效表现，搜集绩效数据，将任何表现采购绩效的痕迹、印象、影响、证据、事实完整地记录下来，并做成文档。

(3)评估

通过检查、测评、绩效考核、绩效会议等进行对比、分析、诊断、评估。

(4)识别

识别在各个领域中的缺点和优点，并加以确认。

(5)激励

包括正激励、负激励、报酬、教导、训诫、惩罚等手段。

在完成绩效评估后，对评估中发现的问题要及时改进，这往往是最容易忽视的环节，却又是最重要的环节。最后要将改进后的结果反馈给相关部门，于是在下一轮的绩效评估中，采购绩效标准就会有所提高，也只有这样，才能真正意义上提高采购绩效。

(四)技能训练准备

(1)学生每6~8人为一个小组，每个小组选一名组长；

(2)卡片若干张；

(3)教师现场指导；

(4)训练时间安排：1学时。

(五)技能训练步骤

(1)以每立学生为单位，在卡片上写出可以选择的评估方式方法。

(2)各组通过卡片问询法，收集可行的方式方法，汇总后确定最后选择的方式方法。

(3)以组为单位模拟完成绩效评估。

(4)每组派一位代表陈述结果。

(六)技能训练注意事项

(1)一丝不苟,卡片填写认真。

(2)卡片汇总后要进行归类。

(3)调研内容确定要有依据、要准确。

思考练习

一、简 答 题

(1)简述采购绩效考核的程序。

(2)简述采购绩效评估的方式方法。

(3)简述采购绩效评估的实施步骤。

二、案 例 分 析

在4月30日(周二),采购员Sam正在参加上一会计年度的考评面谈,之前他因病请了两周病假。

考评面谈已经被推迟两次了(一次是3月份,经理在面谈前最后时间才取消,另一次在两周前,因Sam生病请假两不得不取消),因此今天面谈Sam压力很大。

Sam在工作中没有出任何差错,但一年之内请了很多次病假,为此他很担心。因为他并没有完成所有的任务,他的领导通常也不会施舍任何同情心。另一方面,Sam认为自已在很多指标上绩效很好,大大超过了预定指标。所以他认为这些指标的超额完成可以弥补绩效不太好的指标。

思考题:

(1)如果你是Sam的主管,你如何跟他做考评面谈?

(2)如何客观的评价采购人员的工作绩效?

任务八 采购作业模式和现代化采购管理方法

内容简介

现代社会新技术的发展,使得传统采购管理模式和方法面临着挑战,从而为企业生产及商品流通过程中降低不必要的浪费提供了可能。采购活动不仅关系成本控制,同时也影响着企业的对外商业形象和商业信誉。采购管理的水平已经成为企业核心竞争优势的主要内容,现代采购模式和方法的发展方向已经初露端倪。

教学目标

1. 知识目标:

(1)了解招标采购的定义和过程;

(2)掌握电子商务采购的特点、模式和实施步骤;

(3)了解国际采购的特点、程序和发展趋势;

(4)掌握 JIT 采购的原理、特点和实施步骤;

(5)了解 MRP 采购的基本原理、特点和实施步骤。

2. 技能目标:

(1)具备编制招标文件和组织招标的能力;

(2)会进行电子商务采购的操作;

(3)能够进行国际商品采购的基本操作;

(4)掌握 JIT 采购和 MRP 采购的适用条件,并能够予以应用。

案例导入

IBM 采购模式的转变

网上采购能够带来效益,然而成功实施这一战略需要协调多方面的工作。在实施网上采购的每一步,IBM 都遵从这样的目标:更好地协作、整合供应商、降低成本。如今,通过英特网同 IBM 做生意的供应商数目达 2.7 万;该公司全年采购的商品和服务中,逾九成通过网上进行。

当电子化采购(e - procurement)还只是一个与供应链相关的概念时,IBM 公司已经在认真考虑这件事。20 世纪 90 年代中期,这家年营业额达 884 亿美元的公司开始了其无纸化采购的进程。该公司制定了详细的规划,包括重新定义和重新设计采购流程,推出雄心勃勃的电子化采购计划,旨在使所有的供应商都能在网上开展业务。

IBM 采购战略和流程改革副总裁 Pat. Knight 说:“这是一个价值取向的战略:我们承担不起仍然通过纸面来做生意。”为此,IBM 立即行动与供应商达成网上交易的共识;通过集成 IT 和其他流程以统一的姿态与供应商开展业务;重组业务流程,实施集中采购战略;与供应商协作,通过因特网增加供应链的可见度。

收效是明显的，对于IBM来说，电子元件和其他硬件的采购额占IBM销售商品总成本的76%。如今，在该公司每年采购的460亿美元商品和服务中，逾九成通过网上系统进行。

1. 快速行动

IBM的管理人员并不讳言当时遇到的困难。然而取得的进展却是迅速而显而易见的。该公司采购战略和流程改革副总裁Pat. Knight说："实施起来非常不容易。刚开始的时候，通过英特网同我们做生意的供应商数目为零，而现在这一数目是2.7万。"

然而面临的挑战是，如何使供应商相信电子化采购所具有的优势。许多公司对基于网络的业务渠道持谨慎态度。有些厂商不愿意在网上进行价格谈判，还有的对网络安全性不放心。

Knight说："这是一个价值取向的战略。在决定通过电子化方式来做生意时，供应商就必须选择要么按照这种方式，要么去找其他的用户。"

Knight认为快速行动非常关键。她说："行动得越早，推广起来就越快。对于供应商来说，如果有100个人要求他们这样做，他们就会被弄糊涂了。在那时候，我们同供应商一起做了很多工作。"

随着IBM下一阶段计划的推出，合作伙伴是否准备好仍然是一个问题。Knight称，在网上发出一份采购订单并不困难，困难的是把复杂得多的各种流程放到网上去做。这些流程包括协作设计、技术方案制定、采购批量计划和预测、库存管理，以及当涉及外包制造服务时的供应问题等等。

2. 对供应商保持统一

观察家称，IBM煞费苦心推行其流程，在电子化采购方面已走在了业界的前列。Aberdeen集团的分析师TimMinahan说："IBM最先认识到供应商关系及其对自身总体表现的重要性，很长一段时间以来，其在采购方面的表现出类拔萃。"

IBM的战略是，通过集成IT和其他流程以统一的姿态出现在供应商面前。基于这种考虑，IBM公司连接至供应门户的专用交易平台诞生了。Knight说："在IBM的网站上我们有一个供应入口，这是所有联系的统一入口。我们把它看作是拥有2.7万个供应商的最大的专用交易平台，其业务可以是简单的开发票或下订单，也可以是复杂的产品推介功能。"

IBM的应用工具包内容包括：基于英特网的报价工具、物料补给、便于外包制造商处理IBM物料订单的过程、图形交换使公司可以分享技术设计信息、流程更改及停产通知的管理。

起初，该公司自己开发出电子化采购软件，向元器件及其他供应商提供培训和现场技术支持。IBM现在同i2技术公司和Ariba合作，将来准备更多地转向其他软件供应商。

有些供应商仍然使用EDI来处理一部分交易，包括采购订单、发票、发运通知等。Knight说："我们将某些传统的业务继续留给EDI处理，同时扩展英特网渠道。"

并非所有的供应商都在网上处理业务。AMD公司的一位发言人称，他们公司就没有这样做，尽管他们同IBM就电子化采购的问题进行过讨论。另一家供应商则称，同IBM在网上进行交易的复杂性因情况的不同而不同，通常取决于从该供应商采购金额的大小。

IBM同其他公司共同创建了E2open，但仅使用该交易平台出售过量库存。Knight称，IBM的采购部门只是以"内部方式"使用该公共平台，如跟E2open伙伴合作，推动RosettaNet等标准的应用。

3. 集中采购，重构业务流程

分析师及业界管理人员称，企业要成功实施网上采购，首先必须使其采购部门运作良好。IBM就是这样做的，他们所做的每一步都遵从这样的目标：更好地协作、整合供应商、降低成本。达到这些目标的关键是把注意力放在集中采购上。

IBM 全球服务部门的采购副总裁 William Schaefer 说："以前，我们的采购职能严重分散，每个工厂和每个业务单元都有自己的采购部门，以不同的方式工作。那时候，最高管理层并没认识到采购部门的重要性，不愿意把最出色的员工放在那里。"

90 年代中期 IBM 有 100 多个采购部门，常常与同一个供应商签有多份采购合同。Knight 说："我记得有一次，在美国我们曾与一个供应商签了 85 份合同。你可以想象获利的是哪一方。"大部分工作是通过手工进行的。公司管理人员称，当时 IBM 的采购工作局限于手工进行，人手解放不出来。

到 90 年代中情况发生了变化，该公司意识到成本和效率可以做到集中控制。IBM 的第一阶段改革计划包括：将资源由行政转到采购；建立公共的流程、工具和管理系统；启动提升竞争力和成本降低计划。

在第二阶段，IBM 制定了计划，实施流程重组、供应商更大限度的参与，以及在同行业中衡量竞争力。这些举措使 IBM 能够实施电子化采购中的关键部分：用网络覆盖所有流程、交易和采购、覆盖全部供应商、采购实现无纸化。

付出的努力已经有了回报。6 年前，IBM 采购订单的处理周期是 30 天，现在只要 1 天。1995 年该公司的合约周期是半年到一年，现在只有 30 天。即使是仍需要纸面处理的领域，他们也取得了巨大进步，一般合同的长度从 100 多页减少到只有 6 页。

通过降低管理成本、缩短订单周期、更好地进行业务控制，以及实施电子化采购带来其他方面效率的提高，去年 IBM 节省了 3.77 亿美元。此外，IBM 的竞争优势也得到了提高，Knight 估计每年该数目在 30 到 40 亿美元之间，与业界其他同行相比较，这一数字可以反映出该公司的成本降低水平。

她举例说，如果 DRAM 的价格下降了 10%，而竞争对手能够以低于 10% 的价格买到该元件，那么 IBM 只有以比下降 10% 更低的价格才能取得竞争优势。

Schaefer 说："自动化采购带来的最基本价值在于：我们可以从耗费大量时间的事务性工作中脱身。以前，采购人员每天花 5 个小时在电话里回答别人的问题：他们的订单在哪里，为什么还没有发货。而如今采购不再是一个服务性的部门。"

Knight 说："我们把它当作是很有影响力的部门。采购在公司里的角色正在改变，这不是指某人已达成一笔最好的交易。采购角色具有第一位的影响，可通过新产品推介来利用供应商的技术。这些转变可使公司受益，也可使供应商受益。"

引导思路

(1) IBM 公司新的采购模式具有哪些优点？

(2) 简述 IBM 公司采购管理的基本流程。

(3) IBM 公司的采购模式对于其他企业有何启示？

项目一　招标采购组织与实施

教学要点

(1) 利用网络，收集有关企业招标采购的相关资料；

(2)分小组组织招、投标工作；

(3)形成招标报告，并进行评标、定标。

教学方法

可采用讲授、情境教学、案例教学和分组讨论等方法。

一、招标采购概述

所谓标，就是标书，就是任务计划书、任务目标的意思。

招标的定义：招标是指在一定范围内公开货物、工程或服务采购的条件和要求，邀请众多投标人参加投标，并按照规定程序从中选择交易对象的一种市场交易行为。

所谓招标采购：就是通过招标方式寻找最好的供应商进行采购的采购方法。

招标投标形式在我国发展历史不长，起源于 20 世纪 80 年代。从 20 世纪 80 年代初开始，我国先后在国家基本建设项目、机械成套设备、进口机电设备、科研课题、项目融资等领域推行招标投标制度。

我国国务院有关部委先后制定了一系列的招标投标的条例、规章、制度、法律等，规范招标投标制度。例如：

1984 年国家计委与建设部发布了《建设工程招标投标暂行规定》。

1997 年，国家计委制定并发布了《国家基本建设大中型项目实行招标投标的暂行规定》；

1985 年以来，有关部门先后发布了《申请进口机电设备国内招标暂行办法》、《机电设备招标投标指南》和《机电设备招标投标管理办法》。1995 年，国内贸易部发布了《建设工程设备招标投标管理试行办法》。特别是 1999 年，国家计委受全国人大和国务院的委托，牵头起草了我国第一部综合性的《招标投标法》，统一指导我国包括企业采购在内的各个行业的招标投标活动，保证了我国招标投标活动的正常进行。

二、招标采购的基本过程

(一)情景设置

现某学校物流管理系对实验室设备进行招标采购，采购教学设备清单见表 8-1。

采购设备清单

表 8-1

序　号	设备名称	单　位	数　量
1	PC	台	60
2	交换机	台	3
3	计算机桌	张	60
4	凳子	个	65
5	讲师桌椅	套	1
6	空调	台	1
7	系统布线	批	1
8	多媒体音箱	套	1
9	服务器	台	1
10	服务器机柜	个	1

组织学生 4 ~ 5 人为一组，进行招标文件的起草，组织招标工作。组织学生 4 ~ 5 人为一组，扮演投标方，参与购买方招标活动。在班级中随机抽 5 名同学进行评标，提交评标报告。招标组织方进行定标，发布中标公告。该采购开始与截止时间跨度不超过 1 个月。

（二）技能训练目标

能够根据物流企业的战略目标、企业的状况、目标市场的特点来确定物流市场调研的内容。

（三）相关理论知识

1. 招标的方式

招标可以分成两种方式：公开招标和邀请招标。

公开招标，是指招标人以招标公告的方式邀请不特定的投标者；又叫竞争性招标，即由招标人在报刊、电子网络或其他媒体上刊登招标公告，吸引众多企业单位参加投标竞争，招标人从中择优选择中标单位的招标方式。

邀请招标，是指招标人以投标邀请书的方式邀请特定的投标者，也称有限竞争性招标（Restricted Tendering）或选择性招标（Selective Tendering），即由招标单位选择一定数目的企业，向其发出投标邀请书，邀请他们参加招标竞争。一般都选择 3 ~ 10 个之间参加者较为适宜，当然要视具体的招标项目的规模大小而定。由于被邀请参加的投标竞争者有限，不仅可以节约招标费用，而且提高了每个投标者的中标机会。然而，由于邀请招标限制了充分的竞争，因此招标投标法规一般都规定，招标人应尽量采用公开招标。

邀请招标的特点是：

（1）邀请投标不使用公开的公告形式；

（2）接受邀请的单位才是合格投标人；

（3）投标人的数量有限。

两者除邀请方式不同以外，其他步骤都大体相同。

2. 招标采购的过程

一个完整的招标采购过程，基本上可以分为五个阶段：

1）策划

招标活动，是一项涉及范围很大的大型活动。因此，开展一次招标活动，需要进行很认真的周密策划。招标策划主要应当作以下的工作：

（1）明确招标的内容和目标，对招标采购的必要性和可行性进行充分的研究和探讨。必要性——有没有必要采用招标形式；可行性——采用招标形式是否可行，能不能有人来投标，有没有能力组织招标等等。

（2）对招标书的标底要仔细研究确定。什么是标底？——工程或设备，或工程和设备都有而计算出的一个合理的基本价格。标底的作用——降低价格，保证质量。

（3）对招标的方案、操作步骤、时间进度等进行研究决定。例如是采用公开招标还是邀请招标，是自己亲自主持招标还是请人代理招标，分成哪些步骤，每一步怎么进行等。

（4）对评标方法和评标小组进行讨论研究。

（5）把以上讨论形成的方案计划形成文件，交由企业领导层讨论决定，取得企业领导决策层的同意和支持，有些甚至可能还要经过公司董事会的同意和支持。

以上的策划活动有很多诀窍。有一些企业为了慎重，特意请咨询公司代理进行策划。

2）招标

在招标方案得到公司的同意和支持以后，就要进入实际操作阶段。招标的第一个阶段就是招标阶段。招标阶段的工作主要有：

（1）形成招标书。招标书是招标活动的核心文件，要认真起草好招标书。

（2）对招标书的标底进行仔细研究确定。有些要召开专家会议，甚至邀请一些咨询公司代理。

（3）招标书发送。要采用适当的方式，将招标书传送到所希望的投标人手中。例如对于公开招标，可以在媒体上发布；对于选择性招标，可以用挂号或特快专递直接送交所选择的投标人。许多标书是要花钱买的，有些标书规定要交一定的保证金，这些招标书要交钱以后才能得到。

3）投标

投标人在收到招标书以后，如果愿意投标，就要进入投标程序。

投标书、投标报价需要特别认真的研究，仔细地论证完成。这些内容是要和许多供应商竞争评比的，既要先进，又要合理，还要有利可图。

投标文件要在规定的时间准备好，一份正本、若干份副本，并且分别封装签章，信封上分别注明"正本"、"副本"字样，寄到招标单位。

4）评标

评标，是招标方的主权。评标系统是招标方根据自己的利益和客观、公正、公平的原则自主建立的。评标的根本目的，就是选中真正最优的技术方案投标方，为自己带来最大的效益。

招标方将根据招标任务的特点组建评标小组（或委员会），评标小组成员5人以上，为表决方便，应取单数。其成员中，有投标方企业的人员，也要有一定数量的由技术、经贸、法律等方面的专家。评标小组根据公正、公平、公开原则对所有投标方的投标文件进行审查、质疑、评估、比较，并把最后的评比结果交给招标方。

确定评标考核指标体系是整个评标的关键。评考指标体系设置的科学、合理与否，在很大程度上将直接影响招标活动的顺利进行。因此，评考指标体系的确定，不能仅仅局限于投标单位的资格条件、经验、规模、服务和财务能力等，还要考虑到各方面的综合因素，便于操作。

在实际评标过程中，常用的评考指标体系有：投标商品的价格、技术性能、质量水平、交货期、付款条件、售后服务、资信及履约能力、合作精神和其他优惠条件等。根据具体情况可以在其基础上适当增加或减少。

要评价一个方案的好坏，不是只看某一个指标，而是要看各个指标的综合效果。这就要把每个指标的评价结果"加"起来求出一个总评价值，也就是总成绩。但是在评价指标体系的多个评价指标中，不是每个指标的重要性都是同等重要的。有的指标明显重要一些，有的就不那么重要。所以，为了表示各个指标的不同重要性，应当分别赋予每个指标不同的权值，把各个指标进行加权求和得出综合评价值。

确定评价指标体系、定义各个指标的含义及其判别标准以及各个指标的相对重要程度，是一个非常重要而又较难的工作。它直接关系到各个评委评标的可操作性、评标水平、评标的客观性和公正性，决定了整个评标的质量和能否真正选出最优的投标方案。所以它是评标工作的关键，要非常重视。

可以把评标小组全体成员集合到一起，再聘请一些专家，再加上企业的一些管理人员、作业人员，一起认真研究，一个一个指标进行讨论，形成一个标准文件，然后决定根据这个标准文件进行评标。这样做，就可以保证评标的质量。

为便于操作，一个重要的途径就是指标量化。这个量化，不仅是各个指标要量化，每个指标的重要性也要量化。认真确定考评指标体系中各个指标的权值，把每个指标值与其相应的权值相乘再相加，就可以得出综合指标评价值。这个评价值越高，方案越好。

招标方收到投标书后，直到招标会开会那天，不得事先开封。只有当招标会开始，投标人到达会场，才将投标书邮件交投标人检查签封完好后，当面开封。

开封后，投标人可以拿着自己的投标书当着全体评标小组陈述自己的投标书并接受全体评委的质询，或者甚至参加投标辩论。陈述辩论完毕，投标者退出会场，全体评标人员进行分析评比，最后投票或打分选出中标人。

5）定标

在全体评标人员投票或打分选出中标人以后，交给投标方，通知中标方。同时对于未中标者也要明确通知他们，并表示感谢。

以上是一般情况下的招标采购的全过程。在特殊的场合，招标的步骤和方式也可能有一些变化。

3. 招标采购的优越性

（1）体现了公开、公正和公平原则。

（2）体现了竞争原则。

（3）体现了优化原则：

由于投标竞争比较激烈，众多的投标者通过竞争最后只能有一个中标者。平等竞争、方案优越者才能取胜。所以，每个投标者必然会调动全部的智慧、竭尽全力制定和提供最优的方案参与竞争。所以可以说每个投标者提供的方案都是各自的最优方案。而评标小组又在这些方案的基础上，进一步分析比较选出更优的方案。因此，这就保证了最后的中标方案是在集中了众多投标者集体智慧的基础上所形成的最优方。

4. 招标采购的适用情况

招标采购一般是一项比较庞大的活动，牵涉面广、费时间、费精力、成本高。因此并不是什么情况都要用招标投标的方法。即使采用，也不应频繁使用，一船只适宜于比较重大的项目，或者影响比较深远的项目。例如以下情况：

（1）寻找比较长时间的持续物资供应商。的长期物资供应伙伴时采用招标方式。

（2）寻找一次批量比较大的物资供应商。

（3）寻找一项比较大的建设工程的工程建设和物资采购供应商等。

对于小批量物资采购，或者比较小的建设工程，一般少用招标方式，因为这样做成本太高、不合算。

（四）技能训练准备

（1）学生每 5 人为一个小组，每个小组选一名组长；

（2）按招、投标的要求进行分组；

（3）教师现场指导；

（4）训练时间安排：1 学时。

(五)技能训练步骤

(1)招标方:以小组形式进行讨论,编制招标文件。

(2)投标方:以小组形式根据招标方要求,编写投标文件。

(3)评标专家组进行评标,提交一份评标报告。

(4)招标方提交一份中标公告,并通知各投标方。

(六)技能训练注意事项

(1)招标方和投标方在开标前不得互相联系。

(2)招标和投标文件按规定要求编写。

(3)评标、定标要公正、合理。

思考练习

一、简 答 题

(1)什么是招标采购?

(2)什么是公开招标?

(3)招标采购的过程有哪些?

二、案 例 分 析

Storebaelt 大桥的招标程序

对政府机构而言,采购和招标并不是简单的事情。我们可以从几年前丹麦政府对一座大桥的建设进行公开招标时所产生的问题来说明。

本案例关注 Storebaelt 大桥的招标过程。该桥长 6 公里,是丹麦一个连接 Funen 和 Seeland 两地的基础设施项目的一部分。工程施工的总长度为 17 公里。作为这个巨额投资项目的一部分,其招标过程必须依照欧盟关于政府采购的指令来进行。丹麦政府选择了欧盟招标委员会的公开招标程序。在竞标的建筑公司中,最初有 5 家联合公司(即所谓的集团)被选中。最终,European Storebaelt Group(ESG)中标,该联合公司受丹麦政府控制。

然而,在正式授标之前,一家联合公司向欧盟委员会提交了抗议书,因为该投标过程显然已经违反了欧盟指令。其次,分发给每个集团公司的招标文件规定,各方必须由丹麦供应商来提供物资和劳务,而且需要雇佣丹麦人完成施工。这显然与欧盟条约和政府采购指令所规定的无歧视原则相冲突。

另外,当谈判时,European Storebaelt Group 的出价被作为参考标准。正像我们所讨论的,这将对其他所有的投标者造成损害。抗议书最后还指出 ESG 的出价并不符合欧盟投标委员会和行业领域的规定和评价标准。

早在授予合同前,欧洲委员会就收到了这些抗议,并且通知丹麦政府所有相关事宜。紧接着,通过正式的诉讼程序,要求丹麦政府立即停止招标。在被丹麦政府拒绝后,该诉讼被递交至欧洲法院,同时委员会要求法院责令丹麦政府暂停所有行动直到法院作出判决。

在法庭上,丹麦政府不得不承认违反了无歧视原则。在丹麦政府宣布愿意向利益受到损害的集团支付罚金之后,该诉讼才被撤销。据悉,丹麦政府不得不支付 700 多万欧元的罚金。

思考题：

(1)丹麦政府不得不支付700多万欧元罚金的原因是什么？

(2)从本案例你得到了哪些启示？

项目二 电子商务采购与实施

教学要点

(1)利用网络，收集企业有关电子商务采购相关资料；

(2)分小组讨论，拟定一份企业电子商务采购计划；

(3)形成对企业电子商务采购的报告。

教学方法

可采用讲授、情境教学、案例教学和分组讨论等方法。

一、电子商务采购的认知

(一)电子商务采购的概念

电子商务采购是指基于互联网技术的采购方式。它能够使企业通过网络，寻找管理合格的供货商和物品，随时了解市场行情和库存情况，编制销售计划，在线采购所需的物品，并对采购订单和采购的物品进行在途管理、台账管理和库存管理，实现采购的自动统计分析。

电子商务采购同许多新事物一样，最先兴起于美国，它的最初形式是一对一的电子数据交换系统，即EDI。这种由大买家驱使，连接自己供应商的电子商务系统，的确大幅度地促进了采购的效率，但早期的解决方式价格昂贵，耗费庞大，且由于其封闭性仅能为一家买家服务，尤令中小供应商和买家却步。

(二)电子商务采购的优势

1. 传统采购模式的弱点

1)低效的商品选择过程

采购中商品以及供应商的选择是一项费时费力的事情，采购人员需要到众多供应商的产品目录里查询产品及其定价信息，由于信息来源的多样性，如报纸、电视、熟人介绍等都很费时间，我们以最低向三家供应商询价和选择商品为例，一般要用2～3天左右时间，而且可能还要消耗不少的人力、物力。

2)费时的手工订货操作

商品和供应商确定后，企业还要安排定货，以手工方式和纸面文件为基础的需求提出至定货过程有时需要与供应商见多次面，以及多次传真、电话联系，才能正式下定单，而且下定单后很可能还要监督定单的执行过程。

3)不规则采购，易生腐败现象

在一些企业由于购买性资金使用不透明、不公开，随意性强，在货物、工程和服务的采购过程中，往往是个人因素起决定作用，相互利用，权钱交易、行贿受贿，败坏了社会风气；有些不按照正常的采购程序采购，如没有合同的非授权采购，使采购企业无法获得其采购合同谈判所带来的好处等，这些都给企业带来了经济上的损失。

4）昂贵的存货成本和采购成本

由于采购过程的低效率和费时，企业尤其是大企业常常大量采购，以应付未来之需。这样，很多企业需要一定的费用支持存货，而实际上，这些存货很可能在几个月后才能派上用场。此外，由于采购人对供应商的比选不充分，采购商品和服务的价格很可能较高，再加上采购的潜在成本，使得采购商品和服务成本超出预计。

5）冗长的采购周期

由于采购过程中复杂的手工审批、评标过程中组织工作量大，以及过长的采购和定货周期，削弱了企业在这个时间就是金钱的商业社会中的竞争优势。

6）复杂的采购管理

在传统的采购模式下，一般企业都会建立一套分级采购审批程序，以防止采购费用的过度支出以及滥用职权，这种审批程序为本来就低效和费时的采购又加上了新的枷锁。

7）难以实现采购的战略性管理

采购作为企业整体运行的一部分，需要纳入企业的整体战略管理。但是由于采购的数据收集费时，使得采购战略难以实现。

2. 电子商务采购的优势

电子商务采购将从根本上改变商务活动的模式。它不仅将间接商品和服务采购过程自动化，极大地提高了效益，降低了采购成本，而且使企业在一定程度上避免了因信息不对称引起的资源浪费，有利于社会资源的有效配置，从而使企业更具有战略性的眼光进行采购。电子商务采购给企业带来的好处（对购买方而言）包括：

1）货比三家

选择最佳的货物来源，降低采购成本和采购价格。电子商务采购的信息处理和管理是建立在因特网基础上的，因特网的开放性使消费者、企业及其供应链之间建立了一种协调关系。

2）有利于采购企业对商家信誉进行评估

为了使网上交易更加可信，需要在网上建立一套商家信用评估体系。买家和卖家可以对双方交易的过程和结果在网上发表意见；采购企业可以对商家的产品和售后服务进行打分，通过自己的数据库进行分析评估，得出卖家的交易诚信得分。

3）迅速有效地组织评估并确保评估的公正性

实行网上采购，一方面供应商可以更为方便、快捷地通过网络发布招标信息、报送标书，还可以在网上发现及获取到大量潜在的买家，扩大自己的产品供应面，缩短采购周期。

4）随时了解市场行情和库存情况，科学制定采购计划

企业在采购系统中建立自己的库存信息档案，及时更新，这样就可以通过网上查询来获取库存信息，及时审批和决定采购实施，避免盲目采购、超前采购、重复采购或非需求性采购。

5）缩短了产品的生产周期

研究表明，很多产品的生产成本主要与生产周期的长短有关，而不是产量（所谓的规模经济）。

6）提高了市场透明度

市场透明度关系到购买方的有效采购，它包括产品透明度（即可以采购何种产品代替现

有产品)、供应商透明度(即哪家供应商可以取代现在的供应商)和价格透明度(即此产品在市场上的价格是多少)。通过在这三方面提高市场透明度,加强供货市场竞争,从而使货物价格下降及统一。

改善后的信息共享能限制这种低效情况,并有助于更有效的部署资源。电子商务采购平台也能在库存过时之前通过拍卖为供应商提供一个更有效的处理多余库存的方法。

二、电子商务采购模式

电子商务采购与其他企业应用软件相比有一个很大的不同点,其他应用软件如仓库管理软件、运输管理软件、财务管理软件等,他们的主要信息都是来源于企业内部,而电子商务采购所要进行的业务却关系到供应商和采购商两个主体,特别是采购物料信息,均来自企业外部,这给电子商务采购模式的建立提供了各种可能性。主要说来,企业的电子商务采购模式有以下三种:

1. 卖方模式

卖方模式是指供应商在互联网上发布其产品的在线目录,采购方则通过浏览来取得所需的商品信息,以作出采购决策,并下订单以及确定付款和交付选择。

2. 买方模式

买方模式是指采购方在互联网上发布所需采购产品的信息,供应商在采购方的网站上登录自己的产品信息,供采购方评估,并通过采购方网站双方进行进一步的信息沟通,完成采购业务的全过程。

3. 市场模式

市场模式是指供应商和采购方通过第三方设立的网站进行采购业务的过程。在这个模式里,无论是供应商还是采购方都只需在第三方网站(也是独立的门户网站)上发布并描绘自己提供或需要的产品信息,第三方网站则负责产品信息的归纳和整理,以便于用户使用。

三、电子商务采购的系统程序

(一)情景设置

某公司要采购一批办公用电脑,电脑必须为品牌机,具体配置要求为21寸液晶显示器,2G内存,1T硬盘,集成显卡和声卡,CPU为英特尔酷睿I5处理器,电脑需带加密功能。将学生分为两组,一组为采购人员(采购组),另一组为电脑供应商(供应组),两部分学生在电子商务网(如淘宝网)上模拟采购,并将整个采购过程整理成实训报告。

(二)技能训练目标

能够根据企业的要求,在网上进行电子商务采购,掌握电子商务采购的过程。

(三)相关理论知识

1. 电子商务采购系统的基本程序

(1)商品报价请求。客户方向供货方提出商品报价请求,说明想购买的商品信息。

(2)商品的报价。供货方向客户方回答该商品的报价,说明该商品的报价信息。

(3)商品订购单。客户方向供货方提出商品订购单,初步说明确定购买的商品信息。

(4)商品订购单的应答。供货方向客户对提出的商品订购单的应答说明有无此商品及规格型号、品种、质量等信息。

(5)商品订购单变更请求。客户根据应答提出是否对商品订购单有变更请求,说明最后确定购买商品的信息。

(6)商品发货通知。供货方向客户说明关于运输公司、发货地点、运输设备和包装等信息。

(7)商品运输说明。供货方对运输的工具、方式以及交货地点向买方进行说明。

2. 企业实施电子商务采购的步骤

企业实施电子商务采购的步骤一般可以从以下几方面考虑:

(1)提供培训

很多企业只在系统开发完成之后才对使用者进行应用技术培训。但是国外企业和国内一些成功企业的做法表明,事先对所有使用者提供充分的培训是电子商务采购成功的一个关键因素。

(2)建立数据源

是为在互联网上采购和供应管理功能积累数据。主要包括:供应商目录、供应商的原料和产品信息、各种文档样本、与采购相关的其他网站、可检索的数据库、搜索工具。

(3)成立正式的项目小组

小组需要由高层管理者直接领导,其成员应当包括项目实施的整个进程所涉及的各个层面,包括:信息技术、采购、仓储、生产、计划等部门,甚至包括互联网服务提供商(ISP)、应用服务提供商(ASP),供应商等外部组织的成员。每个成员对各种方案选择的意见、风险、成本、程序安装和监督程序运行的职责分配等进行充分地交流和讨论,以取得共识。企业的实践证明事先做好组织上的准备是保证整个进程顺利进行的前提。

(4)广泛调研,收集意见

为做好电子商务采购系统,应广泛听取各方面的意见,包括有技术特长的人员、管理人员、软件供应商等。同时要借鉴其他企业行之有效的做法,在统一意见的基础上,制订和完善有关的技术方案。

(5)建立企业内部管理信息系统,实现业务数据的计算机自动化管理。

在企业的电子商务采购系统网站中,设置电子商务采购功能板块,使整个采购过程始终与管理层、相关部门、供应商以及其他相关内、外部人员保持动态的实时联系。

(6)应用之前测试所有功能模块。

(7)培训使用者。

(8)网站发布。

利用电子商务网站和企业内部网收集企业内部各个单位的采购申请,并对这些申请进行统计整理,形成采购招标计划,并在网上进行发布。

(四)技能训练准备

(1)学生在实验室上机,登陆电子商务网站,进行电子商务采购;

(2)教师现场指导;

(3)训练时间安排:1 学时。

(五)技能训练步骤

(1)将两部分学生分别分组。各采购组根据供应组的供应情况,自主选择最优的产品。

(2)在实训过程中记录遇到哪些问题,并找出解决办法。

(3)将整个电子商务采购过程整理成实训报告,并写出心得体会。

(4)每个组将各自汇报实训报告内容。

(六)技能训练注意事项

(1)采购组根据企业的要求进行采购,达到采购的目的。

(2)每个供应组作为单独的商家,不可相互联系。

(3)采购的结果必须合理、公正。

思考练习

一、简 答 题

(1)网上采购与一般采购有哪些不同?

(2)电子商务采购的优点是什么?

(3)进行电子商务采购的步骤有哪些?

二、案 例 分 析

DELL 的电子商务渠道

中国互联网络信息中心年前公布的数据显示,中国目前互联网人数已经达到了 3.84 亿,不仅全球第一,甚至超过了第二名美国的总人口数。随着互联网人数的增加,社会性媒体相应地蓬勃发展。上网看视频,发照片,上开心网、人人网,玩休闲游戏,写博客,发微博,已经成为了网民日常生活不可分割的一部分。与此同时,商务交易类网上应用异军突起,中国的网络消费呈现快速增长的显着趋势。

这些都引发了企业对在线营销和电子商务的重视思考,许多企业开始纷纷加入社会型媒体的浪潮。

2010 年 3 月 25 日,戴尔在北京举办了电子商务与在线营销圆桌论坛,戴尔公司全球中小企业在线业务部总监 Michael Buck 表示,戴尔网站的访问量达到了每年 130 亿次点击,几乎每秒钟都会在线订单生产,2009 年戴尔中国在线营销业务量更是翻了一番。

其实,戴尔可以说是较早接触互联网营销的公司之一,其之前坚守的直销模式就是从在线方式(dell. com)和电话开始的,而且 dell. com 也已经成为全球最大的电子商务平台之一。而如今随着互联网的迅速发展,互联网营销的模式也发生着巨大的变化,戴尔不但在官方网站 dell. com 上面销售产品,还积极在淘宝、当当等拓展新的在线销售渠道,并引入企业博客、新浪微博等 Web2. 0 因素,以此来进一步丰富和发展戴尔引以为豪的直接模式。

以开放心态实现电子商务渠道多元化

据了解,戴尔的渠道多元化策略前几年就已经启动。从 2007 年年初开始,一向只做网上直销和电话直销的戴尔就开始在国内陆续推出地面体验店,改变过往只能在网上浏览和订购产品的方式。不过体验店内的工作人员只帮用户下订单，用户不能直接在店面购买产品。2007 年 9 月，戴尔与国美电器达成合作，在国美 500 多家店面里销售戴尔家用笔记本电脑与台式电脑。2008 年 4 月 2 日，戴尔宣布“商业产品合作伙伴计划”，通过该计划，戴尔预计年内招募 1000 家合作伙伴，提升其在国内三、四、五级市场的覆盖能力。2008 年底，戴尔又开始试水其他网络营销方式，相继在淘宝网、当当网开旗舰店，以此来弥补戴尔自身网站以往先付款后到货方式的不足。

戴尔的多种电子商务渠道如下：

戴尔官网

戴尔淘宝旗舰店

戴尔当当旗旗舰店

京东商城上的戴尔笔记本电脑专区

……

不过，由于网上营销可能会冲击当地代理商的利益，有些 IT 厂商不但不支持网上电子商务方式，反而可能会给予打压。另外，戴尔现在提供的线上购买渠道有多种，客户既可以直接在戴尔官网上下订单，也可以在京东商城、淘宝旗舰店上购买戴尔产品，渠道利益平衡、避免恶性价格竞争都是很大的难题。

对此，戴尔却以一种轻松、开放的心态看待。迈克尔·巴克表示，“中国的市场机会非常多，我们为客户提供更多的渠道选择，只要客户喜欢，我们并不担心渠道之间的冲突。”

谈到戴尔官网电子商务平台与其他网站的区别，迈克尔·巴克表示，戴尔网站可以提供更多的产品、技术、方案信息，而一般电子商务网站对产品的介绍不够。据了解，一般网站如果客户在 7 秒钟之内不下订单，那这个客户就会流失，而客户访问戴尔网站的平均时间却是 30 分钟。这是因为 dell. com 不仅是电子商务平台，也是客户查询丰富信息，接受培训教育的地方。

思考题：

(1) 戴尔的电子商务渠道有哪些？

(2) 戴尔为什么要发展其他类型的电子商务渠道？

项目三　国际采购与实施

教学要点

(1) 利用网络，收集企业有关国际采购的相关资料；

(2) 分小组讨论国际采购的优点和问题；

(3) 掌握国际采购的基本流程。

教学方法

可采用讲授、情境教学、案例教学和分组讨论等方法。

一、国际采购的认知

1. 国际采购的概念

国际采购是指利用全球的资源，在全世界范围内去寻找供应商，寻找质量最好、价格合理的产品（货物与服务）。

经济的全球化，使企业在一个快速变化的新世界和新经济秩序中生存与发展，采购行为已成为企业的重大战略。从某种意义上讲，采购与供应链管理可以使一个企业成为利润的“摇篮”，同样也可以使一个企业成为利润的“坟墓”。美国著名经济学家克里斯多夫讲过这样的话：“市场上只有供应链而没有企业，真正的竞争不是企业与企业之间的竞争，而是供应链与供应链之间的竞争。”

2. 国际市场采购的原因

质量：采用 ISO 9000 标准后，有了统一的具体标准；

沟通：现代技术的发展降低了电子通信的成本；

政治经济气候：关税在不断降低和取消；市场一体化趋势加强；

运输：与所有运输方式相关联的成本不断降低；

竞争：公司普遍面临市场竞争，因此寻找低成本的原材料和寻找先进技术一样重要。

价格：可能国外采购同样的货物要比在国内更便宜，这是因为订购量大、劳动力成本低、生产效率高、工厂好或者汇率变动等原因。

3. 国际市场采购的特点

(1)采购地距离遥远

由于国际市场采购一般距离比较远，所以对货源地市场情况不易了解清楚，给选择供应商造成一定困难，并且供应物流的过程也比较复杂。

(2)国际采购的程序比较复杂

国际市场从采购前的准备，到采购合同磋商、签订和履行，以及争议的处理等各个方面都较国内采购复杂的多，只有了解许多国际贸易的专业知识，才能顺利完成采购任务。

(3)国际采购的风险比较大

由于国际采购时间长、距离远，又涉及外汇汇率的变化，所以国际采购在运输、收购和结算等方面都面临着很大的风险

二、国际市场采购需要注意的几个问题

1. 供应商的选择是否合适

进行有效采购的关键问题应该是选择高效、负责的供应商。获得国际供应商的方法基本上和选择国内供应商的方法相同。为了获得更多的背景资料，最好的办法就是到供应商所在地进行实地调查。

2. 交货时间是否准时

虽然运输和通讯的发展使全球采购中的交货时间得以缩短，但是还会有一些因素会引起国际采购的交货时间延长。

3. 政治问题

供应商所在国的政治问题可能使供应产生中断的风险。例如供应商所在国发生战乱或者暴动等。采购者必须对风险作出估计,如果风险过高,购买者必须采取一些措施监视事态的发展,以便及时对不利事态作出反应并寻找替代办法。

4. 隐含成本过高

在将国内采购和国际市场采购作比较时,往往会忽略国际市场采购中的某些成本计算,或者有时也会出现一些突发事件使国际采购的成本增加,这些都是国际市场采购的隐含成本。

5. 汇率波动

采购方必须就采用买方国家的货币还是供应方国家的货币作出选择。如果交款时间比较短,就不会出现汇率波动问题。但是如果交款时间比较长,汇率就会产生比较大的变动,交货结算时的价格相对合同签订时就会有很大的出入。

6. 付款方式

7. 文本工作的费用

8. 法律问题

9. 语言

不同国家之间的文化差异客观存在,由风俗习惯而形成的人们共同遵守的行为规则大大不同,语言通常是一个成功的国际商业关系的主要障碍,也可能因为文化的差异造成对意思表达或者合同条款的理解不同,有时还会造成灾难性后果。

三、国际采购的程序

1. 收集数据

第一阶段是收集数据,为了实现采购写作,获得最大的收益,实施采购行为的每个采购部门必须收集相关的需求。数据的内容包括:

(1)目前的需求;

(2)对需求进行预测的结果;

(3)当前的供应商;

(4)潜在的供应商;

(5)产品特性;

(6)交易货币;

(7)总物流成本;

(8)出口价格(装船价);

(9)运输和保险费用;

(10)当地的其他费用。

2. 确定产品或服务的价格

传统的采购活动的重点在于对供应商的不同报价进行详细的比较,从而作出选择。而全球采购的方法是在全球市场上寻找最低的材料价格,然后再进行谈判。

3. 制订采购战略

在确定了期望价格之后,应制定一个实现目标的采购战略。传统采购方式主要以在供应商中重新分配采购规模带来的收益最大化为目标,希望签下一个或少数几个大宗订单。然而,以上所述战略提供了一个更严密的分阶段方法,使每个阶段的利益都最大化。这样供应商就可以利用这一机会，提供初期的数量激励，以强调价格的不同。

4. 战略执行和谈判

制定了战略之后，就可以开始为实现战略目标而谈判了。采购方在谈判的组织、内容、程序上都必须谨慎，以便实现最大利益。

四、国际采购的趋势

1. 为库存而采购到为订单而采购

在商品短缺的状态下，为了保证生产，必然形成为库存而采购，但在如今供大于求的状态下，为订单而采购则成了一条铁的规律。在市场经济条件下，大库存是企业的万恶之源，零库存或少库存成了企业的必然选择。制造订单的产生是在用户需求订单的驱动下产生的。然后，制造订单驱动采购订单，采购订单再驱动供应商。这种准时化的订单驱动模式可以准时响应用户的需求，从而降低了库存成本，提高了物流的速度和库存周转率。

2. 对采购商品的管理到对供应商外部资源的管理

由于供需双方建立起了一种长期的、互利的战略伙伴关系，因此供需双方可以及时把生产、质量、服务、交易期的信息实现共享，使供方严格按要求提供产品与服务，并根据生产需求协调供应商的计划，以实现准时化采购。最终使供应商进入生产过程与销售过程，实现双赢。

3. 采购方式单元化到多元化

传统的采购方式与渠道比较单一，但现在迅速向多元化方向发展，首先表现在全球化采购与本土化采购相结合。

跨国公司生产活动的区域布局更加符合各个国家的区位比较优势，而其采购活动也表现为全球化的采购，即企业以全球市场为选择范围，寻找最合适的供货商，而不是局限于某一地区。

其次表现在集中采购与分散采购相结合。采用集中采购还是分散采购，要看实际情况，不能一概而论。目前总的趋势是：采购职能倾向于更大程度的集中化；服务性企业采用集中采购比制造业企业要多；小企业采用集中采购的要比大企业多；随着公司大规模的跨国并购，更多的公司采用的是集中化分散采购的办法；组织结构扁平化必然导致企业控制权的分散，所以本土化的市场采购权在一定程度上向下分散；对于相同的常规需求和服务采用集中采购的办法。

第三是多供应商与单一供应商相结合。在一般情况下，跨国公司均采用多源供应即多供应商战略，在一个供应商那里的采购订单不会超过总需求量的25%，主要是为了防止风险，但也不是供应商越多越好。

第四是制造商采购与分销商采购相结合。大型企业因为需求量大，往往采取从制造商直接采购，而一揽子供应合同或 JIT 采购（即准时采购模式）往往依赖实力很强的分销商对大量小额订单集中处理。

最后一种方式是自营采购与外包采购相结合。

4. 普遍注重采购商品的社会责任环境

据统计，全球超过200家跨国公司已经制定并推行公司社会责任守则，要求供应商和合约工厂遵守劳工标准，安排公司职员或委托独立审核机构对其合约工厂定期进行现场评估，即我们常说的工厂认证或验厂。其中，家乐福、耐克、锐步、阿迪达斯、迪斯尼、美泰、雅芳、通用电气等超过 50 家公司已经在中国开展社会责任审核，有些公司还在中国设立了劳工和社会责任事务部门，根据专家估计，目前中国沿海地区已经有超过 8000 家企业接受这类审核，超过 50000 家企业将随时接受检查。

一些出口企业还深有感触地说，如今，不搞好劳工标准（包括工人的年龄、工人的工资、加班时间、食堂和宿舍条件等人权），简直没有办法和大公司做生意。目前，中国出口到欧美国家的服装、玩具、鞋类、家具、运动器材及日用五金等产品，都受到劳工标准的限制。

美国、法国、意大利等传统中国轻工业国产品进口的贸易组织正在讨论一项协议，要求中国所有纺织、成衣、玩具、鞋类等产品的企业必须事先经过 SA8000 标准的认证（即社会责任国际标准认证），否则就要联合抵制进口。SA8000 社会责任标准认证是全球第一个关于企业道德规范的国际标准，也是继绿色壁垒之后发达国家设置的又一个新的非关税贸易壁垒。其宗旨是明确生产商和供应商所提供的产品符合社会责任标准的要求，同时提高发展中国家产品的生产成本，扭转发达国家由于劳动力价格较高导致部分产品缺乏竞争力的不利局面。

思考练习

一、简 答 题

（1）国际采购的特点有哪些？

（2）进行国际采购时应注意什么问题？

（3）国际采购的趋势有哪些？

二、案 例 分 析

全球采购的浪潮及其影响

全球采购是汽车工业国际竞争的一个重要内容。由于市场竞争的加剧，各汽车制造公司纷纷打破传统的采购渠道，制定了质量好、价格低、准时供货和服务好的采购政策，同时还从零件采购改为组件采购，以减少装配工作量。各大汽车公司都逐步将自己的零部件公司独立出来成为专业化的零部件供应商，如通用汽车公司的德尔福（Deiphi）已经改造成为独立的公司。

为了适应这种新的采购方式的改变，近年来，一大批专业化的零部件制造厂和专业公司进一步发展壮大，加强了产品开发和科研力量，以系列化的优质产品供应各汽车制造厂，许多著名公司逐渐发展成为跨国公司。而各大汽车公司，如美国的三大汽车公司，德国的大众、宝马，意大利的菲亚特等，相继与全球各大汽车零部件公司签订合同，大量订购他们生产的零部件。日本的公司也已开始加入他们的行列，许多合同是 2 年、3 年或更长期的供货合同。很多技术先进、产品质量好的著名零部件公司，处于应接不暇的状态，其产品供不应求。有的企业加班生产，有的企业增加投资，扩大生产能力。这一切使汽车零部件市场出现了活跃局面。有些国家的汽车业生产不景气，但汽车零部件则开工率很高，韩国就是一个很典型的例子。

采购全球化的发展，对汽车零部件的标准化、通用化将提出更高的要求。

思考题：

(1)全球采购对汽车企业有何优点和挑战？

(2)我国的汽车如何应对全球采购浪潮的影响？

项目四 JIT采购与MRP采购

教学要点

(1)利用网络，收集JIT采购和MRP采购的相关资料；

(2)分小组讨论JIT采购和MRP采购各自的适用条件；

(3)掌握JIT采购和MRP采购的流程。

教学方法

可采用讲授、情境教学、案例教学和分组讨论等方法。

一、JIT 采 购

1. JIT采购的认知

JIT采购又称为准时化采购，它是由准时化生产(Just In Time)管理思想演变而来的。它的基本思想是：把合适的数量、合适质量的物品、在合适的时间供应到合适的地点。

准时化采购和准时化生产一样，它不但能够最好地满足用户需要，而且可以极大地消除库存、最大限度的消除浪费，从而极大地降低企业的采购成本和经营成本，提高企业的竞争力。正是因为JIT采购对于提高企业经济效益有着显著的效果，西方经济发达国家非常重视对JIT采购的研究与应用。据资料统计，到目前为止绝大多数的美国企业已经开始全部或局部应用JIT采购方法，并取得了良好的应用效果。

2. JIT采购的原理

日本丰田公司的大野耐一创造JIT生产方式是在美国参观超级市场时受超级市场的供货方式的启发而萌生的想法。而实际上超级市场模式本来就是一种采购供应的模式。有一个供应商、一个用户，双方形成了一个供需“节点”，需方是采购方，供应商是供应方，供方按照需方的要求给需方进行准时化供货，它们之间的采购供应关系，就是一种准时化采购模式，JIT采购的主要原理主要表现在以下几个方面：

与传统采购面向库存不同，准时化采购是一种直接面向需求的采购模式，它的采购送货是直接送到需求点上。

用户需要什么，就送什么，品种规格符合客户需要。

用户需要什么质量，就送什么质量，品种质量符合客户需要，拒绝次品和废品。

用户需要多少就送多少，不少送，也不多送。

用户什么时候需要，就什么时候送货，不晚送，也不早送，非常准时。

用户在什么地点需要，就送到什么地点。

以上几条，即是JIT采购的原理，它既做到了很好的满足企业对物资的需求，又使得企业的库存量最小，只要在生产线边有一点临时的存放，一天工作完，这些临时存放就消失了，库存完全为零。依据 JIT 采购的原理，一个企业中的所有活动只有当需要进行的时候接受服务，才是最合算的。

3. JIT 采购的主要优点

传统采购是填充库存，并以一定的库存来应对企业需求，为了保证企业生产经营的正常进行和应付物资采购过程中的各种不确定性（如市场变化、物资短缺、运输条件约束等），常常产生大量的原材料和外购件库存。虽然传统采购方式也在极力进行库存控制，想方设法地压缩库存，但是由于机制问题，其压缩库存的能力是有限的。特别是在需求急剧变化的情况下，常常导致既有高库存，又出现某些物资缺货的局面。高库存增加了成本，缺货则直接影响生产。而 JIT 作为一种先进的采购模式，不但可以有效克服传统采购的缺陷，提高物资采购的效率和质量，还可以有效提升企业的管理水平，为企业带来巨大的经济效益。

主要优点包括以下几个方面：

1）有利于暴露生产过程隐藏的问题

从深层次上提高生产效率：JIT 采购认为，过高的库存不仅增加了库存的成本，而且还将许多生产上、管理上的矛盾掩盖起来，使问题得不到及时解决，日积月累，小问题就可能积累成了大问题，严重地影响企业的生产效率。而 JIT 是一种理想的物资采购方式，它设置了一个最高标准，一种极限目标，即原材料和外购件的库存为零，质量缺陷为零。同时，为了尽可能地实现这样的目标，JIT 采购提供了一个不断改进的有效途径，即降低原材料和外购件库存—暴露物资采购问题—采取措施解决问题—降低原材料和外购件库存。JIT 采购通过不断减少外购件和原材料的库存来暴露生产过程的隐藏的问题，从解决深层次的问题上来提高生产效率。

2）消除了生产过程的不增值过程

提高了生产效率：在企业采购中，存有大量的不增加产品价值的活动，如订货、修改订货、收货、装卸、开票、质量检验、点数、入库及运转等，把大量时间、精力、资金花在这些活动上是一种浪费。JIT 采购由于大大地精简了采购作业流程，因此消除了这些浪费，极大地提高了工作效率。

3）进一步减少并最终消除原材料和外购件库存

降低企业原材料库存不仅取决于企业内部，而且取决于供应商的管理水平。JIT 采购模式不仅对企业内部的科学管理提出了严格的要求，而且对供应商的管理水平提出了更高、更严格的要求。JIT 采购不仅是一种采购方式，也是一种科学的管理模式，JIT 采购模式的运作，在客观上将在用户企业和供应商企业中铸造一种新的科学管理模式，这将大大提高用户企业和供应商企业的科学管理水平。根据国外一些实施 JIT 采购策略企业的测算，JIT 采购可以使原材料和外购件库存降低 40% ~85%。有利于企业减少流动资金的占用，加速流动资金的周转，同时也有利于节省原材料和外购件库存占用空间，从而降低库存成本。

4）使企业真正实现柔性生产

JIT 采购使企业实现了需要什么物资，就能供给什么样的物资，什么时间要就能什么时间供应，需要多少就能供给多少。从而使原材料和外购件库存降到最低水平。从这个意义上讲，JIT 采购最能适应市场需求变化，使企业能够具有真正的柔性。

5）有利于提高采购物资的质量

一般来说，实施 JIT 采购，可以使购买的原材料和外购件的质量提高 2 ~3 倍。而且，原材料和外购件质量的提高，又会引致质量成本的降低。据估计，推行 JIT 采购可使质量成本减少 26% ~30%。

6）有利于降低原材料和外购件的采购价格

由于供应商和制造商的密切合作以及内部规模效益与长期订货，再加上消除了采购过程中的一些浪费，就使得购买的原材料和外购件的价格得以降低。以美国施乐公司为例，通过实施 JIT 采购策略，使其采购物资的成本下降了 40% ~50%，取得了显著的经济效益（表 8-2）。

JIT 采购与传统采购的比较 表 8-2

项　目	JIT 采　购	传 统 采 购
采购批量	小批量送货频率高	大批量送货频率低
供应商的选择	长期合作单源供货	短期合作多源供货
供应商评价	质量、交货期、价格	质量、交货期、价格
检查工作	逐渐减少、最后消除	收获、点货、质量验收
协商内容	长期合作关系质量和合理价格	获得最低价格
运输	准时送货买方负责安排	较低成本卖方负责安排
产品说明	供应商革新、强调性能宽松要求	买方关心设计、供应商没有创新
包装	小、标准化容器包装	普通包装没有特地说明
信息交换	快速可靠	一般要求

4. JIT 采购的主要特点

（1）采用较少的供应商甚至单源供应。

（2）采取小批量采购的策略。

（3）对供应商选择的标准发生变化。

（4）对交货的准时性要求更加严格。

（5）从根源上保障采购质量。

（6）对信息交流的需求加强。

（7）可靠的送货和特定的包装要求。

5. 具体实施

从经验上来看，企业在实施 JIT 采购时，大体可以遵从下面具体步骤：

1）创建 JIT 采购班组

JIT 采购班组的作用，就是全面处理 JIT 有关事宜。要制订 JIT 采购的操作规程，协调企业内部各有关部门的运作、协调企业与供应商之间的运作。JIT 除了企业采购供应部门有关人员之外，还要有本企业以及供应商企业的生产管理人员、技术人员、搬运人员等共同组成。一般应成立两个班组：一个是专门处理供应商事务的班组，该班组的任务是培训和指导供应商的 JIT 采购操作、衔接供应商与本企业的操作流程、认定和评估供应商的信誉、能力，与供应商谈判签定准时化供货合同，向供应商发放免检签证等；另一个班组是专门协调本企业各个部门的JIT采购操作、制定作业流程、指导和培训操作人员、进行操作检验、监督和评估。这些班组人员对JIT采购的方法应有充分的了解和认识，必要时要进行培训。

2）制定计划

企业要有针对性的制定采购策略，制定出具体的分阶段改进当前传统采购的措施，包括减少供应商的数量、供应商的评价、向供应商发放签证等内容。在这个过程中，企业要与供应商一起商定JIT采购的目标和有关措施，保持经常性的信息沟通。

3）精选少数供应商建立伙伴关系

供应商和企业之间互利的伙伴关系，意味着双方充满了一种紧密合作、主动交流、相互信赖的和谐气氛，共同承担长期协作的义务。在这种关系的基础上，发展共同的目标，分享共同的利益。企业可以选择少数几个最佳供应商作为工作对象，抓住一切机会加强与他们之间的业务关系。

4）进行试点工作

企业可以先从某种产品、某条生产线或是某些特定原材料的试点开始，进行JIT采购的试点工作。在试点过程中，取得企业各个部门的支持是很重要的，特别是生产部门的支持。通过试点总结经验，为正式的JIT采购实施打下基础。

5）搞好供应商培训，确定共同目标

JIT采购是供需双方共同的业务活动，单靠采购部门的努力是不够的，需要供应商的配合，只有供应商也对JIT采购的策略和运作方法有了认识和理解，才能获得供应商的支持和配合，因此，需要对供应商进行教育和培训。通过培训，大家取得一致的目标，相互之间就能够很好地协调做好采购的准时化工作。

6）给供应商颁发产品免检证书

在实施JIT采购策略时，核发免检证书是非常关键的一步。颁发免检证书的前提是供应商的产品100%的合格。为此，核发免检证书时，要求供应商提供最新的、正确的、完整的产品质量文件，包括设计蓝图、规格、检验程序以及其他必要的关键内容。经长期检验达到目标后，所有采购的物资就可以从卸货点直接运至生产线使用。

7）实现配合节拍进度的交货方式

向供应商采购的原材料和外购件，其目标是要实现这样的交货方式：当生产线正好需要某种物资时，该物资就到货并运至生产线，生产线拉动它所需的物资，并在制造产品时使用该物资。

8）继续改进，扩大成果

JIT采购是一个不断完善和改进的过程，需要在实施过程中不断总结经验教训，从降低运输成本，提供交货的准确性，提高产品质量、降低供应库存等各个方面进行改进，不断提高JIT采购的运作绩效。实行JIT采购效益非常好，操作也非常简单，但对企业管理基础和信息化建设基础要求较高，因此，国内许多企业尚未采用。但是作为一种先进的采购方法，由于能为企业带来显著的经济效益，JIT采购模式已经引起了越来越多国内企业的了解和重视，推广和应用已是国内企业发展的必然需要和大势所趋。国内企业要开展JIT采购，只有未雨绸缪，尽快了解和探索JIT采购的原理和方法，从基础工作抓起，逐步创造条件，才能达到一旦实施起来就能达到运筹帷幄、事半功倍的效果，早日为企业创造经济效益，提高企业的竞争能力。

二、MRP 采 购

1. MRP 采购的概念

MRP(Material Requirement Planning,物料需求计划)是生产企业用来制订物料需求计划、进行生产管理的一个应用软件。它不但可以制订出企业的物料投产计划,还可以用来制订外购件的采购计划,非常适合于在加工、制造、装配企业中使用,配合使用计算机,可以迅速制订出比较详细复杂的生产计划和采购计划。

2. MRP 采购的优点

MRP 的计算机计划处理,对于众多零部件可以快速准确地计算成比例、配套、精确的需求量。并据此制定零部件的投产计划和采购计划。根据这个计划进行生产和采购,既可以保证产品在装配时不发生缺货、保障企业生产的正常进行,而且保证采购的产品库存量不高也不低,刚好可以满足生产计划规定的需要,不会造成库存积压也不会造成缺货。并且使得库存管理井井有条,节省保管费用,节省计划人员等。

3. MRP 的思想原理

MRP 基本的思想原理是,由主生产进度计划(MPS)和物料清单(BOM)及各层次零部件的库存数量逐层逐个地求出主产品所有零部件的出产时间、出产数量。再根据各自的生产提前期和订货提前期来确定各自提前投产,或发出订货的时间和数量,形成投产计划和采购计划。

主生产计划(MPS)、物料清单(BOM)、库存信息之间的逻辑流程关系如图 8-1 所示。

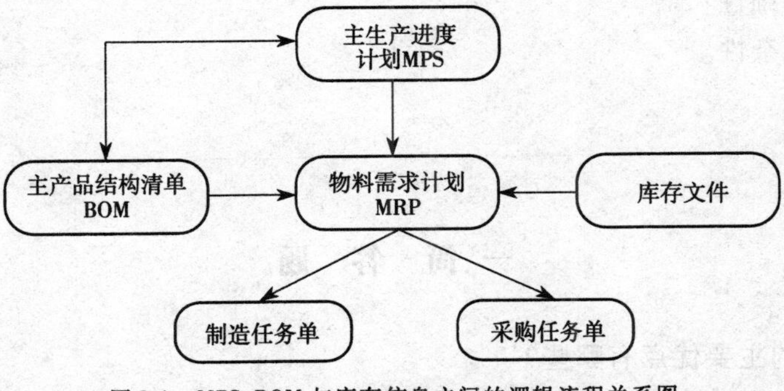

图 8-1　MPS、BOM 与库存信息之间的逻辑流程关系图

主生产计划 MPS(Master Production Schedule)是 MRP 的核心与灵魂,是驱动 MRP 的一整套计划数据,它反映出企业打算生产什么,什么时候生产以及生产多少。

物料清单(BOM)是构成主产品的所有子装配件、零件及原材料清单,其中包括子项的数量。在某些工业领域,可能称为“配方”、“要素表”或其他名称。为了便于计算机识别,必须把产品结构图转换成规范的数据格式,这种用规范的数据格式来描述产品结构的文件就是物料清单。它必须说明组件(部件)中各种物料需求的数量和相互之间的组成结构关系。

库存信息包括了主产品和其所有的零部件和库存量、已订未到量和已分配但还没有提走的数量。制定物料需求计划的指导思想,就是要尽可能减少库存。产品优先从库存物资中供应,仓库中有的,就不再安排生产和采购,仓库中有但数量不够的,只安排不够的那一部分数量投产或采购。由物料需求计划再产生产品投产计划和产品采购计划,根据产品投产计划和采购计划组织物料的生产和采购，生产制造任务单和采购订货单，交制造部门生产或采购部门去采购。

4. MRP 采购的实施

通过 MRP 系统的运行结果可以确定所需物料的计划发出订货的订货量和订货时间。这就是订货计划，也就是采购计划。根据这个计划规定的时间发出订货，订货量取计划中规定的订货量，则经过一个采购提前期，采购回来的物资刚好可以赶上这一周的需求。

5. MRP 采购的注意事项

一般的采购活动都有以下几个步骤：

(1) 资源的调查、供应商认证；

(2) 询价及洽商；

(3) 生成请购单；

(4) 采购单跟踪；

(5) 验收入库；

(6) 结算。

实施 MRP 采购除了上述这些步骤外，还必须有一定的基础条件。最为重要的基础条件有两点：一是企业实施了 MRP 管理系统，二是企业有良好的供应商管理。

6. MRP 采购的特点

通过前面对 MRP 采购的介绍，不难发现 MRP 采购有以下几个特点：

(1) 需求的相关性；

(2) 需求的确定性；

(3) 计划的精细性；

(4) 计算的复杂性。

思考练习

一、简　答　题

(1) JIT 采购的主要优点有哪些？

(2) JIT 采购的实施步骤有哪些？

(3) MRP 采购的原理是什么？

二、案 例 分 析

海尔的 JIT 采购策略

采购物流是生产过程的前段，也是整个物流活动的起点。目前很多企业仍在困惑的是用什么样的办法可以快速、高效地组织自己的采购物流，很多企业也上了一些物流系统，但作用甚小。在这里，我们介绍一个最典型的案例——海尔公司的物流系统，希望给大家以启示。

海尔的三个 JIT 包括以下三个内容：

(1) JIT 采购。何时需要就何时采购，采购的是订单，不是库存，是需求拉动采购。这就会对采购提出较高的要求，要求原有的供应网络要比较完善，可以保证随时需要随时能采购得到。

(2) JIT生产。JIT生产也是生产订单，不生产库存。顾客下了订单以后，开始生产。答应5天或者6天交货，在这个期限内可以安排生产计划。完成生产计划需要怎样的原料供应，只要原料供应的进度能够保证，生产计划就会如期完成。

(3) JIT配送。三者有机地结合在一起，这种物流的流程跟传统的做法不一样，它完全是一体化的运作，而且海尔物流跟一般企业的物流还有比较大的差别，海尔对物流高度重视，把它提升到战略高度，也很舍得投资，去过海尔现场观察的人都会对它的立体仓储翘指称赞。流程化、数字化、一体化，是三个JIT流程的一个基本特色。

海尔怎么做JIT采购?

(1)全球统一采购。海尔产品所需的材料有1.5万个品种，这1.5万个品种的原材料基本上要进行统一采购，而且是全球范围的采购，这样做不仅能达到规模经济，而且要寻找全球范围的最低价格。所以它的JIT采购是全球范围里最低价格进行统一采购，采购价格的降低对物流成本的降低有非常直接的影响。

(2)招标竞价。海尔每年的采购金额差不多有100多亿人民币，它通过竞标、竞价，要把采购价格下降5%。每年下降100亿的5%，就可以直接提高利润，或者说其价格在市场上就更有竞争力。

(3)网络优化供应商。网络优化供应商就是通过网络，通过IT平台在全球选择和评估供应商。网络优化供应商比单纯压价要重要得多，因为它的选择余地很大，真正国际化的企业在国际大背景下运作，就可以有很多资源供它选择。海尔的JIT采购实现了网络化、全球化和规模化，采取统一采购，而且是用招标竞标的方式来不断地寻求物流采购成本的降低。

海尔怎么做JIT生产?

在ERP模块，它由市场需求来拉动生产计划，由生产计划来拉动原料采购，再要求供应商直送工位，一环紧扣一环。其基础是ERP的操作平台，有IT技术作为舞台，在这个舞台上演JIT生产这台戏。其前提就决定了生产速度会快，成本会低，效率会高，相反，如果靠传统模式去实现JIT生产难度就会很大。海尔完全是物流的一体化，包括采购、生产、销售、配送等的一体化，物流部门的组织结构已经调整过来，由物流部门来控制整个集团下面的物流。

海尔怎么做JIT配送?

目前海尔物流部门在中国内地有四个配送中心，在欧洲的德国有配送中心，在美国也有配送中心，通过这些总的中转驿站——配送中心来控制生产。不做JIT采购就做不了JIT生产，而要做JIT生产和JIT采购，还必须有JIT配送。是JIT配送而不是JIT运输，因为运输是长距离的，配送是短距离的，是当地的。怎样做到按照生产的需要在当地做配送，随时需要随时送到，而且数量、规格要符合需要，这就对物流提出了比较高的要求。货物配送时间要扣得准，JIT生产、JIT采购、JIT配送就是要达到零库存。零库存不是库存等于零，而是在于库存的周转速度，周转速度越快，相对来说库存量就越少。所以JIT配送是这一切的基础，采购、生产与配送必须同时具备JIT的条件，因此叫同步流程，流程再造的时候就要考虑到这三个方面。

三个JIT，实现同步流程。由于物流技术和计算机信息管理的支持，海尔物流通过3个JIT，即JIT采购、JIT配送和JIT分拨物流来实现同步流程。目前通过海尔的BBP采购平台，所有的供应商均在网上接受订单，并通过网上查询计划与库存，及时补货；货物入库后，物流部门可根据次日的生产计划利用 ERP 信息系统进行配料，同时根据看板管理 4 小时送料到工位；生产部门按照 B2B、B2C 订单的需求完成订单以后，满足用户个性化需求的定制产品通过海尔全球配送网络送达用户手中。目前海尔在中心城市实现 8 小时配送到位，区域内 24 小时配送到位，全国 4 天以内到位。

思考题：

(1)海尔实现三个 JIT 的基础是什么？

(2)海尔是如何实现零库存的？

参 考 文 献

[1] 郑称德．采购与供应管理[M]．北京:高等教育出版社,2005

[2] 吴汪友．采购管理实务[M]．北京:电子工业出版社,2010

[3] 陈利民．采购管理实务[M]．北京:机械工业出版社,2010

[4] Bryan Jones,John Oliver,陈利民．采购绩效管理[M]．北京:机械工业出版社,2011

[5] 吴汪友．采购管理实务[M]．北京:电子工业出版社,2010

[6] 张彤,陈玉庚．采购与供应实务[M]．北京:中国物资出版社,2010

[7] 梁军,杨明．物流采购与供应管理实训[M]．北京:中国劳动社会保障出版社,2006

[8] 王志文．物流采购管理[M]．上海:上海交通大学出版社,2011

[9] 墨菲・伍德．当代物流学[M]．北京:中国人民大学出版社,2009

[10] 王志文．物流采购管理[M]．上海:上海财经大学出版社,2011

[11] 熊伟．采购与仓储管理[M]．北京:高等教育出版社,2006

[12] 王为人．采购案例精选[M]．北京:电子工业出版社,2007

[13] 梁世祥．采购实务[M]．北京:人民交通出版社,2005

[14] 刘华．物流采购管理[M]．北京:清华大学出版社,2008

[15] 鲁楠．采购管理与库存控制[M]．大连:大连理工大学出版社,2007

[16] 史忠健．物流采购与供应管理[M]．北京:中国劳动社会保障出版社,2005

[17] 梁军,杨明．物流采购与供应管理实训[M]．北京:中国劳动社会保障出版社,2006

[18] 郝晓源．现代物流采购管理[M]．广州:中山大学出版社,2003

[19] 朱新民,林敏辉．物流采购管理[M]．北京:机械工业出版社,2011

[20] 罗国良,崔思成．物流计划与采购管理[M]．北京:北京工业大学出版社,2010